KB042371

연세빈곤문제사례총서 ❸

How have Korean Local Communities Implemented the SDGs?

우리 지역은 SDGs 이행을 어떻게 했는가?

- 새로운 협력적 거버넌스를 찾아서 -

정무권·Odkhuu Khaltar
강소영·남길현·박종아
윤흥준·윤희철·정선미·제현수

박영사

참여 공동저자

정무권: 연세대학교 정경대학 사회과학부 글로벌행정학과 교수
빈곤문제국제개발연구원 원장
chungmk@yonsei.ac.kr

Odkhuu Khaltar: 연세대학교 빈곤문제국제개발연구원 연구교수
odkhuu@yonsei.ac.kr

강소영: 전주지속가능발전협의회 사무국장
ongoul21@daum.net

남길현: 화성시지속가능발전협의회 사무국장
ngh200@hanmail.net

박종아: 수원지속가능발전협의회 사무국장
jongah2@hanmail.net

윤흥준: 화성시지속가능발전협의회 기획팀장
runaami@hanmail.net

윤희철: 광주광역시지속가능발전협의회 사무총장
yhcheol@naver.com

정선미: 화성시지속가능발전협의회 정책부장
zigoo21@naver.com

제현수: 원주지속가능발전협의회 사무국장
dn1224@hanmail.net

　　연세대학교 빈곤문제국제개발연구원이 설립된 지 내년 2020년이면 10년이 된다. 21세기 새천년을 맞이하면서 연세대학교 미래캠퍼스(원주캠퍼스) 구성원들은 급격히 변화하는 국내외 환경에 대응하여 미래캠퍼스의 새로운 위상으로서 연구와 교육의 특성화를 어떤 방향으로 전환하고 어떤 사회공헌을 할 수 있을까를 고민하기 시작하였다. 당시 글로벌 사회에서는 UN이 21세기 새천년을 맞이하면서 개도국을 중심으로 글로벌 빈곤을 퇴치하기 위해서 새천년개발목표들(MDGs)을 한참 이행하고 있던 시기였다. 또한, 한국은 마침내 OECD의 원조기구인 DAC에 2009년에 가입함으로써 명실공히 원조 수원국에서 공여국으로 전환하여 본격적인 ODA 정책을 통해 국제사회에 기여를 시작한 시기이기도 하다.

　　그런 가운데 미래캠퍼스 내에서는 연세대학교 창립이념인 '섬김의 리더십'으로 연세대학교가 한 세기 넘게 대한민국의 근대화에 기여한 공헌을 다시 글로벌차원으로 환원하자는 합의가 이루어졌다. 이에 따라 2010년 봄에 미래캠퍼스 정경대학의 지역발전연구소를 확대 개편하여 연세대학교 범 캠퍼스 차원의 교책연구원으로서 글로벌 빈곤과 국제개발을 주제로 사회과학에 기반한 융합연구를 지향하는 빈곤문제국제개발연구원이 출범하였다. 아마 글로벌 빈곤과 국제개발을 대학 차원의 특성화 전략으로 내세운 것은 국내대학으로서는 아무도 선택하지 않았던 새로운 시도라고 할 수 있다.

　　빈곤문제국제개발연구원은 2010년에 설립되면서 바로 연구재단의 중점연구소 사업에 선정되었다. 연구원의 연구재단 중점연구소 사업의 주제는 지역에 기반하여 보건의료, 농업, 환경, 거버넌스 등 융합적인 접근을 통해 통합적인 지역개발모형을 개발하는 것이다. 그리고 연구원은 국제개발사업에도 직접 뛰어들었다. 국제개발연구의 특성상, 특히 지역기반 융합연구를 수행하려면, 자신 나름의 개발사업의 경험을 통해서 새로운 사례연구와 데

이터의 구축이 필요하기 때문이다.

2015년에 UN은 MDGs에 이어서 2030년까지 다음 15년의 글로벌 사회의 발전 목표 '아젠다 2030'으로서 포괄적이며 야심찬 '지속가능발전목표(SDGs)'를 선언하였다. 지난 15년 동안 국제사회의 적극적인 MDGs 이행으로 개발도상국들의 절대빈곤감소에는 큰 성과를 보았다. 그러나 여전히 상대적 빈곤과 다양한 영역에서의 불평등은 더욱 심화되고 있을 뿐만 아니라 무엇보다 20세기에 전반에 걸쳐 산업화에 기반한 경제성장 중심적인 발전의 총체적 후유증으로서 기후변화가 임계점까지 급속하게 진행되고 있다. 글로벌 사회가 이러한 위기에 더욱 적극적으로 대응하지 않으면 안 되는 시점까지 온 것이다. SDGs의 이행은 개도국만의 문제가 아니다. 오히려 선진국이 더 모범을 보이고 개도국과 함께 협력하여 성취해야 할 포괄적이며 야심찬 목표들이다. 그리고 지속가능한 발전은 향후 15년의 시간 프레임을 갖는 아젠다를 넘어서 지속적으로 추진해야 할 인류의 미래목표라고 할 수 있다. 이에 따라 연구원은 그동안 MDGs 시대에도 SDGs를 지향하는 융합적 관점에서 개도국의 빈곤퇴치문제에 초점을 두어왔지만, 이제는 우리 사회도 더욱 지속가능한 선진 사회로 거듭나기 위하여 국내차원의 SDGs 이행을 새로운 연구와 실천의 한 축으로 추가하였다.

본 연구원은 2019년 8월에 연구재단의 중점연구소 사업을 3단계까지 9년을 무사히 마치게 되었다. 연구원은 그동안 각 단계별로 다양한 주제로 총서시리즈를 발간해 왔다. 이 책은 연구재단 중점연구소 3단계의 연구성과로서 앞에서 밝힌 연구원의 주제 영역 중의 하나인 SDGs 이행에 초점을 두어 기획된 것이다. 연구원은 현재 지역기반 융합연구를 추진하고 있기 때문에 현재 우리 지역사회에서 SDGs 이행을 위해 어떤 성과들이 있는가를 알아보는 사례연구를 먼저 시작하기로 하였다. 2015년 UN의 SDGs 선언은 우리 반기문 UN 사무총장이 주도한 자랑스러운 성과이다.

이에 따라 우리 정부도 준비과정에 적극적으로 참여하였다. 그런데 현재 우리 중앙정부 차원에서의 눈에 띄는 정책주도가 아직 지지부진한 실정이다. 그러나 이와 상관없이 우리 지역사회에서는 이미 1992년 리우에서의 지방아젠다21 선언 이후, 시민사회의 주도로 다양한 형태의 SDGs 이행의 시도와 노력들이 있어왔다. 이런 맥락에서도, 이 책은 우리나라에서 지역 단위에서 오래전부터 시민사회 주도로 지속가능한 발전을 실천하기 위한 다양한 노력을 해왔고, 그 성과들이 있었다는 것을 보다 체계적으로 알리고자 기획되었다. 앞으로 다양한 SDGs 이행의 시도들이 지역사회에 더욱 확산되기를 기대한다.

이 책이 성공적으로 출간되기 위해서 많은 사람들이 기여하였고 도와주었다. 무엇보다 연세대학교 미래캠퍼스가 소재하고 있는 원주시는 시민사회 주도의 지속가능한발전협의회가 활발하게 SDGs의 지역화를 위해 운동하고 실천하는 도시 중의 하나이다. 원주 지속가능한발전협의회의 제현수 국장께서 흔쾌히 이 책을 기획하고 사례의 선발에 큰 기여를 해주셨을 뿐만 아니라 원주의 사례도 집필해주셨다. 그리고 연구원의 연구교수인 어뜨후 박사가 이 책의 기획과 원고수집에서 정리에 이르기까지 총괄을 맡아 수고해주었고, 서론의 집필에도 기여하였다. 연구원의 연구 및 행정 책임을 총괄하고 있는 김영제 박사와 행정담당인 안나연 선생이 총서시리즈를 기획하고 출간되기까지 다양한 행정지원을 해주었다. 각 지역에서 지속가능한 발전 운동을 하고 성공적인 사례를 만들어 내고, 그 결과를 집필해 주신 윤희철 광주광역시지속가능발전협의회 사무총장, 박종아 수원지속가능발전협의회 사무국장, 강소영 전주지속가능발전협의회 사무국장, 남길현 화성시지속가능발전협의회 사무국장, 정선미 화성시지속가능발전협의회 정책부장, 윤홍준 화성시지속가능발전협의회 기획팀장 등 모든 분들에게 감사드린다. 마지막으로 이 책이 출간되는데 물심양면으로 도와주신 박영사 안종만 회장과 송병민 과장, 손준호 대리, 편집을 맡아준 장유나 과장 등 출판 관계자분들에게 감사드린다.

연세대학교
빈곤문제국제개발연구원 원장
정무권

CHAPTER 01   **지속가능발전목표의 달성과 거버넌스의 역할**
정무권 · Odkhuu Khaltar(연세대학교 빈곤문제국제개발연구원)

CHAPTER 04 　　수원천 복원과 물 거버넌스

박종아(수원지속가능발전협의회)

CHAPTER 05 　　수원시 광교산 상수원보호구역과 갈등관리 거버넌스 사례

박종아(수원지속가능발전협의회)

CHAPTER 06 **'지역이 학교다' 지속가능발전청소년포럼 YESDO**
– 지속가능발전교육을 위한 지역 거버넌스 –

제현수(원주지속가능발전협의회)

Chapter

1

지속가능발전목표의 달성과 거버넌스의 역할

정무권 · Odkhuu Khaltar(연세대학교 빈곤문제국제개발연구원)

01 | 지속가능발전목표의 달성과 거버넌스의 역할

정무권 · Odkhuu Khaltar(연세대학교 빈곤문제국제개발연구원)

I. 서론

지속가능한 발전(sustainable development)의 의미와 중요성은 이미 1970년대부터 시작된 오래된 인류사회의 이슈였다. 그동안 UN을 비롯한 국제사회에서는 지구차원의 물질적 성장의 위기를 지속적으로 문제제기해 왔고, 이를 위해 지속가능한 발전을 위한 다양한 선언들과 실천운동들이 꾸준히 있어 왔다. 그러나 2015년에 UN이 17개의 지속가능한 발전 목표들(SDGs)을 지정하여 향후 15년 동안 2030년까지의 인류사회가 이루어야 할 '아젠다 2030(Agenda 2030)'을 선언함으로써 지속가능한 발전은 비로소 UN의 193개 회원국들이 책임 있는 이행을 해야 하는 확고하게 공식화된 글로벌 아젠다가 되었다.

특히 UN의 아젠다 2030의 선언은 우리의 전 영역을 포괄하는 17개의 지속가능한 발전목표들과 세부목표들을 준비하는 과정에서 수많은 국가들의 중앙정부뿐만 아니라, 지방정부, 시민사회 조직들, 전문가들이 적극적으로 참여하여 밑으로부터의 합의 과정을 거쳤다는 점에 더 큰 의의가 있다. 이는 중앙정부 중심으로 또는 소수의 강대국

중심으로 합의에 근거한 기존의 UN 선언들과 달리, 지방정부와 지역의 풀뿌리 수준에서 다양한 영역에서의 이해관계자들이 적극적으로 소통과 합의 과정을 가지면서 17개의 포괄적인 목표와 156개의 세무목표를 만들어 냈다는 점에서 목표 이행의 필요성에 대한 인식과 확장성이 더욱 높아졌다는 것이다.

지구촌 전체의 지속가능한 발전을 목표로 하는 아젠다 2030의 선언은 우선은 국가단위의 이행계획을 세우고 지역, 지방, 지역공동체로의 목표 이행을 전제로 하고 있다. 그러나 국제사회에서는 거시적 관점에서 국가 간 지역 간 이해관계가 첨예한 글로벌 차원이나 중앙정부 단위부처 간, 중앙 수준에서의 이해 집단들 간에 복잡한 지속가능한 발전목표들의 이행계획 수립과 추진의 어려움이 심각하게 발생하고 있다. 이에 따라 국제사회는 과거에 지방의제21이 선언되었듯이 중앙단위에서의 이행의 어려움을 인지하면서 지역단위에서 각 지역의 특성과 맥락에 따라 시민들의 주도에 의한 SDGs의 이행을 강조하고 이를 확산시키는 노력을 하고 있다. 이와 같은 운동을 "SDGs 이행의 지역화(Localizing SDGs 또는 Localization of the implementations of SDGs)"라는 개념으로 많이 사용되고 있다.

UN은 매년 SDGs 이행을 평가하며 의미 있는 사례들을 공유하는 UN의 고위급정치포럼(High-Level Political Forum, HLPF)을 비롯한 UNDP, UN-Habitat, UNRISD, ICLEI 등 다양한 영역에서의 산하 기구들과 World Bank를 비롯한 개발과 발전에 관련된 국제기구 및 학계와 전문가, 지방정부와 시민조직들 사이에서 지역단위에서의 다양한 SDGs 이행과정에서 혁신과 성공사례들을 발굴하며, 이에 대한 조건들과 거버넌스들을 연구하며 대안들을 확산시키는 운동을 하고 있다. 그럼에도 불구하고, SDGs의 이행은 여전히 글로벌 차원이나 국가차원의 거시적 프레임에 묻혀 있는 경향이 강하여 지역단위에서의 시민들과 지방정부 중심의 이행의 의미와 필요성에 대한 대중적 인식은 여전히 낮은 편이다. 특히 중앙집권적인 우리 사회에서는 이런 경향이 더 강하다고 할 수 있다.

최근 국제사회에서 SDGs의 지역화가 강조되면서 지역단위에서의 SDGs 이행과정에서 혁신적이면서 성공적인 이행 사례들을 발굴하고 국제사회에서 공유하며, 이를 체계화, 이론화시켜 SDGs 지역화 전략의 플랫폼을 만들어 확산시키려는 노력들이 국제기구나 연구자들 사이에서 활발히 진행되고 있다. 이런 맥락에서 우리나라에서의 'SDGs 이행의 지역화'에 대한 다양한 사례들을 발굴하고 이를 체계화, 이론화시켜 국제사회와 공유하고 배우는 과정이 필요한 시점이라고 할 수 있다.

SDGs 이행의 지역화 전략에서 가장 중요한 요소 중의 하나가 효과적인 거버넌스의 구축이라는 것이 국제사회에서 공유되고 있다. 그리고 우리 사회에서 실제로 오랫동안 지속가능한 발전 운동을 해온 지역의 실천가들 사이에서도 성공적인 SDGs 이행의 가장 핵심적인 요인으로서 지역에서의 민주적이며 효과적인 거버넌스의 구축이라는 사실에 공감하고 있다. 이런 맥락에서 본 저술은 우리나라에서 성공적인 주요 사례들을 소개하면서 국제사회에서의 흐름과 공유되는 SDGs 지역화의 개념화와 분석틀, 그리고 이를 위한 거버넌스의 개념화와 분석틀을 다루고자 한다.

II. 왜 SDGs 이행의 지역화가 중요한가?

지속가능한 발전은 이제 UN의 선언에 의해 회원국들이 이행해야 하는 공식적인 글로벌 아젠다가 되었다. 이에 따라 개개 중앙정부들이 주요 목표와 세부목표들을 달성하기 위한 구체적인 이행전략과 정책들을 만들고 집행하는 과정에서 국가들과 국제기구들과의 글로벌 협력이 중요해졌다. 그런데 왜 지속발전을 실질적으로 성취하기 위해서는 지역의 역할이 중요하다고 하는 것일까?

이미 잘 알려져 있듯이, 그동안의 경제성장과 과학기술의 발전에 의해 우리의 공간적 삶은 도시화되고 있다. 현재 UN의 추계에 의하면 전 세계 인구의 50%가 도시화된 지역에서 거주하고 있고, 2050년이 되면 3분의 2 이상이 도시화된 지역에서 살게 될 것이라고 추정하고 있다(UNDP, 2016). 이런 맥락에서 UN의 지속가능한 목표 중에 11번이 '지속가능한 도시'로 지정하였다. 그리고 UN을 비롯한 국제사회와 시민사회에서는 "지속가능한 발전목표의 지역화(Localizing SDGs)"를 강조하고 있다. 우리 삶의 진정한 변화를 위해서는 개개인들의 삶의 현장 즉 살고 있는 지역에서 시민들의, 시민들을 위한, 시민들에 의한 SDGs의 실천(of the people, for the people, and by the people)이 중요하다는 것이다.

UN 산하 사회발전연구소인 UNRISD는 "지속가능한발전의 지역화(Localizing SDGs)"의 개념을 '지역의 맥락에서 지속가능한발전을 위한 2030 아젠다의 목표와 타깃들을 달성하기 위한 전략들을 설계하고, 이행하며, 모니터링 하는 과정"으로 정의했다(UNRISD, 2017). 특히 SDGs 이행하는 과정을 지속가능하게 만들기 위해서는 중앙정부 단위에서 정책을 만드는 것만으로는 가능하지 않다. 지역단위에서의 구성원들의 가치와 행동을 변화시키는 '변혁적 지속가능한 발전의 지역화(transformative localizing SDGs)'를 강조하였다(UNRISD, 2017, Global Taskforce of Local and Regional Governments, 2018).

다음으로 SDGs의 지역화에서 가장 중요한 요소는 이행과정에서의 주요 행위자들의 서로 소통하고 협력할 수 있는 거버넌스의 구축이라고 한다. SDGs의 이행은 단순히 기술적인 문제해결의 과정이 아니라 하나의 정치적 과정이고 사회적 과정이기 때문이다(Meadowcroft, 2007). 이런 맥락에서 학계나 SDGs 이행을 추진하고 있는 많은 UN 산하기구들, 정부, 시민조직들은 정부, 시장, 시민사회의 다양한 주체들, 이해당사자들이 실질적으로 참여하는 다중 이해자 거버넌스(multi-stakeholder governance)와 지방정부의 주도적 역할을 중심으로 중앙정부와 글로벌 사회가 함께 협력적 조율을 하는 다수준 거버넌스(multi-level governance)의 상호조화의 필요성을 강조한다(Oosterhof, 2018; Rohdewohld, 2017; Treib, Bähr, and Falkner, 2005; Stephenson, 2013).

이런 맥락에서 UN의 다양한 산하기구들 사이에 공통적으로 합의되고 있는 SDGs의 지역화의 의미를 크게 3가지 차원으로 정리할 수 있다.

1. SDGs의 지역화는 삶의 현장이다.

지속가능한 발전의 진정한 목적은 지역단위에서 시민들의 생활방식이 변화하면서 실질적으로 보다 나은 삶이 실현되는 본질적 변화(transformative)를 의미한다(UNRISD, 2017). 2015년 UN의 아젠다 2030에도 명시되어 있다(UN, 2015). 지속가능한 발전은 이제는 과거처럼 높은 수준에서의 정치적 리더나 국가 또는 국제기구 차원의 이념적 레토릭의 수준에서만 머물 수 없다. 또한 UN이 레토릭을 넘어 구체적인 실천을 위해 2015년에 17개의 포괄적 목표와 세부목표들을 만들어 냈지만, 이를 단순히 수치적으로 달성하는 것에 그쳐서도 안 된다. 다시 말해서 지속가능한 발전이 본질적 변화(transformative)를 의미한다면 개

개인의 행동과 삶 속에서 가치와 행위가 변해야 한다는 것이다.

시민들은 자신들의 지역단위에서의 주민이고 결국 이들의 삶의 개선이 지속가능한 발전의 진정한 목적이다. 즉 SDGs의 이행의 진정한 의미는 개인들의 삶의 실질적 현장인 지역공동체에서 지속가능한 발전의 목표들이 사람들의 삶 속에서 실천되는 것이다. 이러한 변화는 지역에서 자신들의 삶을 근거로 하고 있는 일반 시민들의 가치, 문화, 행동 속에서 변화해야 하고 그 변화의 양상은 지역의 맥락에 따라 매우 다양한 것이다. 그리고 SDGs 지역화는 모든 발전의 목표들과 주도들이 통합되는 공간을 의미한다. 지역단위에서 전 영역을 가로지르는(cross-cutting) 문제들과 해법들을 통합하는 노력이 필요하다.

따라서 지역의 주민들과 지방정부는 지속가능한 발전을 지역단위에서 중앙정부의 정책을 집행하는 단순한 도구가 아니라 자신들의 고유한 다양한 문제들을 발견하고 변화를 위한 정책을 함께 결정하며 집행하는 실질적 행위자들이다. 이에 따라 지역단위에서 다양한 이해당사자들을 포용하면서 협력하여 지역 시민들의 삶의 양식을 변화시키는 조정장치로서의 지역단위에서의 거버넌스의 구축이 중요해진다.

2. SDGs의 지역화는 지역주민들과 지방정부가 함께 만들어가는 과정이다.

SDGs의 지역화란 지역주민들의 삶의 양식의 본질적인 변화에 기반을 두고 있다면, 또 다른 의미는 이를 실천하는 과정(process)의 맥락에서 이해할 필요가 있다. SDGs의 지역화의 의미는 지역에서 시민들의 SDGs의 지역화는 주어진 지역단위에서 목표를 달성하고 그 성과평가를 위해 지표를 적용하는 것에서 멈추는 것이 아니다. SDGs를 이행하기 위해서는 일반 시민들의 삶의 현장에서 다양한 새로운 혁신들이 필요하다. 그 혁신들은 주민들의 실질적인 생활 속에서 발현하고 그들의 생각, 가치, 행동들을 변화시켜야 한다. 따라서 지역단위에서 이러한 주민들의 혁신적인 아이디어를 발굴하고, 통합하며, 가치 변화와 실천을 용이하게 해주는 제도적 환경이 필요하다. 지방정부와 시장, 시민사회가 협력하면서 필요한 정책과 프로그램, 제도를 만들어가는 과정이다. 이 과정의 프레임이 바로 거버넌스를 만들어가는 과정인 것이다.

3. SDGs의 지역화는 풀뿌리 민주화의 과정이다.

지역주민들이 스스로 SDGs 이행을 위해 자신들의 문제를 해결해 나가는 과정은 전통적인 엘리트 중심의 하향식의 대의민주주의를 넘어 시민들이 직접 참여하는 새로운 풀뿌리 민주주의를 형성하는 것과 같다. SDGs의 지역화는 주민들의 자신들의 문제들을 현실의 삶 속에서 발굴하면서 정책아젠다를 만들어 내고, 구체적인 해법을 찾기 위한 정책결정과정에 참여하고, 또한 다양한 공공서비스를 제공하는 집행과정에도 함께 참여하는 지역차원의 새로운 거버넌스와 풀뿌리 민주주의를 만들어 가는 정치적 과정이다. 이를 민주주의 이론에서는 지역의 문제해결을 위해 지역주민이 직접 참여하여 정책결정과 집행을 하는 심의(숙의) 민주주의(deliberative democracy)로 불리기도 한다. 또한 이러한 풀뿌리 민주주의 과정이 최근 지역에서의 사회적 경제(social economy)의 발현 현상이나 SDGs 이행의 과정에서 새롭게 나타나고 있다. 이를 구체적으로 세 단계로 나누어 볼 수 있다(Pestoff 외, 2012; Chung, 2019).

첫째로, 주민들이 문제를 발굴하고 새로운 가치와 아이디어를 만들어 내는 과정을 공동창출(co-creation)의 개념으로 설명한다. 지역에서 자신들의 문제들을 직접 서로 소통하면서 혁신적인 아이디어와 가치를 만들어 가는 과정을 의미한다.

둘째로, 지방정부와 함께 문제해결을 위해 정책결정에 참여하여 공동으로 정책을 만드는 과정을 공동구축(co-construction)의 개념으로 설명한다. 지역단위에서 SDGs 이행을 위한 지역주민 스스로의 프로그램 또는 지방정부의 정책결정과정에 지역의 이해관계자들이 참여해서 서로의 이해관계의 갈등을 조정을 통하여 합의주의적인 정책을 만들어 내는 과정을 의미한다.

셋째로, SDGs 이행을 위해 지방정부가 제공하는 다양한 정책의 집행과정에 지역주민들도 함께 참여하는 과정을 공동생산(co-production)의 개념으로 설명한다. 이에는 주로 지역의 보건의료, 돌봄, 그 외 다양한 공공서비스 등에 사회적 기업, 협동조합, 마을조직, 비영리조직들이 함께 공동으로 서비스들을 생산하여 제공하는 것을 의미한다.

위와 같은 세 과정은 기존의 대의민주주의하에서 정책결정과 집행에 지역주민과 지방정부의 역할분담에 의해 대리인으로서 지방정부가 하향식의 정책결정과 집행을 해왔던 전통적인 방식과 달리, 지역의 정책결정 전 과정에 다양한 형식으로 지역주민, 시민조직, 기업 등이 공동으로 참여하여 함께 문제해결을 해 나가는 새로운 협치, 새로운 민주적, 협력적 거버넌스의 구축을 의미한다.

SDGs의 지역화는 민주주의를 심화시키며 지역의 지속가능한 발전을 더욱 포용적이며 참여적으로 만드는 과정이다. 이러한 과정이 UN의 아젠다 2030에 제시된 "포용적 성장(inclusive growth)", "누구도 뒤처지지 않게 한다(No one left behind)"의 이념과 일치한다.

Ⅲ. SDGs 이행과 거버넌스의 역할

최근 세계화, 정보화, 지방화 등 환경변화에 따라 국가 역할의 변화를 강조하면서 '거버넌스(governance)'라는 용어가 전 세계적으로 유행하고 있다. 그런데 자세히 들여다보면, 거버넌스라는 용어는 사용하는 사람들마다 그 의미가 다양해서 구체적으로 어떤 의미의 거버넌스인지 우리에게 많은 혼란을 가져다주고 있다.

지역발전에서 로컬거버넌스의 중요성은 UNDP를 비롯한 개발에 관련된 UN 산하기구들이 이전의 MDGs를 실천하는 과정에서 깨닫기 시작하였다. 이에 따라 UN은 SDGs의 이행을 선언하면서 효과적인 로컬거버넌스의 구축이 중요함을 인지하고 다양한 대안들을 제시하고 있다(UNDP, Global Taskforce, 2017, 2018, 2019).

따라서 SDGs 이행에 있어서 거버넌스가 중요한 만큼, 다양한 관점과 기준으로 사용되고 있는 거버넌스의 개념화를 명확히 이해하고 사용함으로써 소통에서의 오해를 줄이는 것이 필요하다.

1. 거버넌스의 개념화

거버넌스는 다양한 수준에서의 개념화가 있지만, 추상적인 차원에서 공통적인 사전적 의미로 보면 '조종(steering)', 또는 '조정(coordinating)'의 의미가 핵심으로 되어있다. 이에 따라 통치, 통제, 조정, 관리 등의 의미를 가지면서 다양하게 번역되고 있다.[1] 이런 개념을 핵심으로 하여 거버넌스는 특정 영역, 주제, 대상을 중심으로 목표달성이나 문제

---

1 우리의 경우는 국정관리, 통치, 협치, 공치 등으로 학문 분야나 학자들에 따라 다양하게 번역되어 쓰이다가 이러한 용어들이 독자들에게 혼란을 주는 경향을 인지하고 최근에는 '거버넌스' 그 자체로 사용하고 있는 추세이다.

해결을 위한 주요 행위자 간에 상호 조정관계를 의미하는 개념이라고 할 수 있다(Peters and Pierre, 2000; 정무권, 2006).[2]

그런데, 최근 거버넌스의 개념에 대한 많은 오해는 거버넌스가 세계화시대를 비롯한 새로운 환경변화에 대응하여 마치 새로운 용어 또는 개념으로 인식하는 것이다. 전통적으로 직접적인 개입과 조정의 주된 행위자로서 '정부(government)' 대신에, 오늘 날 환경변화에 의해 국가, 시장, 시민사회 간의 관계가 변화하면서 문제해결의 양식은 일방적인 '정부' 주도가 아닌 시장 또는 시민사회가 주도하는 의미의 '거버넌스'가 새로 등장하였다는 의미이다(Rhodes, 1997). 이는 과거에는 '정부' 중심의 통치, 현재는 정부 없는 통치를 '거버넌스'로 이렇게 이분화시켜 거버넌스 그 자체를 새로운 사회현상, 용어 또는 개념으로 사용하는 것이다. 위의 추상적인 거버넌스의 개념에 따르면, 거버넌스는 과거에도 현재에도 미래에도 존재하는 정치적 차원의 사회현상이다. 다만 시대와 공간, 맥락에 따라 어떤 거버넌스의 양식이 지배적인가의 문제이다. 오늘날 더욱 필요하고 중요한 거버넌스의 특징 또는 유형을 '협력적 거버넌스', 또는 '협치(協治)'라고 할 수 있다. 거버넌스 그 자체가 '협치' 또는 협력적 거버넌스의 의미가 아니라는 것이다. 거버넌스에는 다음에 다루는 것처럼 역사적으로 공간적으로 다양한 유형 또는 양식이 존재한다(Peters and Pierre, 2000; Oosterhof, 2018; Rohdewohld, 2017; Treib, Bähr, and Falkner, 2005; Stephenson, 2013).

---

2 거버넌스에 대한 개념화의 혼란과 논쟁은 국내학계에서 뿐만 서구 학계에서도 심하다. 세계화의 심화와 EU를 추진하는 유럽의 통합과정에서 거버넌스의 개념을 강조한 로드(Rhode)는 학자들 사이에서 사용되고 있는 거버넌스의 개념을 7가지로 요약하였다(Rhode, 1997). 거버넌스라는 용어의 사용에 대한 역사적 배경과 문제에 대하여 de Alcantrara(1998)의 개념을 명확히 시도하려는 해석은 Peters and Pierre(2000)을 참조.

따라서 거버넌스는 앞에서 언급된 것처럼, 추상적 수준에서 조종, 조정, 통제, 관리의 개념이고 현실 세계에는 다양한 거버넌스 방식과 유형들이 발생하게 되고 어떤 유형의 거버넌스가 어떤 환경과 조건에서 경험적으로 발생하고 또한 어떤 거버넌스가 적절한 것인지에 대한 이론과 논쟁이 필요한 것이다.

2. 거버넌스 유형과 특징

거버넌스 개념의 명확한 이해와 사용을 위해서는 다음의 네 가지 차원으로 나누어 볼 수 있다(Peters and Pierrer, 2000; 정무권, 2006).

첫째는 거버넌스의 구조적 차원이다. 이는 조정이 이루어지는 요소들 사이의 구조적 특성과 조정의 메커니즘에 따라 세 가지 거버넌스 구조를 생각해 볼 수 있다. 1) 전통적인 국가구조나 관료제 구조와 같이 권력관계가 수직적인 계층적 거버넌스 구조이다. 2) 구성원 간의 수평적 네트워크나 공동체와 같이 대등 관계를 중심으로 수평적 구조이다. 즉 거버넌스의 제도적 틀의 특성에 초점을 두는 것이다. 3) 효율과 가격 메커니즘을 통해 상호 교환 중심의 시장적 구조 등이 있을 수 있다.

두 번째는 거버넌스의 과정(process) 차원이다. 즉 특정 구조에서의 구성요소들 간의 상호 조정의 과정, 즉 거버넌스의 구조에서 의사결정과정, 정책결정과정이 어떻게 이루어지는가의 관점이다. 이에 따라 과정의 특성은 권위적, 협의적 또는 합의적, 공동체적, 가격 신호에 의한 시장중심적 등 누가 조정과정에서 주도권을 가지고 어떤 관계로 조정의 과정이 어떤 메커니즘으로 이루어지는가에 초점을 두는 것이다.

세 번째는 거버넌스가 작동하는 대상 또는 영역과 수준의 차원이다. 즉 거버넌스의 영역으로는 정치적, 경제적, 사회적 영역 등 인간사회에서 어떤 목적과 기능을 가진 영역을 중심으로 거버넌스가 작동되는 가이다. 그리고 거버넌스가 작동되는 수준의 관점에서는 글로벌, 국가, 지역·지방, 조직수준 등이 있을 수 있다. 글로벌 차원의 문제들을 조정하는 거버넌스를 글로벌 거버넌스, 국가·중앙정부차원에서의 문제해결을 국가(중앙)거버넌스, 지역·지방차원에서는 지역·지방·로컬거버넌스로 불릴 수 있다. 민간기업을 비롯한 다양한 영역의 조직수준에서는 조직의 소유관계와 중심적 의사결정구조를 일컫는 '지배구조(corporate governance)' 등으로 나누어 볼 수 있다.

네 번째 차원은 거버넌스의 조정능력(governability)에 관한 것이다. 제시된 거버넌스 체제가 의도한 효과를 낼 수 있는 조정능력을 가지고 있는가에 관한 것이다. 글로벌 차원에서는 UN과 같은 국제기구의 거버넌스 능력, 또는 국제관계에서 국가 간 정치적, 경제적 헤게모니와 권력관계가 중요한 요인이 될 수도 있고, 국가 차원에서 거버넌스를 논의할 때에는 중앙정부의 효과적인 정책형성 및 집행능력이 중요한 조건이 된다. 거버넌스의 조정능력은 관련된 주요 제도와 행위자들 간의 권력과 권위관계, 문화, 리더십, 조직적 역량 등이 중요한 변수가 된다.

따라서 거버넌스는 이 네 가지 차원에서 다양한 제도와 조직 간의 관계에서 상호작용을 통한 조정관계를 설명하는 하나의 분석적 개념이 된다. 오늘날 전통적인 계층적 하향식 정부 중심의 거버넌스에서 대안적인 거버넌스의 양식·유형은 신자유주의 관점에서는 시장 중심적 거버넌스를 강조하고, 시민사회의 관점에서는 시민사회의 구성원이나 조직의 의식강화와 능력의 향상, 권능부여를 통해 시민사회가 중심 행위자로 되어 정부와 시장이 파트너가 되는 수평적 협력거버넌스가 더 효과적이라고 강조하고 있다.

3. SDGs 이행에서의 거버넌스 역할

앞에서 논의된 거버넌스의 개념의 핵심은 공동의 목적달성, 문제 해결을 위해 관련된 다양한 이해관계자와 행위자들 간의 조정의 구조, 시스템, 과정을 의미한다. SDGs의 지역화는 다양한 목표들이 서로 연계되어 사람들의 관계성이 밀집된 특정 공간에 다양한 목표들이 서로 교차, 중첩되어 전 영역을 가로지르는(cross-cutting) 문제들이 발생하고 해법들이 통합되어 우리에게 실질적인 결과를 주는 공간이다. 따라서 지역 수준에서의 구성원들 간의 소통과 조정을 위한 거버넌스의 구축이 매우 중요한 것이다.

SDGs의 지역화와 관련하여 UN을 비롯한 현장과 학계에서는 두 가지 차원의 거버넌스를 강조한다. 하나는 다양한 목표와 영역, 이해관계자들이 교차하는 영역이기 때문에 다중 이해자 거버넌스(multi-sectoral, multi-stakeholder governance)가 필요하고, 다른 하나는 지방정부를 중심으로 상위 단위의 지역(region), 중앙(nation), 글로벌(global) 수준과의 소통과 통합이 이루어지는 다층적 거버넌스(multi-level governance)이다. 이들 두 차원의 거버넌스가 상호조화를 이루는 것이 필요하다.

지속가능한 발전은 다양한 영역들이 상호 조화롭게 하는 통합적 특성(holistic nature)을 갖는다. 따라서 전체와 부분이 상호 긴밀히 연계되고 조화를 이루기 위해서는 이들 간의 거버넌스가 더욱 중요해지는 것이다.

SDGs의 성공적인 이행에서도 거버넌스는 핵심 개념이며 중요한 수단으로 간주된다. UN을 비롯한 학계에서는 그동안 국제개발 분야나 SDGs 이행에서 성공의 조건으로 "좋은 거버넌스(good governance)"를 제시하고 있다(SIDA, 2002). 그러나 좋은 거버넌스의 구성요소, 조건과 내용에 대하여는 맥락과 관점에 따라 다양하게 제기되고 많은 비판이 따른다. World Bank가 주장하는 좋은 거버넌스는 신자유주의적 관점에서의 기본적인 법에 의한 지배(rule of law)의 바탕 위에 정부 역할의 축소와 시장의 역할을 강조한 측면이 강하다. 지역차원의 SDGs 이행에서는 앞에서 제기되었던 시민사회의 역량강화와 주도로 협력적, 합의주의적 거버넌스를 '좋은 거버넌스'로 강조한다. 따라서 SDGs 지역화와 관련하여 무엇이 좋은 거버넌스인가? 라는 질문은 이제 시작이고 많은 사례를 통한 경험적 분석과 이론과 가치가 통합되는 방향으로 전개가 되어야 할 것이다.

4. SDGs 이행에서의 거버넌스 유형

거버넌스는 한 마디로 '조정의 양식(mode of coordination)'이라고 할 수 있다. 따라서 앞에서 제시되었던 거버넌스가 작동되는 구조, 과정, 영역, 수준뿐만 아니라 거버넌스가 수행하는 다양한 주제에 따라 기능, 참여자의 역할, 참여자들의 간의 관계 등 다양한 기준으로 유형화를 해볼 수 있다.

첫째로, 이 총서에서 소개되는 사례들에서는 주로 거버넌스가 수행하는 기능을 중심으로 네트워크 및 역량 강화형 거버넌스, 지역사회문제 해결형 거버넌스, 갈등 조정형 거버넌스, 자원공유형 거버넌스, 학습형 거버넌스로 각각의 주제에 따라 형성된 거버넌스를 제시하고 있다. 이 경우, 기능에 따라 거버넌스의 구조, 주요 행위자들의 성격과 이해관계, 그리고 이들 간의 관계적 특성을 논의해야 하며, 작동의 원리와 조건들을 이론화, 체계화시키는 것이 필요하다.

둘째로 거버넌스에 참여하는 주체의 역할을 중심으로 정부주도형, 민간기관 포용형, 혹은 민·관 거버넌스, 민간 및 시민단체 간의 민·민형으로 유형화를 하였다. 특히 우리의 경우 정부의 중앙집권화와 개입정도가 높은 역사적 맥락에서 시민사회의 성장에 따라 시민사회가 주도하기 시작할 때, 민-관 거버넌스가 매우 중요한 거버넌스 문제로 나타나고 있다. 정부주도형 SDGs 이행 정책이나 프로그램이라 할지라도, 정부의 관점에서 어떻게 민간기관(시민사회) 협력할 것인가? 또한, 민간주도의 프로그램에서 정부의 지원과 협력을 어떻게 이끌어낼 것인가가 중요한 이슈가 된다.

셋째로, 사례가 보여주는 또 다른 거버넌스의 유형화는 국가, 시장, 시민사회 중 중심 주체를 기준으로 정부주도형, 시장주도형, 시민사회 주도형으로 구분해 볼 수 있다.

넷째로, 거버넌스가 갖춘 구조를 중심으로 수직적 거버넌스와 수평적 거버넌스로 유형화하기도 한다.

마지막으로, 거버넌스 참여자들 간의 관계를 중심으로 낮은 협력, 중간 협력, 높은 협력으로 구분을 할 수 있다.

이와 같이 이슈와 주제에 따라 다양한 유형의 거버넌스가 형성되고 문제해결을 위한 집단적 행위의 패턴과 그 성과가 나오게 된다. 거버넌스의 유형화는 유형에 따른 작동 메커니즘을 체계적으로 설명함으로써 성공적인 거버넌스 형성의 이론화와 거버넌스 형성전략 등을 수립하는 데에 도움을 줄 수 있다. 때문에 유형화의 기준은 좀더 작동 메커니즘의 인과관계와 성과를 측정할 수 있는 체계적이고 경험적, 이론적 기반이 필요하다.

5. 새로운 협력적 거버넌스의 탐색

이 책이 추구하는 궁극적인 목표는 지역단위에서 지속가능한 발전을 위해 이행되는 다양한 시도, 프로그램, 정책들에서 어떤 거버넌스가 최적화되고 의도했던 성공적인 성과를 이루어 낼 수 있는가를 탐색하는 것이다. 그런 가운데, 새로운 시도와 경험들, 그리고 혁신들을 발견함으로써 미래의 보다 나은 거버넌스를 구축하는 것이다. 여기에서 제시된 사례들은 아직 그 대답을 내릴 수는 없다.

그럼에도 불구하고, 최근에 글로벌 사회에서 나타나는 새로운 시도와 실험들, 그리고 우리 사회에서 발현되는 새로운 시도와 실험들을 비교해 볼 때, SDGs 지역화나 지역발전과정에서 공통적인 추세 중의 하나는 앞에서 제기되었던, 풀뿌리 민주주의에 기초한 새로운 협력적 거버넌스로 발전하고 있다는 것이다. 그 단계와 수준을 크게 ① 주민들 주도로 혁신적이고 새로운 아이디어를 만들어 내는 공동창출(co-creation), ② 지역사회에 필요한 다양한 공공서비스를 지방정부와 주민들이 함께 생산하고 공급하는 공동생산(co-production), ③ 주민과 시민사회 조직들이 지방정부와 함께 정책결정을 하여 주요 정책들을 만들어 내는 공동구축(co-construction)으로 나누어 볼 수 있다(Chung, 2019; Pestoff, Brandsen, and Verscheure, 2012; Vaillancourt, 2009; Verschure, Brandsen, and Pestoff, 2012).

우선은 우리 사회에서도 지역 시민사회의 다양한 주체들이 자기 지역의 문제들을 삶의 현장에서 스스로 발견하고 혁신적인 가치와 해법들을 만들어 내는 공동창출(co-creation)의 방식이 많이 나타나고 있다. 이 책에서 소개되는 대부분의 사례에서 보여주듯이, 우리나라에서도 작은 행동의 변화들이 궁극적으로 큰 변화를 만들어 낼 수 있다는 믿음으로 새로운 아이디어를 만들어 내고 실천의 실험을 해보는 노력들이 증가하고 있다.

우리의 경우, 사회적 협동조합이나 마을기업 등 지역주민들이 주도한 조직들이 지역사회에서 네트워크를 만들어 돌봄서비스나 일부 공공서비스를 지방정부와 함께 생산하고 집행하는 공동생산(co-production)의 방식도 점진적으로 증가하고 있다. 광주시의 조례제정을 통한 학교급식사업이나 생태문화만들기는 공동창출에서 부분적인 공동생산의 단계로 진화하고 있다. 수원시의 물 거버넌스도 공유재를 공동관리한다는 차원에서 공동생산의 일종이라고 할 수 있다. 원주시의 주택에너지 효율개선 사업도 개선사업에 시민과 전문가, 기업들이 함께 협력하여 정책을 집행한 사례라고 할 수 있다.

우리에게는 아직 제대로 된 사례가 없지만, 서구에서는 퀘벡의 사회적 경제 사례를 비롯하여 유럽의 중·소도시나 작은 커뮤니티 중심으로 지역주민들과 시민사회 조직들이 지방정부와 제도화된 공동정책 결정제도를 만들어 지역의 문제들을 보다 제도적으로 해결하는 공동구축(co-construction)의 수준으로 진화하는 지역들이 증가한다. 이 책의 사례에서는 전주의 지속가능한지표 만들기와 지속가능한 생태도시 종합계획 수립은 지방정부의 정책결정과정에서 넓은 정책영역에 걸쳐 제도화된 수준은 아니지만, 일종의 공동구축의 하나라고 할 수 있을 것이다.

선진국들의 사례에서는 SDGs의 지역에서의 이행과정에서 이와 같은 다양한 형식의 풀뿌리 민주주의 형식이 새로운 협력적 거버넌스의 형식으로 성장하고 있는 것을 발견할 수 있다. 따라서 새로운 협력적 거버넌스의 진화과정은 시민주도에 의해 문제의식과 새로운 아이디어를 창출하고, 이행을 위해 함께 지방정부와 협력하여 문제해결을 하고, 더 나아가서 공식적으로 제도화된 형태로 정채결정을 하는 수준까지 가능할 수 있다. 이와 같이 주로 시민사회의 주도로 새로운 가지, 해법의 아이디어와 집행, 그리고 제도가 만들어지고 제도화는 과정을 총괄하여 최근에 사회혁신(social innovation)이라 부르고 있다.

이러한 새로운 형태의 민주적이며 협력적 거버넌스로의 진화는 단시간 내에 가능하지 않다. 지역의 시민 한 사람, 한 사람의 소통의 증대와 교육과 경험을 통해 문제를 발견하는 능력과 해결의 아이디어를 내는 능력, 시민들과 소통하고 공감하는 능력, 조직들의 조직수순에서의 역량강화, 더 나아가서 지방정부의 역량강화 등이 밑으로부터 점진적으로 증대되는 혁신과 실천의 오랜 축적 과정이 함께 수반되어야 한다.

Ⅳ. 한국의 지속가능발전목표의 지역화 현황과 로컬거버넌스의 현주소

여기에서는 우리의 지속가능한 발전목표의 지역화 현황과 현주소를 간단히 소개하고, 법적, 정책적 제도 차원에서의 우리의 SDGs 지역화의 거버넌스 특징을 알아본다.

1. 한국의 지속가능발전목표의 이행체계

우리나라에서도 지속가능발전을 위한 중앙정부의 시도와 로컬거버넌스의 실험은 2015년 UN의 SDGs 선언 이전인 1992년 브라질의 리우 선언에서 지방의제21이 만들어지면서부터 시작되었다. 이후 지역에 따라 산발적으로 지방의제21 조직들이 만들어지면서 활동을 하다가 2000년에 대통령 밑에 국내 지속가능한 발전 정책을 총괄 조정하고 심의·자문하는 기구로 '지속가능발전위원회'가 설립되었었다. 그리고 2008년에 <지속가능발전 기본법>이 제정됨에 따라 국무총리실 산하 '국가 지속가능발전위원회'가 만들어졌다. 글로벌 추세가

지속가능한 발전을 추구하는 한편, 기술발전에 따라 저성장의 기조를
극복하는 새로운 성장전략으로 녹색성장이 강조되면서 2008년의 지
속가능발전법(2008)을 개정한 저탄소녹색 성장기본법(2010)이 제정되었
다. 그리고 지방정부 차원에서는 환경기본조례 또는 자발적인 조례제
정을 통해 민관협력 협치기구인 지속가능발전협의회(구' 지방의제21')를
설치하고 지역 차원의 지속가능발전 목표를 세워 실천하고 있다(윤경
효 & 박차옥경, 2018).

그림 1-1 한국의 지속가능발전 법제도 체계

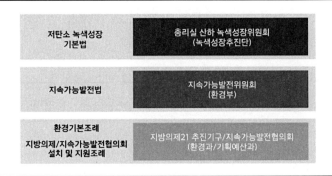

출처: 윤경효 · 박차옥경(2018), p. 49

　한편, 지속가능발전목표와 관련하여, 한국의 주요 이해관계자들은
국회, 시민사회, 기업, 지방정부로 구성되며, 적극적으로 의견을 제안
하고 실천을 하고 있는 그룹들이 있다(윤경효 & 박차옥경, 2018). SDGs에
관한 이해관계자들을 크게 국회, 시민사회, 기업, 지방정부로 구분해
볼 수 있다. 국회의 경우 환경노동위원회, 정무위원회, 국회 UN SDGs
포럼 등의 SDGs에 관한 이해관계자들이 활동을 하고 있는 반면, 시
민사회의 경우 한국시민사회 SDGs 네트워크(SDGs 시민넷) 시민단체, 학

계에서는 SDSN-Korea, 그리고 지방단위에서는 민관협력기구인 지속가능발전협의회가 지속가능발전 이행을 위한 민관 사업과 거버넌스 활동을 하고 있다. 기업 차원에서는 지속가능발전기업협의회, 대한상공회의 지속가능경영원, 유엔 글로벌콤팩트 한국협회 등 조직들이 관련 SDGs 활동에 참여하고 있다. 마지막으로, 지방정부 차원에서는 국내 지자체장 간 협의체인 지속가능발전 지방정부협의회와 지속가능발전 세계지방정부협의회 한국 사무소가 활동을 하고 있다.

그림 1-2 한국의 SDGs 관련 이해관계자 현황

국회
· 환경노동위원회
· 정부위원회
· 국회 UN SDGS 포럼

시민사회
· 한국시민사회SDGs네트워크(SDGs시민넷)(시민단체)
· SDSN-Korea(학계)
· 지속가능발전전국협의회(지방단위 민관협치기구)

기업
· 지속가능발전기업협의회(KBCSD)
· 대한상공회의소 지속가능경영원
· 유엔 글로벌콤팩트한국협회

지방정부
· 지속가능발전 지방정부협의회(국내 지자체장간 협의체)
· 지속가능발전 세계지방정부협의회 (이클레이) 한국사무소

출처: 윤경효·박차옥경(2018), p. 51

2. 지속가능발전협의회 현황

현재 우리나라에서 지속가능한발전의 지역화를 주도하는 조직은 지역의 시민사회가 주도하여 만들어진 지속가능발전협의회이다. 협의회는 지방정부 단위에서 지속가능발전 추진과정의 플랫폼 조직으로서의 역할을 수행해 오면서 지금까지 제도화되어 확산되어 왔다(오수길, 이창언, 오병용, & 김현순, 2016). 환경부 2017년 발간 연구에 의하면 지방차원의 지속가능발전 추친 기구는 245개 중 230개로 90% 이상으로 구성되어 있다. 지속가능발전법 상 지속가능발전협의회 지원 근거 신설('15.12)로 인해 이전의 지방의제21로 설치된 기존의 기구들이 지속가능발전협의회 형태로 전환되고 있다(김태현·박창석·김종호·박현주 & 김태현, 2017).

지속가능발전 추진 기구에 관련 조례를 살펴보면, 지방의제21 추진 관련 조례제정과 지속가능발전협의회 설치 및 운영 조례가 존재함을 알 수 있다. 지방의제21 추진과 관련해서 71개 지방자치단체가 조례를 운영하고 있으며(김성균, 2015), 45개의 지방자치단체가 지속가능발전협의회 설치 및 운영 조례를 가지고 있었다(김태현 외, 2017). 지방의제21 조례제정 연도를 살펴보면 2000년대 초반에 활발하게 확산되었지만 2005년 이후로 많이 줄어들었다. 지속가능발전협의 설치 및 운영 조례 제정은 지방정부 별로 2012년부터 시작되었으며, 2015~2016년에 전국적으로 확산되고 있다.

지속가능발전협의회 조직체계는 전국협의회, 광역협의회, 기초협의회로 구성되어 있다. 광역 및 기초단위의 지속가능발전협의회가 독자적으로 운영하면서 광역단위 지속가능발전협의회는 기초단위 지속가능발전협의회를 총괄하고 광역단위와 기초단위 지속가능발전협의회

그림 1-3 전국지속가능발전협의회의 의제 및 추진기구 수립연도별 현황

출처: 박수현, 손선화 & 장용석(2016). 〈지방의제21 지원조례 표준준치〉(환경부, 2004)

는 모두 전국지속가능발전협의회를 중심으로 네트워킹되어 있다. 광역단위에서는 17개 광역단위에 모두 사무국이 설치되어 있으며, 기초

그림 1-4 지속가능발전협의회 사무국 조직체계

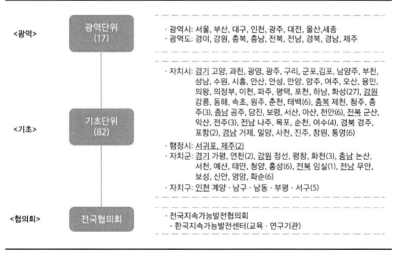

출처: 김성균(2015)

단위에서는 82개 기초단위에 사무국이 설치되어 있다. 광역단위와 기초단위의 지속가능발전협의회 사무국은 전국지속가능발전협의회를 중심으로 네트워킹되어 있고, 전국지속가능발전협의회는 교육과 연구 사업을 위해 산하에 한국지속가능발전센터를 두고 있다(김성균, 2015).

3. 지속가능발전협의회의 거버넌스 활동 분석

지속가능발전협의회는 SDGs 이행에 관한 다양한 실천적인 활동과 실천에 필요한 협력적인 거버넌스 기능을 수행하고 있다. 지속가능발전협의회가 그동안 추진해 왔던 지방의제21이 지속가능발전의 지역화 활동이라고 볼 수 있다. 예를 들어, 전북지속가능발전협의회 2016년 사업 계획을 보면 생물다양성 인식증진사업(G6, G15), 자원에너지사업(G7, G12, G13), 제9회 그린웨이환경축제 진행(G4, G6, G7, G13, G15, G17), 전북기후환경네트워크 사업(G12, G13, G17), 전부기후변화교육센터 사업(G4, G12, G13), 기업협력사업(G7), 에너지 절약 민간단체 협력사업(G4, G13) 등의 실천 사업들을 계획하고 진행하였다. 또한, 조직 사업으로도 위원역량강화 워크숍(G4, G17), 시군협의회 육성지원 사업(G4, G17), 대외협력사업(17), 정기회의(17) 등의 거버넌스 구축 및 강화와 같은 조직 사업들을 실행하였음을 볼 수 있다(오수길 외, 2016).

지속가능발전협의회의 이와 같은 지속가능발전에 관한 지역단위 성공사례들을 분석하여 보급할 필요가 있으며, 각 성공사례의 성공요인과 관련 쟁점들을 논의할 필요가 있다. 전국지속가능발전협의회에서 매년 시민, 지방자치단체, 기업 등 지역사회 주요 구성원들이 파트너십을 이루어 지속가능한 지역 발전을 위한 의제를 수립하고 실천하는 성공사례들을 선정하고 있다(전국지속가능발전협의회, 2019). 이러한 성공사례들을 중심으로 지역 단위에서 지속가능발전협의회가 지속가능발전 이행에 관한 어떠한 목표를 설정하고 활동을 하고 있는지 텍스트 분석해 본 결과는 다음과 같다. 분석 대상은 2013~2018년까지 전국지속가능발전협의회 공모전에서 우수사례로 선정된 61개의 사례의 주제이다. 다음 그림에서 글씨가 굵고 클수록 해당 텍스트의 언급된 빈도가 높은 것을 의미한다.

그림 1-5 지속가능발전협의회 우수사례 텍스트 분석 2013~2018

텍스트 분석결과, 2013~2018년까지 지속가능발전협의회 활동 사례 중 제일 많이 나타난 텍스트는 만들기, 함께, 도시, 시민, 지속가능발전, 지속가능한, 공동체, 지역, 참여, 사업 등의 텍스트가 가장 많이 사용되었다. 이는 지속가능발전협의회의 거버넌스 활동은 '지속가능한 도시, 공동체, 마을을 시민과 함께 만들기'라는 목표와 주제로 진행되어 왔음을 보여준다. 거버넌스 활동의 목표와 주제의 시간적 변화를 보기 위해 연도별로 사례들을 분석해 보았다. 아래의 그림에서 볼 수 있듯이 2013년에는 도시, 만들기, 함께, 시민, 운동 등 내용들이 주로 언급되었고, 2014년에는 마을, 만들기, 함께, 시민 네트워크 등 사업사례들이 강조되었다. 2015년에는 희망, 함께, 찾기, 활동 등을 강조하는 사례들이 많았다가 2016년에는 학교, 만들기, 청소년, 에너지자립, 지속가능한 등을 강조하는 것으로 전환되었다. 2017년에는 민관, 협력, 만들기, 참여 등과 관련 사업들이 많았으며, 2018년에는 시민과 함께, 지속가능발전, 변화와 관련 활동 사례들이 많은 것으로 분석되었다.

그림 1-6 지속가능발전협의회 우수사례 연도별 워드클라우드 텍스트 분석 2013~2018

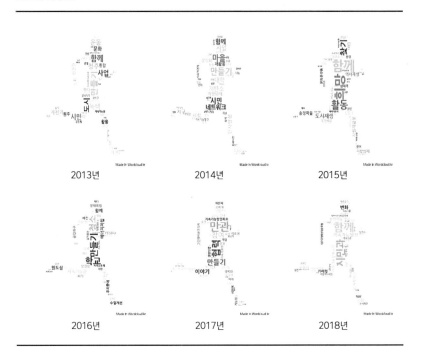

종합적으로 보면, 지속가능발전협의회 활동 사례들이 큰 틀에서는 지속가능한 도시, 공동체, 마을을 함께 만들자는 공동의 목표를 가지고 각 지역에서 도시재생, 환경, 교육, 에너지 등 분야에서 지속가능발전목표 이행에 기여하고 있다. 그리고 이러한 공동의 거버넌스 목표의 범위는 도시 만들기에서, 마을 만들기, 희망 찾기, 학교 만들기, 민관협력으로 만들기, 시민과 함께 등 활동 트렌드가 변화하고 있다.

4. 우리의 SDGs 로컬거버넌스의 특징

우리의 SDGs 이행의 지역화에서의 거버넌스는 어떤 특징을 가지고 있나? 우리의 지속가능발전협의회 사례에서 나타나는 로컬거버넌스의 유형들은 사업활동과 지역적 맥락의 특성에 따라 다양하게 나타나고 있음을 알 수 있다. 본 책에서 분석하는 사례들에서 나타나는 로컬거버넌스는 환경, 에너지, 도시문제, 사회적 문제, 지역사회문제 등 이슈들을 보면 매우 다양하다. 지역적 맥락에서 중요하다고 판단되는 문제의식, 또는 시민사회에서의 새로운 아이디어의 창출 등 경우에 따라 다양함을 알 수 있다. 그런 가운데 공통적인 것은 모두 시민사회 주도의 협력적 거버넌스의 형태로 나타나고 있다.

기능 중심으로 살펴보면 광주의 기후변화를 위한 시민의 행동, 원주 주택에너지 효율개선 사업, 화성시 시티투어 착한 여행, 화성시 도시숲 바이오블리츠 등 지역사회의 환경문제, 도시문제, 에너지 문제, 사회적 문제, 지역사회 소비와 경제 문제를 개선하는 지역사회 문제 해결형 로컬거버넌스 사례가 있다. 전주지속가능지표운동, 전주시 지속가능한 생태도시 종합계획, '지역이 학교다' 지속가능발전청소년포럼 YESDO 등 의제를 수립하는 의제수립형 로컬거버넌스 유형도 있다. 또한, 수원시 수원천 복원과 물 거버넌스와 광교산 상수원보호구역과 갈등관리 거버넌스 사례와 같은 공유재를 둘러싼 환경거버넌스 혹은 갈등조정형 거버넌스 유형이 있다.

그런 가운데 사례에서 제시하고자 하는 거버넌스 이슈는 민관협력거버넌스, 민민협력거버넌스에서의 거버넌스에 참여하는 주체의 역할을 기준으로 보면, 협의회가 주도한 사례가 대부분이며 즉, 시민사회가 주도하여 지방정부를 포용하는 혹은 지방정부가 지원하고 협력하는 민관협력형태의 유형에 속하고 있고 수평적인 구조를 가지고 있다. 또한, 시민사회와 민간이 협력하는 민민형인 수원천 복원과 물 거버넌스 사례가 있었으며, 이 사례는 기존의 정책 실패를 로컬거버넌스가 공동의 숙의와 효율적인 갈등 조정 전략을 통해 교정하는 사례이다. 마지막으로 참여자들 간의 관계를 중심으로 살펴보면, 참여자들의 협력 수준이 중간이나 그 이상의 높은 수준에 있었음을 확인할 수 있었다.

로컬거버넌스가 그 기능을 달성하고 성공하기 위해서는 시민과 지방정부의 협력, 지속가능발전협의회의 역량과 거버넌스 경험, 그리고 사회적 자본의 확충이 중요한 성공 요인으로 지적되고 있다. 구체적으로 논의를 하자면 시민의 의견을 묻고 동의만을 얻는 소극적인 참여가 아니라 시민과 함께하는 적극적인 참여로서 조직화와 실천을 통해 문제해결을 함께 이행하는 것이다.

그리고 지방정부의 재정적인 지원과 제도화 노력이 성공 요인으로 꼽히고 있다. 우선은 많은 경우, 지방의회가 조례를 제정해 줌으로써 법적 근거를 마련하고 지방정부의 지원에 대한 법적 권위와 당위성을 형성하는 것이다. 그러나 실질적으로 지방정부와 유연하며 수평적이며 지속적인 협력거버넌스를 우리의 경우 아직은 유지하기가 어렵다. 우리의 지방정부는 지방자치의 실시에 따라 지역의 문제에 대응하는 능력이 과거의 권위주의와 중앙집권 시대에 비하여 한층 증가하였으나, 때로는 정파성이 강하여 지방자치단체의 장의 이념이나 리더십에 따라 지원과 대응이 차이가 큰 차이가 난다. 또한, 지방정부의 관료제적 문화와 행태가 빠르게 개선되지 않는다. 이념이나 정파성에 의해 한때는 주민들의 주도에 의해 활발하게 이행되었던 정책이나 프로그램이 다음 정부에 의해 지속성이 떨어지는 경우가 많다. 때로는 주민과 지방정부와의 소통과 협력이 제대로 이루어지지 않아 서로 고립된 섬인 관계가 되면, 혁신적인 아이디어와 해법이 서로 자기만의 공간에 갇히게 된다.

V. 책의 구성과 성공적인 SDGs 지역화를 위한 새로운 협력적 거버넌스의 함의

이 책은 국내 풀뿌리 조직들이 지속가능발전목표들과 방향성을 함께하며 독창적인 방법으로 지역사회의 발전에 기여하고 있는 사례를 분석하였다. 이 책에서 소개된 사례들에서의 풀뿌리 조직은 지속가능발전협의회가 중심이 되는 조직들의 네트워크를 의미한다. 지속가능발전협의회는 "지방정부들이 지속가능성이라는 국제적 규범에 대응하여 지방의제21(local agenda21)을 추진하기 위해 조직한 지역 기반의 민관 거버넌스 조직이다"(박수현·손선화 & 장용석, 2016). 지속가능발전협의회는 처음 1995년 본격적으로 설립 이후의 20여 년 지속가능발전 활동과 경험을 기반으로 SDGs 이행에 새로운 협력적 지역거버넌스의 구축에 중심 역할을 수행함으로써 SDGs 지역화에 기여하고 있다.

본 총서는 우리나라에서 지역단위에서의 SDGs 이행에 다양한 주제와 수준에서 많은 성공사례들이 있지만, 그중에서 5개 지역의 지속가능발전협의회를 선택하고 각각의 지역에서 2개의 성공사례를 선택하여 총 10개 성공사례를 선정하여 분석하였다. 각 장의 사례는 단순한 사실의 나열을 넘어서 각 지역의 활동가들이 본 총서의 분석 틀을 중심으로 내부 질적 자료를 다양하게 활용하면서 직접 집필하는 이야기 형식의 총서를 목표로 하였다. 이 책에서 소개하는 사례는 각 지역에서 지속가능발전목표 이행에 있어 다양한 협력적 거버넌스의 실험들이 이루어지고 있음을 이해하는 데 도움이 될 것이다.

이 책은 총 11장으로 구성된다. 1장은 지역에서의 지속가능한 발전을 위한 개념화와 이론적인 내용을 담았다. 그리고 나머지 2장부터 11장까지는 10편의 사례 분석을 다루었다. 각 사례는 5개 지역을 중심으로 가나다순으로 정리를 하였다. 제1장에는 지속가능발전목표 이행에 있어 거버넌스의 역할과 기능 그리고 유형이 무엇이고, 이들의 지속가능발전목표 이행에 대한 적용의 적합성을 논의하고 책에 관한 소개를 한다. 제 2장과 3장은 광주광역시 지속가능발전협의회의 2개 사례를 소개하고 분석하며, 기후변화 대응을 위한 시민의 행동을 유도하는 주1일 채식 운동 사례와 지속가능 마을 만들기 거버넌스 사례를 분석한다. 제 4장과 5장은 수원지속가능발전협의회 환경거버넌스 사례를 분석하며, 분석 사례는 수원천 복원과 물 거버넌스 사례와 수원시 광교산 상수원보호구역 갈등관리 거버넌스 사례를 중심으로 구성되었다. 제 6장과 7장은 원주지속가능발전협의회의 2개 사례로 구성되며, '지역이 학교다' 지속가능발전교육 사례와 원주 주택에너지 효율 개선 사업 사례를 분석한다. 제 8장과 9장은 전주지속가능발전협의회의 2개 사례로 구성되며, 전주지속가능지표운동 사례와 국내 최초 '시민의 말이 씨가 된다' 전주시 지속가능한 생태도시 종합계획인 로컬거버넌스 실험 사례를 분석한다. 마지막으로 제 10장과 11장에서는 화성지속가능발전협의회의 지속가능 관광 거버넌스 사례인 화성시 시티투어 착한여행 '하루' 사례와 거버넌스로 이루어지는 생물다양성 '화성시 도시숲 바이오블리츠' 사례를 소개하여 분석한다.

1. 본 총서의 사례 분석틀

본 책에서 소개되는 각 지역의 사례들은 분석의 일관성과 비교를 통한 함의를 찾아내기 위하여 집필 전에 집필자들의 사전 협의를 통해 분석틀을 만들었다. 분석 틀은 지역 수준에서 지속가능발전 이행을 위한 다양한 협력적 로컬거버넌스의 기능과 유형이 어떻게 나타나고, 어떠한 전략과 수단을 활용하고, 지속가능발전에 관한 성과가 무엇인지를 탐색할 뿐만 아니라 협력적 로컬거버넌스가 성공하는 데 있어 영향을 미친 요인들이 무엇인지를 발굴하고자 하였다. 또한, 그 과정에 있어 경험한 갈등과 쟁점들을 논의하여 향후 성공적인 SDGs의 지역화를 위해 어떤 협력적 로컬거버넌스를 만들고 제도화를 할 것인가에 대한 함의를 찾고자 하였다.

이런 맥락에서 사례의 분석 틀을 크게 ① 지역사회의 문제와 상황, ② 사례의 전개과정, ③ 사례의 성과, ④ 성공 요인, ⑤ 시사점과 쟁점으로 나누어서 분석하기로 하였다. 지역사회의 문제와 상황은 각 사례에 관한 배경, 내용, 목표를 소개하며, 사례의 전개과정은 지역적 특성 맥락, 지속가능한 발전을 위한 로컬거버넌스 사례의 주도자와 행위자들, 로컬거버넌스의 유형, 추진 전략의 특성, 활용 수단, 갈등과 해결법을 소개하여 분석한다. 사례의 성과는 로컬거버넌스 활동을 통해 지속가능발전과 지역사회문제에 대한 기여를 논하고 성공 요인 분석에서는 로컬거버넌스 관점에서의 성공 요인과 기타 성공 요인을 분석한다. 마지막으로 사례의 시사점과 쟁점, 그리고 로컬거버넌스 활동 사례에 대한 발전 방향을 제시한다. 사례의 분석 틀은 다음 [그림 1-7]과 같다.

그림 1-7 사례의 분석 틀

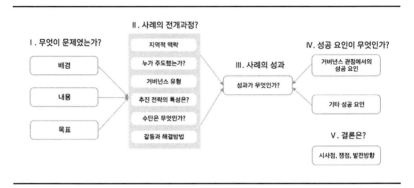

2. 사례가 주는 함의들

이 책이 의도하는 독자 대상은 지역사회의 사회적 문제와 지속가능발전에 관심이 있는 일반인, 지역사회 활동가들과 전문가, 공무원과 학자 그리고 학생들이다. 학생들과 일반인은 사회 전반적으로 논의되기 시작한 지속가능발전에 대한 지역 수준의 다양한 실천 노력을 구체적으로 이해하고 현실적 감각을 얻을 수 있으리라 생각한다. 지역사회 활동가들과 전문가들은 사례를 통해 지속가능발전 이행에 적용할 수 있는 거버넌스의 역할과 유형들을 배울 수 있고, 효과적인 거버넌스 실천에 관한 교훈을 얻을 수 있다. 공무원과 학자들은 지속가능발전 실천에 관한 거버넌스의 역할을 다양한 지역적 맥락에서 검토할 기회를 갖게 될 것이며, 로컬거버넌스에 대한 정부의 참여와 지원의 중요성을 인식할 수 있을 것이다.

이 책에서 소개된 사례들이 주는 공통된 함의들이 있다. 첫째로 '작은 것부터 시작한다'이다. 작은 변화가 모여서 큰 변화를 가져온다는 믿음이다. 아마도 'SDGs 지역화'에 깔려 있는 가장 기본적인 가치일 것이다. 이러한 관점은 UN을 비롯해 'SDGs의 지역화'를 연구하고 실천하는 다양한 조직과 현장에서 공통적인 가치이기도 하다. 또한 다양한 사회변동 현상을 역사적으로 분석하는 신제도주의적 관점에서도 제기되는 관점이다. 긴 역사적 시간의 흐름에서 보면, 사회변동과 제도의 변화는 특정 시점에 급격하고 역동적으로 변화하는 것처럼 보이지만, 이는 결국 그 이전에 작은 변화들, 소통과 담론을 통해 사람들의 생각과 의식이 바뀌고 기존의 권력관계가 변화하면서 새로운 아이디어와 제도들이 좌충우돌하면서 만들어 내는 점진적인 변화의 축적 결과라는 것이다. 이러한 작은 변화들이 모여 일으키는 에너지의 축적이 없이는 의식과 문화, 제도의 변화가 공고화되기 어려울 것이다.

둘째는 여기에서 소개된 모든 사례는 주민주도와 참여에 의해 SDGs 지역화 거버넌스를 구축하는 것이다. 지역의 지속가능발전협의회가 중심이 되어 주민들이 지역의 문제를 스스로 인식하고 깨닫게 하며, 지속적인 소통과 교육을 통해 의식화를 공고히 하는 한편, 스스로 문제해결의 해법들을 찾아 나가는 것이다. 경제적으로 환경적으로 공동화되어 가는 지역사회를 활성화시키기 위하여 우리 지역사회에서는 마을 만들기에서부터, 학습공동체, 물과 같은 공유재의 공동관리, 주거와 에너지 문제, 심지어는 주민주도의 지속가능지표를 개발하고 모니터링하는 작업 등 다양한 주제로 지역사회의 지속가능한 발전 운동이 펼쳐지고 있다.

여기서 소개되는 사례들은 UN이 2015년 SDGs를 선언하기 이전에 이미 지방의제21에 의하여 오래전부터 지역사회의 풀뿌리 운동으로서 시작된 것들이다. 대부분이 10년 내외의 긴 시간을 통하여 주민들 스스로가 문제의식을 느끼고 공감하여 소통의 장을 만들면서 출발했다. 그리고 상시적으로 주민들의 이해당사자들과 함께 소통하고, 문제해결을 위한 해법들을 만들고 함께 협력하여 이행하는 수평적인 협력적 거버넌스를 구축하기 시작하였다. 그 과정에서 문제를 발굴하고 문제해결방법에 대하여 합의하는 과정에서 갈등도 존재하였고, 이를 해결하는 과정은 지난한 과정이었고, 이를 극복함으로써 그다음 단계의 실천으로 이어질 수 있었다. 이러한 과정은 우리나라에서도 SDGs 지역화는 과정으로서 풀뿌리 민주주의(심의민주주의)에 뿌리를 두는 민주적이며 협력적 거버넌스의 기초를 만들어 나가고 있음을 알 수 있다. 민주적 협력거버넌스의 제도화되는 과정으로서 공동창출, 공동생산, 공동구축의 현상들이 부분적으로 발현하고 있음을 알 수 있다. 공동창출은 전 사례를 걸쳐서 SDGs 지역화의 출발점이 되었다. 다음 단계로서 지속적으로 제도화된 단계는 아니나 지역의 프로그램별로 부분적 공동생산, 공동구축의 사례들이 나타나고 있는 것이다.

셋째는 주민주도로 시작된 거버넌스의 구축을 어떻게 제도화할 것인가의 문제이다. 사례들이 보여주는 함의는 민민, 민관협력 거버넌스의 제도화 문제이다. 앞에서 주민들의 의식이 깨이고 서로 소통하는 데까지는 많은 기반이 닦이고 있다고 볼 수 있다. 그러나 민관 관계에서 지방정부의 정파성, 단체장의 이념과 리더십에 따라 많은 차이점을 보이고 있다. 민민 협력거버넌스도 사례에 따라 다양하지만 우리 사회에서는 아직도 쉽지 않다. 이해갈등이 첨예한 사업들에서는 쉽지 않고, 또한 같은 지역 내에서 작은 커뮤니티서 실천되는 새로운 아이디어들이 바로 이웃 지역으로 쉽게 전파, 확산되지 않는 경우가 많다. 문제를 공유하고 공동체의식을 보다 넓은 지역공간에서 공유하기 어렵다는 의미이다.

넷째는 지방정부의 역할이다. 대부분의 사례에서 지방정부가 어떤 방식으로 지원을 하고 개입하는가의 문제이다. 많은 경우, 지방정부는 조례를 제정함으로써 시민들 주도의 지속가능한 발전 운동을 지원하고 있다. 그러나 아직까지 수평적이며 제도화된 민관협력 사례를 발견하기 힘들다. 특히 원주시 사례에서는 주택에너지개선사업의 사례에서 명시적으로 제시되었지만, 지방정부의 주기적 선거에 따른 정파성의 변화는 주민주도의 지속가능한 발전 사업들을 지속가능하게 하기 어렵게 만든다. 내용이 아무리 좋아도 다른 정파의 지방자치단체장의 성과를 지우고자 하는 것이 상례이다. 만약에 주민들의 SDGs 지역화 사업들에 대한 공감대와 정치적 지지가 보다 넓고 공고하다면, 정파성을 초월할 수 있을 것이다. 그러나 우리나라의 지역에서는 아직 그런 사례를 찾기가 쉽지 않다. 따라서 이를 극복하는 몫도 시민사회의 역할일 수밖에 없다.

다섯째는 여기 사례에서는 주민주도와 지방정부와의 거버넌스 구축에서 민관, 민민 거버넌스를 중심으로 다루었다. 지역화의 문제는 결국은 지역단위의 작은 많은 변화들인 성공사례가 지역사회뿐만 아니라, 전국적 차원에서 그리고 글로벌 차원으로 확산되어야 한다. 여기의 사례는 다층적 거버넌스의 관점에서 중앙정부, 더 나아가서 글로벌 수준에서의 파트너와 협력관계를 보여주지는 않는다. 우리의 경우 아직 중앙정부 차원에서 SDGs 이행의 총괄 기구인 지속가능발전위원회의 위상과 조정능력(거버넌스 능력)을 가지기 위한 법 개정도 안 되고 있다. 지역에서의 작은 지속가능한 발전 사업들이 더 큰 변화의 출발점이 되지만, 다층적 거버넌스의 차원에서 중앙정부의 정치적, 재정적, 행정적 지원이 없으면 확산의 가능성과 속도가 빠르지 않게 된다.

참고문헌

1. Blatter, Joachim. (2012). Forms of Political Governance: Theoretical Foundations and Ideal Types. Working Paper Series, Glocal Governance and Democracy. University of Lucerne.

2. Chung, Moo−Kwon. (2019). The Emergence of Co−production Model of Social Services and the Role of the Social Economy Sector for Sustainable Community Development. Paper presented in the International Conference on Localization of the SDGs and the Co−Construction of the Means of Implementation. Yonsei University, Wonju Campus, 2019. 2. 23−24.

3. Global Taskforce of Local and Regional Governments, UNDP, UN−Habita. (2016). Roadmap for Localizing the SDGs Implementation and Monitoring at Subnational Level. Barcelona.

4. Global Taskforce of Local and Regional Governments. (2017). Towards the Localization of the SDGs. Local and Regional Governments Report to the 2019 HLPF.

5. Global Taskforce of Local and Regional Governments. (2018). Towards the Localization of the SDGs. Local and Regional Governments. Report to the 2019 HLPF.

6. Global Taskforce of Local and Regional Governments. (2019). Towards the Localization of the SDGs." Local and Regional Governments. Report to the 2019 HLPF.

7. Meadowcroft, J. (2007). Who is in charge here? Governance for sustainable development in a complex world. Journal of Environmental Policy & Planning, 9(3−4), 299−314.

8. Oosterhof, Pytrik Dieuwke. (2018). Localizing the Sustainable Development Goals to Accelerate Implementation of the 2030 Agenda for Sustainable Development. The Governance Brief. Issue 33. ADB, Asian Development Bank.

9. Pestoff, Victor, Brandsen, T, and Verschuere, B. (eds.) (2012). New Public Governance, the Third Sector, and Co−Production. London: Routledge.

10. Peters, B. Guy, and Pierre, Jon. (2000). Governance, Politics, and the State. London: St. Martins.

11. Rhodes, R.A.W. (1996). The New Governance: Governing without Government. Political Studies. XLIV. 652−667.

12. Rohdewohld, R. (2017). Localizing Global Agendas in Multilevel Governance Systems: The Benefits of Functional Assignment as Core Element of Decentralization Reforms. The Governance Brief. Issue. 30. ADB.

13. SIDA. (2002). Good Governance. Division for Democratic Governance. Sweden.

14. Stephenson, Paul. (2013). Twenty year of multi−level governance: Where Dose It Come From? What Is It? Where Is It Going?. Journal of European Public Policy. 20(6):817−837.

15. Treib, Oliver, Bähr, and Falkner. (2005). Modes of Governance: A Note Towards Conceptual Clarification. European Governance Papers(EUROGOV) No. N−05−02, http://www.connex−network. org/eurogov/pdf/egp−newgov−N−05−02.pdf.

16. UCLG. (2015). The Sustainable Development Goals: What Local Governments Need to Know. United Cities and Local Governments.

17. UCLG. (2017). Local and Regional Governments' Report to the 2017 HLPF: National and Sub−national Governments on the Way towards the Localization of the SDGs. Barcelona: UCLG.

18. UNDP. (2016). An Integrated Framework to Support Local Governance and Local Development. New York: UNDP.

19. UNRISD. (2017). Localizing the SDGs through Social and Solidarity Economy. Research and Policy Brief. September 24.

20. Vaillancourt, Y. (2009). Social economy in the co−construction of public policy. Annals of Public and Cooperative Economics, 80(2), 275−313.

21. Verschuere, B., Brandsen, T., & Pestoff, V. (2012). Co−production: The state of the art in research and the future agenda. Voluntas, 23(4), 1083−1101.

22. Voorberg, W. H., Bekkers, V. J., & Tummers, L. G. (2015). A systematic review of co−creation and co−production: Embarking on the social innovation journey. Public Management Review, 17(9), 1333−1357.

23. Hewitt de Alcántara, C. (1998). Uses and abuses of the concept of governance. International social science journal, 50(155), 105−113.

24. 고재경·황원실·좌승희. (2007). 환경거버넌스 평가에 관한 연구: 평가지표 개발을 중심으로. 경기연구원 기본연구, 3−9.

25. 김민재·박순열·김지혜·안새롬·구도완. (2018). 지속가능성 전환의 관점에서 본 서울시 정책 평가:'공유도시'와 에너지 전환 정책을 중심으로. 환경사회학연구 ECO, 22(2), 7−40.

26. 김성균. (2015). 유엔 지속가능발전목표 국내 이행을 위한 시민참여 거버 넌스 활성화 방안: 제도화를 중심으로. 한국지속가능발전센터.

27. 김태현·박창석·김종호·박현주·김태현. (2017). 지방정부의 SDGs 이행 을 위한 사례연구 및 추진방안 마련 연구. 한국환경정책평가연구원.

28. 박수진·윤희철·나주몽. (2015). 로컬거버넌스 관점에서 지방의제 21 마 을만들기 실천사업의 고찰-푸른광주 21 협의회의 내집앞마을 가꾸기 사 업을 중심으로. 한국거버넌스학회보, 22(2), 337-360.

29. 박수현·손선화·장용석. (2016). 한국 지방정부의 환경거버넌스 활성화 에 관한 연구: 지속가능발전협의회를 중심으로. 한국지방정부학회 학술대 회 논문집, 493-516.

30. 오수길·이춘열. (2018). 주민자치와 로컬거버넌스 사례연구: 고양시 자 치도시 실험을 중심으로. 국정관리연구, 13(2), 125-158.

31. 오수길·이창언·오병용·김현순. (2016). 지속가능발전목표(SDGs) 이행 을 위한 지역 거버넌스의 역할 연구. 전국지속가능발전협의회.

32. 윤경효·박차옥경. (2018). 지속가능발전목표(SDGs) 생활 속 이야기. 서 울시: (사)한국지속가능발전센터.

33. 정무권. (2006). 성장과 분배의 조화를 위한 성장-복지 거버넌스. <한국 경제의 재도약을 위한 노동정책과 복지정책의 방향>. 경기개발연구원 총서.

Chapter

2

기후변화대응을 위한 시민의 행동

- 주 1일 채식운동을 중심으로 -

윤희철(광주광역시 지속가능발전협의회)

02 | 기후변화대응을 위한 시민의 행동

- 주 1일 채식운동을 중심으로 -

윤희철(광주광역시 지속가능발전협의회)

Ⅰ. 들어가며

매년 여름 뜨겁게 우리가 사는 땅이 달궈진다. 열대야 현상으로 저녁에 잠들기도 힘들다. 낮에도 에어컨이 없으면 끊임없이 쏟아지는 땀을 흘리면서 사람들은 말한다. "이게 다 기후변화 때문이야!" 봄철 황사에 고생하던 예전에는 그저 봄에 늘상 있는 일이었지만, '미세먼지'의 존재를 알고 난 후부터는 사시사철 미세먼지에 모든 사람들이 관심을 갖는다. 그리고 말한다. "이게 다 기후변화 때문이야!" 실제로 문제는 더 커지고 있다. 온실가스 배출량이 최근 다시 증가하기 시작하였다. 유엔이 최근 발표한 온실가스 배출격차 보고서는 2014년에서 2016년까지 전 세계 온실가스 배출량이 안정되었다가 2017년 다시 1.2% 늘었다고 한다.

예전에는 북극의 얼음이 녹고 있어, 북극곰이 살 공간이 사라진다는 이야기로 기후변화에 대한 심각성을 풀어갔다. 하지만 이제 우리 삶은 도처에 기후변화의 증상이 보인다. 시민 누구나 기후변화의 심각성을 인식한다. 불과 몇 년 전만 해도 잘 잡히던 어류가 이제 수온

상승으로 잡히지 않고, 여름의 고온현상을 접할 때마다 쉽게 기후변화를 떠올린다. 이 심각한 문제에 우리가 대응할 실천운동은 거의 없다. 기껏 자동차 이용을 억제하고, 1회용품 사용을 줄이는 정도가 일반 시민들이 할 일이고, 대부분의 기후변화정책은 정부와 기업이 할 일로 치부된다. 우리 삶에 치명적인 영향을 미치는 사안에 대해 정작 대상자인 우리가 이를 해결하기 위해 할 일이 너무 없다는 점이 문제인 것이다.

2000년대 이후 기후변화 문제가 심각해지던 시기에 우리의 생활 수준도 향상되면서 '먹거리'에 사람들이 관심을 갖게 되었다. 그리고 새로운 연결고리가 탄생하였다. 바로 기후변화와 먹거리의 관계였다. 기존에 온실가스 배출은 주로 수송, 건축물, 에너지 등의 분야가 주 발생원으로 생각되었고, 농업 분야는 거의 관심 밖의 일이었다.

하지만 먹거리의 생산과 수송과정에서 심각하게 온실가스 배출이 발생하고, 그 양이 우리들이 상상하는 양 이상이라는 사실을 깨닫게 되면서, 문제의 심각성을 인식하기 시작하였다. 먹거리의 전환이 바로 기후변화대응과 직결된다는 것을 알게 된 것이다. 2018년 10월 25일치 과학저널 네이처의 발표에 따르면 식량에 관한 생산·수송의 시스템에서 배출되는 온실가스는 2010년 기준으로 연간 52억 톤이다. 연구진은 아무런 대책을 취하지 않으면, 2050년 온실가스 배출량은 87%, 농지 67%, 농업용수 65%, 인과 질소 각각 54%, 51% 늘어날 것으로 추정하였다[3].

그런데 농업부문에서 배출하는 온실가스의 72~78%가 축산업에서 나온다. 유엔 식량농업기구(FAO)에 따르면, 가축에서 배출하는 온실가

---

3 2050년 세계 인구가 85억~100억, 세계 소득은 3배로 늘어나는 것을 가정한 계산이다.

스는 전 세계 총 배출량의 15%이다. 이 중 가장 큰 비중을 차지하는 것은 바로 '소'이다. 축산부문 배출량의 65%가 15억 마리의 소에서 나온다. 이는 소가 먹이를 소화하는 과정에서 배출하는 메탄가스의 온실효과가 이산화탄소보다 20~30배 높기 때문이다[4].

먹거리는 미래 우리 삶에 영향을 줄 수 있는 분야이면서, 지속가능성과 직결되기에 해결해야 할 가장 중요한 과제이다. 지속가능한 먹거리 문화를 만들지 못하면, 기후변화대응은 물론이고, 우리 삶의 지속가능성도 담보할 수 없기 때문이다. 따라서 본 장에서는 먹거리를 중심으로 시민들이 어떻게 건강에 집중된 실천운동에서 기후변화와 연계하여 활동을 시작하고 확산해 나가는 과정을 광주광역시의 '주1일 채식운동'을 중심으로 살펴보고, 그 의의를 나누고자 한다.

II. 주 1일 채식운동의 배경과 의미

1. 주 1일 채식운동의 이론적 배경과 의미

기후변화에서 채식의 중요성을 강조하는 연구는 전 세계적으로 시작된 지 오래되지 않았다. 그동안 기후변화의 실질적인 요인으로 주목된 온실가스 배출에 대해 주로 수송, 에너지, 건축물 등이 주요 요인으로 생각되었고, 전통적으로 그 분야에서만 주로 연구가 되었기 때문이었다. 최근에서야 다양한 연구기관에서 과도한 육식이 낳은 문제와 기후변화가 연결되고는 있지만 아직까지도 그 연구가 기후변화 연구의 중심에서 논하고 있지 못한다.

---

4 한겨레신문, 과학자들이 권하는 '기후변화 억제 식단', 2019.1.11.

최근 유의미한 보고서가 나왔는데, 2018년 국제기후환경센터는 작성한 녹색식생활에 관한 보고서이다. 이 보고서에 따르면, 시민들이 매일 섭취하는 식단을 생산, 수송, 조리단계로 구분해 조사한 결과, 일반적인 식단의 온실가스 배출량은 생산단계 $0.919KgCO_2$(76%), 수송단계 $0.03KgCO_2$(2%), 조리단계 $0.262KgCO_2$(22%)로서 총 $1.211KgCO_2$를 배출하는 것으로 나타났다. 보고서에서 다른 6가지 식단 중 온실가스 배출량이 가장 적은 식단은 비건채식(Vegan)이었다. 생산·수송·조리 단계의 비율이 각각 76%, 2%, 22%로 일반적인 식단보다 약 21% 감소한 $0.959KgCO_2$이 배출되었다. 한편, 온실가스 배출량이 가장 많은 식단은 육류섭취량이 많은 식단으로 나타났으며, 생산·수송·조리 단계의 비율이 각각 86%, 1%, 13%로 기본식단보다 약 364% 증가한 $4.408kgCO_2$로 나타났다[5].

표 2-1 녹색식생활 연구의 7가지 식단 구성

기본식단	식단 A	식단 B	식단 C	식단 D	식단 E	식단 F
쌀밥	쌀밥	쌀밥	쌀밥	쌀밥	쌀밥	쌀밥
된장찌개	오이냉국	콩나물국	북엇국	북엇국	된장찌개	쇠고기 뭇국
소불고기	배추김치	배추김치	무말랭이	시금치 나물	쇠고기 장조림	쇠고기 장조림
떡꼬치 구이	시금치 나물	달걀찜	고등어 구이	쇠고기 장조림	제육볶음	삼겹살 구이
시금치 나물	깻잎 장아찌	파무침	달걀찜	마늘종	마늘종	식혜
배추김치	파무침	두부조림	마늘종	파무침	오이생채	제육볶음
식혜	두부조림	상추 겉절이	오이생채			

---

5 국제기후환경센터, 광주광역시 녹색식생활 기본계획 보고서, 2018.

따라서 육류 중심의 식단을 채식 위주의 식단으로 변경하는 경우, 전 지구적 차원의 온실가스 감축에 중요한 계기가 마련될 수 있다.

사실 이러한 이유로 유럽 국가 중에서는 이미 학생들을 중심으로 주 1일 채식 권장이나 채식 식단을 학교 식단에서 제공하는 등의 법안이 발의되는 등의 활동이 진행 중이다. 기후변화와 채식에 대한 관계는 그동안 과학계보다 일반 시민사회 중심으로 논의가 진행되었다. 그동안 활동한 사례만 찾아보아도, 과학적으로 자료를 검증하면서 논의를 확산하기보다, 과도한 육류소비로 인한 문제가 발생시키는 온실가스에 대한 추론적 접근이었다. 이 활동은 주류 과학계나 기후변화를 연구하는 연구자들에게는 전통적인 접근방식이 아니었기 때문에, 기후변화에 관한 주요 논의에서 크게 거론되지 못한 것으로 보인다.

하지만 최근 10여 년 동안 다양한 논의가 계속 진행 중이고, 기후변화대응에서 채식의 중요성을 논하는 자료와 연구가 계속 늘어나고 있다. 미국 시카고대(University of Chicago) 에셀(Eshel Martin) 박사는 1년 동안 채식을 한 사람이 이산화탄소 배출량을 1.5톤 줄일 수 있다고 말하며, 이는 친환경자동차로 바꾸는 것보다 온실가스를 더 줄이는 효과를 가져올 수 있다고 말한다[6]. 카네기 멜론 대학(Carnegie Mellon University)의 연구(2008)에 따르면 100% 비건 채식과 100% 로컬푸드만 소비하는 식단의 배출량을 비교하면, 비건채식이 로컬푸드 식단보다 온실가스 배출량을 7배 더 많이 감소시킨다고 밝혔다.

유엔환경계획(UNEP, United Nations Environment Program)에서도 기후변화로 인한 최악의 환경 피해를 막기 위해 에너지와 음식 두 가지 주요 부문에서 큰 변화가 있어야 하며, 인구가 급속히 증가하는 현 상황에

---

6 MBC 뉴스. 지구온난화 주범은 소 방귀, 2009.10.31.

우리 지역은 SDGs 이행을 어떻게 했는가?

서는 육식을 멀리할 필요성이 있다고 말한다[7].

그림 2-1 각 식단의 온실가스 배출량 비교(%)

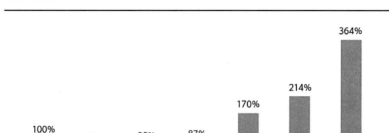

출처: 국제기후환경센터, 광주광역시 녹색식생활 기본계획 보고서, 2018.

　네덜란드 환경평가국은 2009년 발표한 '식단의 변화가 주는 기후
상의 이로움'이란 보고서에서 육식을 절반만 줄여도 섭씨 2도 상승
이하로 기후를 안정시키는 데 드는 비용의 절반을 줄일 수 있고, 완
전채식을 할 경우 그 비용을 80%가량 줄일 수 있다고 하였다[8].
　지구온난화 연구 분야에서 최고 권위를 인정받는 영국의 니콜라스
스턴 경(Sir Nicholas Stern)은 기후변화를 막고 지구를 구하기 위해서는
채식주의자가 될 것을 고려할 필요가 있다고 강조하였다. 단기간에
기후변화를 막는 대처 방안으로 전문가들이 제시하는 해결책은 유기

7 UNEP, Assessing the Environmental Impacts of Consumption and Production,
　2010.
8 브레이크뉴스, 기후와 건강의 적신호 육류소비 어떻게 줄일 것인가?, 2010.5.17.

농 채소 농업이다. 유기농 채식 식단을 구성하는 것이 가장 빠르면서도 효과적으로 기후변화를 막을 수 있다는 것이다. 독일 푸드워치 연구소에 따르면 기존 식단에서 유기농으로 전환되면 온실가스 배출을 8% 감소시킬 수 있다. 모든 사람들이 비건으로 전환하면 87% 감소되며, 유기농 비건 식단은 94%나 온실가스를 감소시킬 것으로 추정한다. 이것이 유기농과 함께 채식이 기후변화의 해결책으로 언급되는 이유이다[9].

2. 주 1일 채식운동의 시작

2011년 하나의 작은 움직임이 시작되었다. 도시환경협약 광주정상회의가 광주에서 열렸다. '초록 도시, 더 나은 도시'를 주제로 열린 이 정상회의는 해외 78개 도시와 12개 국제기구, 국내 37개 도시 등이 참여하였다. 이 회의와 함께 기후변화, 에너지, 식량에 관한 NGO 중심의 포럼이 광주에서 열렸다. 이때 처음으로 주요 논의의 주제로써 에너지 외에도 식량이 주요 의제로 다루어졌고, 그 결과 "기후변화, 에너지 그리고 식량을 위한 광주 선언"이 채택되었다.

2011 광주NGO글로벌포럼
기후변화, 에너지 그리고 식량을 위한 광주 선언

우리는 기후변화로 인한 자연재해와 에너지 식량 위기가 먼 미래 남의 이야기가 아니라 오늘 우리와 미래세대의 생존과 직결되어 있고, 인류 전체의 운명과도 뗄 수 없는 긴밀한 관계가 있음을 확인하였다. 우리는 기후변화의 시대, 지구촌의 책임 있는 일원으로서 사람과 사람, 사람과 자연이 조화롭게 공존하는 새로운 문명의 시대를 열어가기 위해 광주와 모든 도시, 시민사회가 함께

---

9 헤럴드 경제, 기후변화 막고 지구를 구하고 싶은가? 그럼 채식주의자가 돼라, 2017.5.27.

지금 당장 행동에 나설 것을 촉구한다.

- 화석에너지와 원자력 중심의 에너지정책을 탈피하고 절약과 효율, 재생가능 에너지로의 획기적인 전환을 촉구한다.
- 광주와 모든 도시는 가능한 한 빠른 시일 내에 전기, 난방, 교통, 건물 등 분야 별로 구체적인 에너지전환 실천계획을 마련해야 한다.
- 광주시와 모든 도시는 '지속가능한 지역 식량 기본계획'을 수립해야 한다.
- 소농을 살리는 '십시 일농(十市 一農) 운동'을 전개하는 한편 텃밭으로 밥상 을 자급하는 '도시유기농업'을 확대한다.
- 육식을 줄이고, '곡·채식' 위주의 식생활을 실천한다.

이를 위해 광주NGO글로벌포럼에 참여한 광주와 한국, 세계의 NGO들은 적극 연대하고, 지방정부의 시책과 시민 실천을 위해 다함께 노력한다.

2011. 10. 14
광주NGO글로벌포럼 참여자 일동

그 이전에도 안전한 먹거리를 중심으로 지역 의제가 작성되고 논 의되었다. 하지만 이 시기를 기점으로 먹거리와 기후변화는 주요 논 의에서 직결되기 시작하였다. 광주에서 기후변화를 논하면 먹거리는 중요한 의제로 간주되기 시작하였다. 지역내 NGO를 중심으로 시작 한 이러한 논의는 광주지속가능발전협의회(구 푸른광주21협의회, 이하 광주 협의회)의 4차 의제(2012~2016)에서 포함되었다.

결국 녹색경제 사회분야 '초록밥상으로 환경과 건강 지키기' 아젠 다를 채택하였고, 먹거리와 기후변화에 대한 시민실천운동이 공공영 역 중심에서 개인영역까지 확대하는 계기를 마련하였다. 이를 통해 기후변화와 먹거리를 연계하여 각종 정보를 전달하며, 녹색건강 교육, 초록밥상 캠페인, 홍보사업 등 다양한 분야에서 이 의제를 알리는 작 업이 실행되고 있다. 특히 실천사업분야에서의 각종 사업뿐만 아니라 녹색건강 도시 구축, 구내식당 주 1일 채식실천 등 행정·제도적인 측면에서도 접근하여 실천하게 되었다.

이 때문에 광주광역시는 광주협의회를 중심으로 지역 내 ICOOP 빛고을생협, 한살림 광주, 광주전남불교환경연대, 기후행동비건네트워크, 참교육학부모회 광주지부와 같이 다양한 NGO와 연계하여 2012년 이후 크게 3가지 분야로 의제를 세우고 사업을 진행하고 있다. 첫째, 먹거리 문제, 특히 과도한 육식이 기후변화 문제까지 연관되어 있다는 점을 인식시키고 기후변화 시대에 지구온난화를 완화 시키는 것에 동참할 수 있도록 유도하고 있다. 둘째, 녹색건강의 가장 핵심인 먹거리 부분에 대한 정보를 전달하며, 이는 사회적 차원뿐 아니라 개인, 가정의 문제로 확산시키며 이를 통한 지속가능한 먹거리 문화가 정착하고 있다. 셋째, 대중적인 방법으로 육류 섭취를 줄이고 곡류 및 채식 위주의 식단을 주 1일 이상 실천하도록 권장하며, 이를 교육과 제도개선, 작게는 밥상 바꾸기 운동을 통해 시민건강을 하고 있다.

Ⅲ. 주 1일 채식운동의 과정과 변화

1. 주 1일 채식운동의 방향

광주시 인구 150만 중 40만 명이 2030년까지 주 1일 채식운동에 동참할 경우, 연간 15,724톤CO_2의 감축이 가능하다. 1년 기준 1명당 39.31KgCO_2를 줄일 수 있다. 물론 처음부터 '주 1일 채식운동'이 바로 시작한 것은 아니다. 지역 내 NGO, 행정 및 유관기관이 함께 논의하면서 '녹색건강'을 주제로 다양한 논의가 시작되었고, 몇 차례 토론회를 거치면서 운동의 방향이 설정되었다. 이를 위해 크게 녹색식생활의 정책화, 시민 인지도 향상, 교육 및 캠페인의 시행이라는 3가지 분야로 논의가 진행되었다.

먼저 학교와 학부모 실천을 중심으로 출발하여, 기업체와 일반 시민으로 확대한다. 이를 위한 실천 권장과 함께 교육도 병행한다. 식생활에 따른 온실가스 배출량을 계량화하는 작업은 기존의 연구 결과를 참고하여 전문기관에 의뢰해서 한국형 데이터를 만들기로 한다. 이를 웹사이트에 올려 시민·학생들이 직접 활용할 수 있게 한다. 이 자료를 토대로 광주광역시 온실가스 감축 정책과 전략에 식생활 영역을 포함시킨다.

그리고 기후변화와 먹거리, 그리고 건강의 연관성에 대한 시민 인지도를 높이고, 좋은 먹거리 정보를 시민들에게 제공하기 위해 채식요리 축제를 개최한다. 먹거리 분야에서 온실가스 감축에 중요한 의미를 갖는 제철 음식, 지역먹거리, 유기농산물 생산과 소비를 장려할 수 있는 지역먹거리 축제도 병행해서 추진한다. 한편, 식습관은 하루아침에 바꾸기 어렵기 때문에 꾸준한 교육과 캠페인을 진행한다. 전문가 및 전문기관과 함께 건강한 식생활에 대한 정보와 노하우를 익힐 수 있는 프로젝트를 운영한다.

이를 위해 크게 몇 가지 분야에서 사업이 계획되었다. 첫째, 행정기관, 학교, 기업을 비롯한 공공급식소에서의 '주 1일 채식실천' 및 음식 선택권을 보장하기로 하였고, 광주광역시 차원에서 건강과 환경을 위해, 공공급식소에서의 '주 1일 채식'을 실천하고 장려하기로 하였다. 둘째, 로컬푸드 및 채소 과일 중심의 식생활개선을 통한 시민건강증진 프로젝트를 진행하기로 하였다. 이를 위해 로컬푸드 마켓 구축과 중앙 관리센터를 설치를 요구하였다. 셋째, '채식하기 좋은 도시 광주(Veggie Friendly City Gwangju)를 추진을 제안하였다. 채식메뉴를 제공하는 식당 지정 및 인센티브를 제공하고, 채식메뉴가 있는 업소를 선정하며, 메뉴판 및 업소 외부에 '채식메뉴가 있는 식당' 업소 표시를 논의하였다. 넷째, 시 홈페이지 및 운영 중인 어플 등을 활용하여 채식메뉴 제공 식당 정보 및 메뉴 제공하고, 지도의 형태로 채식메뉴 제공 식당 정보도 제공하기로 하였다.

2. 주 1일 채식운동의 과정과 성과

몇 년간의 논의 끝에 2016년 "광주시 온실가스 감축을 위한 녹색식생활 실천 및 지원 조례"가 NGO와 광주광역시의회의 노력 끝에 제정되면서, 이 활동은 탄력을 받기 시작하였다. 이 조례는 한국지방자치학회가 주관하는 '제13회 우수조례'로 선정되기도 하였다. 그리고 녹색식생활 기본계획을 2018년 수립하는 등 세부적인 활동이 계속 추진되었다. 사실 이 과정에 다양한 활동이 NGO와 광주협의회를 중심으로 진행되었는데, 세부적인 활동 내용을 소개한다.

1) 초록밥상 교육 및 클럽 운영

주로 초등학생을 대상으로 바른 먹거리를 알리고 불량식품에 대한 문제점을 교육하며 더불어 직접 건강음식 만들기를 체험함으로써 자연스럽게 채식의 이로움과 건강식단의 중요성을 각인시키는 계기를 마련하고 있다. 또한 학부모 및 성인을 대상으로 하는 교육에서는 식품첨가물에 대한 종류, 바른먹거리에 대한 이해, 비만탈출식단 등 자녀 식단에 있어 건강한 식사를 만들 수 있는 식단을 알리고 있다.

초록밥상클럽의 경우 가정 전반에 걸친 생활문화를 변화시킬 수 있는 가족이 주체가 되어, 일정기간 동안이라도 목표를 갖고 실천해 볼 수 있는, 실생활과 연계된 초록밥상 실천운동을 실시하고 있다. 또한 초록밥상클럽 참여자를 대상으로 1박2일 녹색건강 캠프를 진행하여 진행된 프로그램의 되새김과 교류를 통해 그 효과를 극대화하고 있다. 이 중 비만탈출 가족건강 프로젝트사업은 초록밥상클럽의 진화 프로그램으로써 건강한 식습관이 비만뿐만 아니라 각종 성인병을 해결할 수 있는 중요한 요소라는 점을 증명해 냈다. 이 프로그램은 자치구 보건소와 협력하여 기초 건강검진 비만도 측정 등을 통해 프로젝트 전 몸 상태와 프로젝트 후 몸 상태를 직접 확인할 수 있어 이를 몸소 체험하는 좋은 계기를 마련하였다.

사진 2-1 초록밥상 교육 및 클럽 운영사례

비만탈출 가족건강 프로젝트

비만탈출 가족건강
프로젝트(채식요리배우기)

녹색건강 교육-송편만들기(정읍 내장사)

녹색건강 교육(해남 미황사)

출처: 광주광역시 지속가능발전협의회. http://www.greengj21.or.kr

특히 중요한 사실은 사전에 교육이나 학습과정이 없이 아동·청소년에게 채식을 권장해도, 이미 육식이 익숙한 사람들은 귀찮은 것으로 치부되고 만다. 이미 일부 학교에서 채식을 권장하고 학교 식단에 보급하면서 '주 1일 채식운동'을 권유하지만 아이들이 식사를 하지 않고 학교 매점을 많이 이용하는 문제가 발생하였다. 하지만 교육과 학습이 선행된 경우, 이러한 문제가 발생하지 않고 채식 권유에 상당수 학생들이 참여하는 것으로 나타났다. 따라서 교육과 학습은 이 프로젝트에서는 무엇보다 중요한 선행과정이다.

2) 녹색건강 정책세미나

'녹색건강'을 정책화하기 위해서는 다양한 공론화의 장이 필요하다. 이를 위해 2012년부터 정책토론회 또는 세미나를 주기적으로 시행하였다. 2012년 주 1일 채식 및 초록밥상 활성화를 위한 정책세미나는 '과다한 육식이 건강과 환경에 미치는 영향'을 논의하는 출발이 되었다. 이 세미나에서 주 1일 채식밥상의 중요성을 살펴보고 녹색건강 프로그램의 국내외 사례를 통해 광주지역 확산방안을 고민하였다. 이 워크숍에서는 광주시 건강정책과, 시교육청 건강복지과, 시의원, 베지닥터, 영양사 등이 참석하여 건강 밥상에 대한 관심과 그 중요성을 인식하는데 중요한 자리가 되었으며 채식급식 활성화 및 건강도시 광주 관련된 조례 제정 등 많은 논의가 이뤄졌다.

사진 2-2 녹색식생활에 관한 정책세미나

주 1일 채식활성화를 위한
정책세미나(2012년)

채식급식 활성화를 위한
정책워크숍(2013년)

채식하기 좋은 도시 광주를 위한
정책세미나(2014년)

녹색식생활 정책세미나(2018년)

출처: 광주광역시 지속가능발전협의회. http://www.greengj21.or.kr

이후에도 매년 '광주지역 학교 채식급식 활성화를 위한 정책세미나'와 '채식하기 좋은 도시 광주를 위한 정책세미나' 등 매해 정책세미나를 통해 채식밥상의 중요성과 이를 현장에서 적용할 수 있는 정책적인 방안까지 모색해 보는 세미나를 개최하고 있다.

한편, '주 1일 채식실천 MOU협약'은 채식문화 확산을 조직의 차원에 접근하여 기관 및 단체의 관심을 유도하는 프로그램으로 진행하였다. 19곳의 기관 및 단체가 협약을 체결했으며 지속적으로 확대할 계획이며, 협약을 체결한 기관 및 단체에는 녹색건강 교육 및 바른 먹거리 교육 등을 지원하고 있다.

사진 2-3 주 1일 채식실천을 위한 공동업무협약

주 1회 채식실천 공동 협약식   광주환경운동연합

출처: 광주광역시 지속가능발전협의회. http://www.greengj21.or.k

3) 녹색건강 홍보사업

기후변화와 먹거리의 연관성에 대한 정보를 전달하고, 개인, 가정, 사회적 차원에서 지속가능한 먹거리 문화가 정착될 수 있도록 여러 가지 홍보물을 제작하여 이용하고 있다. 이를 위해 서약서와, 홍보용 컵으로써 생활에서 이를 이용하고 일주일 하루 채식을 각인시켜 건강한 밥상으로 자연스럽게 유도한다. A4 클리어 파일의 경우 저렴한 가격으로 많은 대상자에 배포할 수 있어 좋은 효과를 가지기에 직장인 대학생층을 대상으로 녹색 건강, 주 1일 채식 밥상을 홍보하였다. 또한 공공기관, 학교 등의 급식에서 주 1일 채식 식단을 제시하면서 시민의 건강한 식문화 확산을 시도하고 있다.

사진 2-4 녹색건강 홍보사업의 사례

A4 클리어파일   녹색건강 홍보용 컵 제작

출처: 광주광역시 지속가능발전협의회. http://www.greengj21.or.kr

4) 초록밥상 로고송 제작과 로고송 경연대회

음악이라는 친근한 매체를 활용하여 건강한 식생활과 채식의 중요성을 알릴 수 있는 캠페인용 로고송을 동요 형식으로 2013년 제작하였다. '초록밥상 로고송'은 따라 부르기 쉬운 가사와 중독성이 강한 멜로디로 제작되어 광주지역 200여 곳 초등학교와 각 기초자치단체 등 행정기관에 배포하고 홍보하였다. 이를 바탕으로 '초록밥상 로고송 UCC공모전', '초록밥상 율동경연대회' 등이 시작되었다.

2014년에 처음으로 초록밥상 로고송을 이용한 UCC공모전을 개최하였다. 단체 20개팀, 개인 10개팀이 응모하였으며 최종 3개 팀의 영상을 선정하여 이 역시 광주지역 200여 곳의 초등학교와 기관에 배포 및 상영하게 하여 건강밥상의 중요성을 각인시키는 계기를 활용하였다. 2015년부터는 초롭밥상 율동경연대회를 초등학생들을 대상으로

시행하였다. 지금까지 총 4회의 활동이 계속되었고, 여기에 참여한 수
많은 학교와 학생들을 통해 '주 1일 채식운동'의 중요성과 녹색식생활
이 건강과 지구를 지킨다는 소중한 활동이 되었고, 지금은 전국대회
로 매년 치루고 있다.

사진 2-5 초록밥상 로고송 전국 율동 경연대회

5) 광주시 온실가스 감축을 위한 녹색식생활 실천 및 지원 조례의 제정

우리가 하는 모든 활동은 제도화를 통해 완성된다. 뜻이 맞는 사
람들이 모여 활동을 할 수는 있지만, 운동의 확산은 제도화가 필수적
이다. 녹색식생활도 동일한 문제를 고민하였고, NGO, 광주시의회,
광주시 실과와 계속 관련 문제에 대해 논의하였다. 이 과정에서 7차
에 걸친 토론회와 간담회가 진행되었다. 솔직히 전국적으로 녹색식생
활을 기후변화와 연결하여 생각했던 사례가 없었고, 이를 다시 조례
로 제정한 곳은 단 한군데도 없었기 때문에 나타난 현상이었다.

수년에 걸친 지난한 논의 끝에 결국 2016년 조례가 제정되었다. 조례 제정과정에서 수많은 실과와 이 조례의 담당부서를 정하는 문제부터 시작하여, 시민실천운동을 지원하기 위해 NGO의 제안과 이를 수행하는 행정부서와의 논의 과정은 소중한 거버넌스의 과정이었다. 이 조례를 통해 앞서 언급한 사업지원이 정책화되었고, 이외에도 녹색식생활 교육 강사단 양성, 교육활동 지원, 홍보사업의 다각화 등 다양한 사업이 추진되면서, 시민실천운동이 더욱 향상되는 기반을 만들었다.

사진 2-6 녹색식생활 실천 협력강화를 위한 정책세미나

주 1일 채식운동은 수많은 논의와 공론화를 통해 진행되었다. 아무리 좋은 의견과 정책이라도 소수의 논의과정을 거치면 실질적인 시민참여를 담보하기 어렵다. 운동의 확산을 위해 다양한 참여기관과 단체가 수없는 토론과 회의를 거쳐 관련 조례, 기본계획이 수립되고 시민 실천사업이 진행되었다.

출처: 광주광역시 지속가능발전협의회, http://www.greengj21.or.kr.

Ⅳ. 주 1일 채식운동을 통한 기후변화대응을 위한 시민실천운동의 시사점

1. 내 건강과 지구의 건강을 일치시키는 새로운 시민운동

'주 1일 채식운동'을 광주가 처음부터 생각한 것은 아니었다. 처음에는 시민들의 건강을 생각하자는 작은 취지에서 녹색식생활 운동을 하였다. 과거 3차 의제(2007~2011)에서 처음으로 유기농 식품 등을 통한 친환경 먹거리에 대한 접근을 시작하였고, 4차 의제(2012~2016)에서 좀 더 적극적인 자세로 저탄소 녹색식생활을 통한 기후변화대응이라는 새로운 접근 방법으로 대시민운동을 전개하게 되었다. 나와 내 가족의 건강을 생각하던 운동에서 지구의 건강을 생각하는 시민운동으로 승화한 것이다.

또한 어찌 보면 단순한 실천활동에서 기후변화대응, 식품, 지역경제 등의 요소와 결합하면서 실질적인 녹색소비실천문화를 도입하게 되었다. 이를 통해 환경적으로 건전하고 지속가능한 발전의 의제작성과 실천운동에 대한 지역내외의 모델을 제시하게 되었다. 한편, 일반 시민들도 가정에서부터 친숙하게 식문화 활동에 접근하는 중요한 계기를 만들어, "전 지구적으로 생각하고 지역적으로 활동하라"라는 시민실천운동을 가장 익숙한 삶의 현장에서부터 풀어가는 방안을 제시한 것이다.

2. 기후변화를 위해 미래세대와 함께하는 먹거리 정책의 전환

맞벌이 부부가 일반적인 우리의 현 상황에서 식단의 개혁은 쉽지 않은 문제이다. 게다가 아동·청소년의 상당수가 점심식사를 학교에서 하는 현실을 감안해야 한다. 교육당국과의 협조를 통해 주 1일 채식운동에 참여하는 학교를 확대하고, 학교 급식의 질을 유기농 채소와 선택적 채식이 가능하도록 유도하였다. 이를 위해서는 정책적 접근이 필요하고 공공이 제공하는 식사부터 채식의 선택이 가능한 식단이 필요하였다.

실제 사례에서 볼 수 있듯이, 무조건적인 채식 강요는 이미 육류 식단에 길들여진 아동·청소년들이 받아들이기 어려운 문제이다. 하지만 채식의 중요성을 건강과 기후변화적 측면에서 교육과 학습을 통해 공유하면서 학생들이 쉽게 이를 받아들이기 시작하였다. 결국 교육과 연계하는 정책적 접근을 통해 '주 1일 채식운동' 역시 원활하게 추진할 수 있었고, 실질적인 성과를 낼 수 있었다.

3. 가족의 밥상에서 시작하는 기후변화대응 시민실천운동

최근 녹색식생활 세미나에서 한 발제자가 한 말이 생각난다. "제가 처음부터 녹색식생활 운동을 시작한 것이 아닙니다. 의사로 일하다 보니, 건강검진을 해보면, 20대 젊은이들이 대부분 성인병에 시달리고, 그 원인을 찾다 보니, 과도한 육식이 문제라는 사실을 알게 되었습니다." 일설에 의하면, 이미 우리의 밥상에서 육류는 서구 식단의 80%에 근접한다고 한다. 가족의 건강한 밥상을 생각하면 당연히 육류보다는 채식 위주의 식단을 고민할 수밖에 없다.

가족의 건강한 밥상은 어머니들의 중요한 고민이다. 필요한 먹거리 정보를 제공하고, 보다 쉽게 채식을 일상에 포함할 수 있는 교육과 홍보는 무엇보다 중요한 문제이다. 이를 위한 다각적인 홍보자료의 제작과 다양한 콘테스트, 기획 프로그램은 광주에서 아이들을 키우는 학부모들에게 중요한 생활의 전환을 알려주고 도울 수 있는 방안이 되었다. 가정의 밥상에서 기후변화에 대한 고민의 출발점이 시작한다는 점은 이전에 없었던 새로운 시민실천운동일 것이다.

4. 저비용 고효율의 기후변화대응

기후변화대응을 위한 감축비용은 상상을 초월할 정도로 엄청난 비용이 필요하다. 흔히 온실가스 감축을 위해 태양광과 같은 재생에너지를 늘리고, 모든 자가용 승용차를 전기차로 바꾸는 등의 정책은 엄청난 예산을 수반한다. 하지만 녹색식생활을 통한 온실가스 감축은 최소한의 비용으로 기후변화대응에 관한 시민실천운동을 할 수 있다. 이는 행정기관이나 기업 등을 통한 과대한 예산 지출을 막고, 시민 개개인이 참여를 통해 거대한 문제를 해결하는 최선이자 최고의 방안인 것이다. 아마도 기후변화대응을 위한 정책 중 가장 최저 비용이 들면서, 근본적인 먹거리 문제까지 해결할 수 있는 일거양득의 문제 해결 방안일 것이다.

V. 마치며

처음 이 운동을 시작할 때도 그렇지만 지금도 '주 1일 채식운동'을 듣는 사람들은 모두 모든 영양소를 골고루 섭취해야지 한쪽에 치우치면 안 된다고 말한다. '채식'을 아동·청소년에게 권장하는 것에 대해 일종의 기피하는 현상도 있기 때문이다. 하지만 이 운동은 모두가 채식주의자가 되자고 말하지 않는다. 최소한 1주일에 하루는 채식을 하자고 제안하는 것이다. 또한 우리의 식생활이 '한식' 중심이기 때문에 흔히 우리는 육식과 거리가 있다고 생각한다. 그런데 탄수화물 섭취는 줄어들고, 육류 중심의 단백질 섭취가 상당히 늘어난 사실은 누구나 알고 있는 우리의 현실이다. 과도한 육식에 젖어있는 우리의 생활 습관을 개선하고 보다 나은 건강한 삶을 사는 것이 온실가스를 감축하는 지름길이기에 우리는 시민실천운동으로 이 일을 하고 있다.

주 1일 채식운동의 중요성을 이제 국제사회도 인식하고 있다. 기후변화를 연구하는 과학자들도 기후변화를 막을 수 있는 식단을 말하고 권유한다. 그런데 농업과 먹거리마저 산업화된 사회에서 살아가는 우리 입장에서 채식에 대한 시민실천운동은 우리 삶의 획기적인 전환이기 때문에 이에 대한 저항도 만만치 않다. 당장의 경제적 불이익을 당하는 곳에서는 쉽게 동의하기 어렵기 때문이다. 하지만 우리가 언제까지 육식 중심의 식생활을 계속 이어갈 수는 없다. 이미 우리는 공장식 축산업, 조류 독감 등 우리의 식생활을 위협하는 많은 먹거리 문제에 직면한다. 기후변화대응을 말하기 이전에 우리의 건강을 위해서도 이 문제는 필연적으로 해결되어야 할 것이다. 우리의 건강 문제를 해결하고 지구의 건강까지 같이 고민하면서, 동물복지까지 동시에 생각하는 우리의 의제(agenda)이자 시민실천운동이 바로 '주 1일 채식운동'이다.

아직 갈 길이 멀다. 녹색식생활은 이전에 없던 시민실천운동이고, 아직은 일반시민들이 어색해 한다. 심지어 아동·청소년을 대상으로 캠페인이 진행될 때는 쉽게 오해까지 하는 문제가 생긴다. 이를 해소하기 위한 전폭적인 논의와 토론이 필요하다. 더욱 많은 학습과 교육의 기회가 요구된다. 그래서 광주협의회는 최근 지속가능발전교육 (ESD) 차원에서 이 논의를 이어가고 있다. 교육 콘텐츠를 만들고, 쉽게 이해하고 참여할 수 있는 기회를 늘리고 있다. 물론 완벽하지는 않다. 기후변화대응의 주류 운동에 '녹색식생활'이 들어갈 수 있도록 앞으로도 끊임없는 노력과 정책변화의 시도가 계속되어야 할 것이다.

참고문헌

1. 곽노필. (2019년 1월 11일). 과학자들이 권하는 '기후변화 억제 식단'.
   한겨레신문. http://www.hani.co.kr/arti/science/science_general/878029.html
2. 광주광역시 지속가능발전협의회. (2017). 5차 의제 보고서 2017-2021.
3. 광주광역시 지속가능발전협의회.
   URL: http://www.greengj21.or.kr
4. 국제기후환경센터. (2018). 광주광역시 녹색식생활 기본계획 보고서.
5. 김보미. (2010년 5월 17일). 기후와 건강의 적신호 육류소비 어떻게 줄일
   것인가? 브레이크뉴스.
   http://breaknews.com/sub_read.html?uid=133168&section=sc5.html
6. 양승룡·임송택·양성범·이수재·장영종. (2010). 음식물의 에너지 소모
   량 및 온실가스 배출량 산정 연구. 환경부.
7. 육성연. (2017년 5월 27일). 헤럴드 경제. 기후변화 막고 지구를 구하고
   싶은가? 그럼 채식주의자가 돼라.
   http://news.heraldcorp.com/view.php?ud=20170517000490
8. 푸른광주21협의회. (2012). 4차 의제 보고서 2012-2016.
9. 푸른광주21협의회. (2012). 광주광역시 초록밥상 (주 1일 채식) 활성화를
   위한 정책 세미나.
10. 푸른광주21협의회. (2012). 지속가능한 푸른광주 4차 의제 거버넌스 실천
    사업 – 녹색건강분과 2012년 평가보고회.
11. 푸른광주21협의회. (2012). 학교 주 1회 채식급식 정착과 건강매점 출발
    을 위한 토론회.

12. MBC 뉴스. (2009년 10월 31일). 지구온난화 주범은 소 방귀.
    http://imnews.imbc.com/weeklyfull/weekly04/2483093_17957.html
13. UNEP. (2010). Assessing the Environmental Impacts of Consumption
    and Production.

지속가능한 마을만들기의
거버넌스 사례

- 생태문화마을만들기 10년의 이야기 -

윤희철(광주광역시 지속가능발전협의회)

03 | 지속가능한 마을만들기의 거버넌스 사례

- 생태문화마을만들기 10년의 이야기 -

윤희철(광주광역시 지속가능발전협의회)

Ⅰ. 들어가며

"안녕하세요." 집으로 돌아가는 길에 아이들이 인사를 한다. 요즘은 쉽게 보기 힘든 풍경이다. 도시에서 아이들의 인사를 받은 적이 별로 없는 할머니는 처음에는 살짝 놀래듯이 보이지만, 곧바로 밝게 웃으며 아이들과 인사를 한다. 한 오 분 정도 흘렀을까. 아파트에 거의 도착하였다. 방금 전 만났던 할머니를 다시 만났다. 알고 보니, 같은 아파트에 사시는 분이었다. 할머니가 웃으면서 말씀하신다. "옛날 같았으면 다 같은 동네 사람인디, 그것도 모르고 살았네."

아마 모두가 공감하는 우리가 사는 일상 중에 하나일 것이다. 우리는 도시에서 태어나고 살며 일한다. 마치 이주민처럼 한 도시에서 태어나서, 이사를 가고, 또 자리를 옮긴다. 어려서부터 내가 사는 곳에 대한 애착이나 관심보다는 더 나은 삶과 물질적 풍요를 위해 열심히 살았던 부모 세대처럼 우리 아이들도 그렇게 자라고 있다.

2000년대 초반 우리나라에는 새로운 바람이 불어왔다. 급격한 도시화에 따라 공동체 붕괴에 대한 우려와 문제의식이 확산되면서, 일본의 '마치즈쿠리'가 알려졌다. 각박하고 삭막한 도시에 대해 염증을 느끼던 사람들에게 옆 나라 일본의 이야기는 신선한 충격이었다. '마치즈쿠리'는 지역주민이 생활하는 장소를 지방자치단체와 협력해, 지역을 살기 좋고 매력적인 장소로 만드는 활동을 말한다.

이 시기 우리나라는 크게 3가지 측면의 변화를 맞이하고 있었다. 첫째, 은퇴 후 노년층이 늘어나면서 그동안 직장에 시달리며 힘들게 살아왔던 이들은 자신의 삶을 돌아보고 자기가 살아가는 주변 환경에 대한 관심이 늘어나기 시작하였다. 그러면서 지역에 대한 관심도 증가하였다. 사실 노년층의 경우, 지금 현 세대와 달리 과거 자신들이 살았던 농촌의 마을공동체에 살면서 느꼈던 추억을 갖고 있었다.

둘째, 젊은 세대 중에도 지금의 각박한 사회를 개선하고 일종의 사회운동으로 새로운 변화와 전환을 말하는 이들이 늘어나면서, 마을만들기가 일종의 운동이 되어 전국적으로 확산되었다. 이 변화를 지켜보던 정부 역시 마을만들기를 도시문제 해결의 새로운 대안으로 내세우면서 마을만들기는 주민과 행정이 함께 논의하고 노력해야 하는 '거버넌스의 장'이 되었다. 셋째, 사회개혁에 집중하던 시민운동도 마을운동에 대한 관심과 새로운 방향으로 전환하였다. 과거 민주주의를 위한 수많은 활동과 영향을 끼쳤던 시민운동이 우리 사회를 바꾸는 새로운 운동의 방향을 모색하면서 지역과 마을 단위로 들어가면서 마을만들기에 새로운 동력이 투입되기 시작한 것이다.

이러한 사회적 상황 속에서 마을만들기는 단순한 지역의 이슈가 아니라 전국적인 운동이 되었다. 그동안 우리의 사회에서 전에 볼 수 없었던 새로운 시민운동이자 사회개혁운동으로 변모하면서, 일상이 실험의 장이 되는 거대한 변화를 맞이하게 되었다.

마을만들기를 주민 중심의 참여운동으로 볼 수 있다. 그런데 내용을 자세히 살펴보면, 오직 주민만이 마을만들기의 주체로 끝나지 않는다. NGO, 기업, 행정이 참여한다. 특히 행정은 중요한 역할을 한다. 대부분 마을사업이 진행되는 공간이 마을의 유휴부지인데, 사실상 국공유지인 경우가 많다. 또한, 마을만들기가 확산되면서 행정의 예산지원도 큰 도움이 된 것이 사실이다. 결국, 마을만들기는 주민의 주도적 참여, 행정의 직·간접의 지원, NGO의 방향 및 정책적 지원 등 사회 각 영역의 다양한 이해당사자가 각 마을을 바꾸는데 일조한 일종의 거버넌스 운동이었다.

본 장에서는 이 거버넌스 운동의 개념과 진행과정을 짚어보고, 광주광역시의 '생태문화마을만들기'를 사례로 지속가능한 마을만들기에 대한 이야기를 풀어보고자 한다. 지속가능성이라는 큰 개념을 마을이라는 공간에 풀어놓는 과정은 정말 큰 숙제이고, 간단하게 정리할 수 있는 내용은 아니다. 하지만 '거버넌스'라는 과정 속에서 지역의 지속가능성을 담보하기 위해 가장 근간이 되는 마을에서부터 해야 할 일들과 그 과정의 성공과 실패를 정리하면서, 보다 나은 사회를 만들기 위한 방향을 함께 살펴보고자 한다.

II. 지속가능한 마을만들기란 무엇일까

1. 우리나라 마을만들기의 시작

마을만들기는 처음에 단순하게 시작하였다. 내가 사는 지역을 아름답게 가꾸고 서로 대화하고 소통하며 살자는 생각에서 출발하였다. 지금은 누구나 알고 있는 대구 삼덕동의 민간 중심의 사례나, 광주 북구 시화마을의 행정 중심의 사례는 현재 마을만들기의 시초이자 모델로서 잘 알려져 있다[10]. 새마을운동과 마을만들기도 중요한 연결고리가 있다. 지역에서 마을을 생각하고, 주도적으로 참여를 하는 주민들을 보면, 과거 새마을운동을 했던 경험을 상당히 많이 갖고 있기 때문이다.

마을만들기가 무조건 성공하는 꽃길만 걸은 것은 아니다. 누구도 해 보지 않은 실험이었기에 실수도 하고, 시행착오도 거치면서 지금까지 진행되었다. 마을공동체의 회복에 대한 필요를 마을 스스로 말하면서, 마을만들기는 일종의 운동이 되었다. 참여 주체도 다양해지고, 내용도 풍성해졌다. 여기에 중앙정부, 지방정부가 연계하면서 새로운 정책과 관련 시스템이 만들어졌다. 양적인 성장과 함께 외형적인 성과도 끊임없이 나타난다.

이 과정에서 주민참여를 돕는 중간지원조직도 생겨났다. 새로운 실험과 시도가 가득한 마을만들기를 효과적으로 지원하기 위해 자치단체마다 중간지원조직이 생겼다. 이는 이전에 없었던 NPO 조직이었고, 마을만들기에 참여하는 다양한 이해당사자들의 학습, 소통, 공유 등을 지원하는 장을 마련하면서 마을만들기에 효과적인 활동을 만들어갔다.

하지만 주민 스스로의 동력이 부족한 도시의 마을공동체의 특성에 따라 자치단체의 예산투입이 이루어졌다. 이 때문에 1년 단위의 부족한 사업기간이 주는 한계도 있었고, 일정 시간 내에 성과를 내야하는 제약도 문제를 야기하였다. 마을만들기를 즐겁게 하고자 했던 대다수의 마을 활동가들에게 힘든 마음의 고통을 주기도 하였다. 또한, 마을에 대규모 시설사업비를 지급하는 일부 정치가들의 실수로 인해, 마을 내 분쟁을 일으키기도 하고, 주민참여가 '주민동원'이 되는 문제도 나타났다. 물론 이 역시 시행착오이자 과정일 것이다.

---

10 국가균형발전위원회, 살기 좋은 지역만들기, 2007.

2. 마을이 지속가능성을 생각하다

마을이 처음부터 지속가능성[11]을 생각하지는 않았다. 공동체 회복에 중점을 두고 서로 소통하고 모이는 일들을 계속 만들어갔다. 하지만 공동체의 미래를 생각하면서 지속가능성을 고민하게 되었다. 과거 농촌사회의 전통적인 마을공동체가 급속한 산업화와 도시화로 사라지는 경험을 했던 이들에게 공동체의 유지는 중요한 문제였다. 또한 지금 함께하는 공동체가 미래세대에게도 유의미한 존재로써 계속 나아가기 위해서는 공동체에게 지속가능성은 필연적인 고려를 하게 만드는 요소였다.

이는 단순히 무엇인가를 계속한다는 의미가 아니라 과연 지금 회복 중인 이 공동체가 지속가능한가 또는 더 나아가 우리가 사는 이 도시가 지속가능한가, 그리고 전 지구적 차원의 기후변화, 사회적 양극화, 노령화 등의 변화에 우리 마을공동체는 어떻게 대응해야 하는가 하는 질문에 대한 답을 찾고자 한 것이다.

기후변화나 지속가능성이 너무 거창한 표현일 수 있다. 하지만 마을에서는 이 모든 일들이 단순하게 시작한다. 마을의 거리에서 빈번하게 발생하는 교통사고는 마을 주민들의 교통안전에 대한 생각을 갖게 한다. 특히 아이들이 교통사고의 대상자가 되는 경우가 많기 때문에 이를 우려한 개선방안을 논의하게 된다. 이 와중에 차없는 거리에 대한 대안이 논의되게 되고, 자전거 이용이나 대중교통 활성화와 같은 마을을 벗어나는 도시 차원의 대안도 함께 이야기하게 된다.

---

11 지속가능성(Sustainable)을 처음 우리나라에 번역할 때, 번역가들은 의미를 고려해 '지탱가능성'으로 번역했다. 하지만 한자문화권인 일본과 중국이 이 용어를 지속가능성으로 번역하면서 우리도 그 연결선상에서 '지속가능성'을 사용하게 되었다.

사진 3-1   마을공동체가 함께 하는 회의

청소년과 어른이 함께하는 공동체 회의는 마을의 건강한 발전을 보여준다.

출처: 광주광역시 지속가능발전협의회.

결국, 마을단위의 작은 결정과 실천행동이 우리 도시와 지역, 더 나아가 국가와 지구적 차원까지 변화를 가져오게 된다는 인식을 할 수 있게 된다. 마을 주민들이 참여하는 모임의 장은 결국 논의와 더 나아가 특정 주제에 대한 공론화의 장이 된다. 마을 문제를 풀려는 움직임이 모여 도시와 지역 전체의 변화를 가져오는데 기여하는 것이다. 특히 오늘날 도시가 갖고 있는 대부분의 문제가 마을과 지역의 '지속불가능성'과 직결된다는 점 때문에 이 문제를 인식하고 해결하고자 하는 시도는 주민이 살아가는 도시와 지역의 '지속가능성'을 회복하는 중요한 시도가 된다.

3. 거버넌스 마을만들기의 의미

크고 작은 정부의 예산 투입이 주를 이루는 마을만들기에서 거버넌스 기구의 마을만들기 운동은 새로운 시각과 의미를 갖는다. 마을단위의 의제를 발굴하고, 지속가능한 발전전략을 수립하여 이를 주민참여를 통해 실천하는 거버넌스 기구의 마을만들기 실천사업은 다른 마을만들기 운동과 또 하나의 길을 보여준다. 마을만들기는 우리에게 거버넌스를 위한 실험의 장이다. 주민들이 모여서 무엇을 하기 위해서는 결국 행정 절차를 밟아야 하고, 함께 논의를 하다 보면, 지역을 살리기 위한 다양한 방안이 거론된다. 시민, 기업, 행정, 전문가 등 다양한 참여주체들이 함께 논의를 하다 보면, 마을 공동체에 관해 하고 싶은 수많은 일을 논의하게 되고, 지역을 위한 상상의 나래를 펼 수 있게 된다.

예전에는 농민, 교사, 상인, 경찰관, 공무원 등의 영역이 명확하게 구분되어 있었고, 할 수 있는 일과 해야 할 일이 확실하게 나뉘어 있었다. 하지만 도시에서 마을은 이 모든 것이 한데 모이는 장소이다. 함께 모여 마을이 풀어야 할 공동의 문제를 이야기하다 보면, 당연히 각자할 수 있는 일들을 말하게 되고, 융합적인 해결방안을 제시할 수 있다.

예를 들면, 미국의 페리(C. A. Perry)가 20세기 초 제안한 주거단지계획이 있다. 우리는 이 사람을 잘 모르지만, 오늘날 이 원칙에 따라 도시와 마을을 계획한다. 마을 중심에 전통적으로 초등학교가 있는 이유는 교육의 필요성도 있지만, 공동체를 위한 일종의 매개 역할을 하기 위함이다. 지리적 위치 때문에 학교는 당연히 마을의 중심에 위치하고, 마을 공동체는 이 지리적 이점을 살려 학교를 공동체운동의 중심으로 활용하는 경우가 많다. 이는 단순히 학교라는 건물이 갖는 물리적 이점뿐만 아니라 교육과 학습의 장이라는 중심축이 아이들과 어른들을 통해 구현되기 때문이다. 결국 학교를 중심으로 아이들의 교육환경을 논의하게 되고, 학교에 대한 마을의 관심이 늘어나면서, 학교 주변 환경까지 개선하는 효과가 나타난다.

지역만을 바라보는 관점에서 그치지 않고, 마을은 지속가능한 지구를 만들기 위한 최소의 실천단위이다. 마을주민과 마을 속의 유·무형자원은 이를 위한 수단이다. 거버넌스 기구의 마을만들기는 행정이 주도하는 정책사업의 부작용과 시민운동이 갖는 한계를 적절하게 보완한다는 점에서도 의미가 있다. 첫째, 지속가능발전협의회는 지방의제21 추진기구로써 시작한 경험을 토대로 각 주체들의 참여와 협의를 기본으로 작동하는 구조를 갖는다. 따라서 마을만들기에서 다양한 사업내용과 참여자를 수용할 수 있다. 둘째, 의제(Agenda)의 특성상 종합적이고 장기적인 접근이 필요하며, 의제 설정 및 실행－환류의 전 과정에 거쳐 참여주체들 간의 긴밀한 협력을 요구한다. 이를 통해 기존 마을만들기 정책사업이나 시민운동의 한계를 극복할 수 있다.

그러나 거버넌스 기구에서 실천사업의 일환으로 시행하는 마을만들기의 사례는 많지 않다. 특정 의제에 따라 시범적인 사업을 실시하거나 지역 현안에 따라 일부 사례지역을 대상으로 하는 단기사업이 있기는 했으나, 하나의 의제사업으로서 지속해 간 경우는 그다지 많지 않다. 그런 의미에서 지난 2009년부터 현재까지 10년 넘게 '생태문화마을만들기'를 추진하고 있는 광주광역시 지속가능발전협의회(이하 광주협의회)의 사례는 거버넌스 기구 차원에서 마을만들기 실천사업을 추진하는 독특한 사례라 할 수 있다[12].

---

12 박수진·윤희철·나주몽(2015), 로컬거버넌스 관점에서 지방의제21 마을만들기 실천사업의 고찰, 한국거버넌스학보, 제22권 제2호.

Ⅲ. 생태문화마을만들기의 배경과 진행과정

2000년대 들어 전국의 지자체에서 마을만들기 붐이 일어나면서 광주 역시 지자체가 주도하는 마을만들기 사업을 확대하였다. 광주광역시는 마을만들기의 선도 주자로써 지자체 차원의 다양한 마을만들기 사업을 진행해왔다. 특히 북구의 아름다운마을만들기 사업은 초창기 광주의 마을만들기 사업을 선도하며 '시화(詩畵)마을'과 같은 사례를 배출하기도 하였다.

사진 3-2 마을주민들이 함께 수확한 고구마

예전에는 공동텃밭에서 수확을 하고 나누는데 그쳤다면, 이제는 함께 나누는 수확을 노인, 어린이 등의 사회적 약자와 함께하는 방안을 공동체가 모색하는 데까지 발전하였다.

출처: 광주광역시 지속가능발전협의회.

본문에서 소개할 마을만들기 사례는 민관협력 기구인 광주협의회와 시민사회, 기업, 행정, 유관기관, 주민자치조직 등이 연합하여 시

행한 '생태문화마을만들기'이다. 광주협의회는 지난 2008년 광주광역
시와 함께 '저탄소 녹색도시 건설을 위한 내 집 앞 가꾸기 사업'을 계
획하였고, 이듬해 광주에서 처음으로 시작된 '내 집 앞 마을가꾸기 사
업'을 실시하였다. 출발하기에 앞서 시민단체, 전문가, 행정 등으로 구
성된 각계각층의 15인 내외의 생태문화마을 시민운동본부 운영위원
회를 구성하여 시작되었으며, 광주시민사회에 귀를 기울여 사업을 추
진하였다.

사진 3-3　백석산 네이토리 활동의 한 장면

마을만들기가 '공원일몰제'와 함께 한 사례이다. 아파트 단지 인근의 작은 공원을 아이들의 학습의 장으
로 만들면서, 지역 내 공원녹지의 소중함을 일깨우고, 마을주민들이 공원일몰제 대응을 지역사회에 요
구하는 소중한 기회를 만들었다.

출처: 광주광역시 지속가능발전협의회.

　이 과정에서 광주의 마을공동체 운동에 참여하는 다양한 그룹이
형성되기 시작하였고, 공동 모임인 '살기 좋은 마을만들기 네트워크'
가 결성되었다. 광주 마을운동에 관한 전반적인 흐름과 과정을 진단

하고, 전반적인 방향과 상호 학습의 기회를 계속 이어나갔다. 광주협의회는 간사단체로 역할을 하였고, 이를 통해 광주 마을운동의 중심이 되어 오늘날 마을만들기 운동이 더욱 확산하는데 중요한 마중물이 되었다.

이후 사업목적은 조금씩 변화했지만, 궁극적으로는 "환경적인 지속가능성을 마을만들기를 통해 지향한다"는 목표 아래, 자투리 공간 녹화, 한평공원조성, 향토종 육성 및 외래종 퇴치, 하천수질 개선 및 상습 쓰레기 투기지역 환경개선, 음식물쓰레기 감량 및 재활용, 지렁이퇴비화, 녹색소비 및 자원순환, 빗물이용 등 생태와 녹색을 중심으로 한 실천사업들을 추진해 왔다.

그리고 2015년에는 생태문화마을만들기로 명칭을 바꿔 "지역공동체의 회복과 생태 · 문화 · 역사가 살아 숨쉬는, 살고 싶은 생활환경을 만드는데 기여"하고자 마을차원의 의제(Agenda) 사업들을 추진하고 있다. 사업은 광주광역시 관내에 모든 동, 아파트, 주민 자생단체를 대상으로 한다. 마을공동체 복원을 위한 프로그램 운영과 커뮤니티시설 조성, 마을환경 정비 등의 사업을 진행해 오고 있다. 다른 사업과 비교해 사업내용이나 참여범위에 제한이 적어 주민조직을 비롯한 지역사회 단체들의 참여로 다양한 사업들이 추진되어 왔다.

처음 광주협의회가 지방의제 차원에서 마을만들기에 관심을 갖게 된 주된 이유는 '마을의제'의 실현이다. 주민들의 공통된 이해와 욕구의 공감대로 모아지는 지방의제의 범주가 인문사회 환경의 변화로 지역적 범위가 확대되면서 구체적인 주민들의 실천으로 연결하자는 취지에서 마을의제를 논의하기에 이르렀다. 마을의제는 주민들이 자신들의 이해와 욕구를 표출함으로써 스스로 마을을 만들어 가는 과정과 비전을 상정한다는 의의가 있다. 또한 이전에 비해 구체적인 욕구의 공감대를 이루는 주민들을 주체로 한다는 점에서 이들을 실천과정에 참여하도록 조직하는 것이 상대적으로 용이하다.

그림 3-1 생태문화마을만들기 10주년 기념 지도

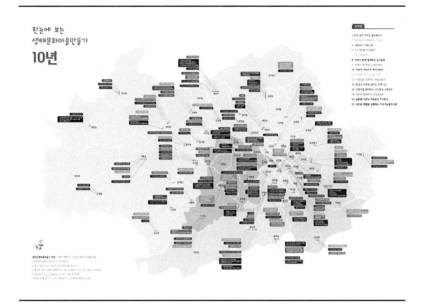

또한, 주민들 스스로 도출한 의제들을 실천해 나가는 과정자체가 마을만들기의 실천을 의미하고, 그러한 마을만들기는 다양한 의제 내용에 근거해 주민주체들의 지속적인 참여로 추진될 근거를 마련한다. 생태문화마을만들기는 거버넌스 방식으로 이루어진다. 마을에도 의제가 필요하다. 당장에는 도로와 전신주, 병원과 약국, 학교와 관공서, 상점 등이 필요하지만 마을이 온전하게 굴러가기 위해서는 더 큰 그림을 그려야 한다. 그것이 비전이고 의제는 그 방향을 제시한다. 그래

서 마을에도 의제가 필요하고 이런 측면에서 생태문화마을만들기는 여타의 지자체나 정부부처의 마을만들기 사업과는 다르다. 마을의 기초를 닦고, 마을의 이상(理想)을 위한 의제를 발굴해 실천하는 일이다.

생태문화마을만들기에는 다양한 주체가 참여하는 만큼 사업의 내용도 다양하다. 그 '다양성의 인정'으로 마을만들기의 시야를 확장했고 그 만큼 폭넓은 과제를 반영할 수 있다는 이점이 있다. 사업의 내용이 다양하다는 것은 다양한 계층의 참여를 가능케 하는 '열린사업'을 의미하고, 이것은 더 많은 시민의 참여로 이어질 수 있는 가능성이 있다. '열린사업'이야 말로 여타의 마을만들기 사업과 가장 대비되는 특징이기도 하다.

마지막으로 생태문화마을만들기는 광주 마을만들기의 역사에 있어 견인차로서, 촉매제로써 역할을 해왔다. 사업내용에 따라 지원규모가 달라지지만 대개는 소규모 보조금을 지원한다. 그럼에도 불구하고 사업에 참여했던 마을의 씨드머니(seed money)가 되었다. 비교적 사업 참여의 진입장벽이 낮다보니 참여가 자유로웠고, 사업내용에 있어서도 다양한 시도를 할 수 있었고, 이는 사후 새로운 마을만들기를 전개하는데 있어 큰 동력이 되었다.

1. 시민들이 도심생태공간을 지키고 운영하는 한새봉 농업생태공원

광주광역시 일곡지구는 택지개발로 인해 대단위 아파트단지와 각급학교 및 도서관이 위치한 교육의 요충지이다. 난개발로 인해 일곡지구 일대의 많은 논과 밭이 없어지고 그 자리에 아파트와 주택이 들어선 대표적인 지역이기도 하다. 다만 일곡동 끝자락 한새봉에는 800평 남짓한 작은 논이 있다. 2009년 택지개발로 신음했지만 유일하게 남은 이 생태적인 공간은 주민들이 스스로 지키고자 했다. 한새봉 논

사진 3-4 한새봉농업생태공원의 공동경작

한새봉 인근에 사는 주민들은 매년 전통방식으로 주민들과 함께 모심기 행사를 한다.

출처: 한새봉두레.

을 개구리논으로 명명하고 주민들이 십시일반 공동경작을 시작했다. 매년 위기도 있었지만, 주민들 스스로 '한새봉 두레'라는 주민조직을 만들고, 공동경작을 통해서 주민의 화합을 다지고, 논 생물다양성의 중요성을 교육하며, 마을잔치 등을 통해서 일곡동 주민들의 소통 공간으로 자리매김하게 된다.

그 결과 2015년 광주시에서는 그 동안 사유지였던 한새봉 개구리 논을 매입하고 '한새봉 도시농업 생태공원'을 조성을 확정하였다. 한새봉 농업생태공원을 지키는 주민협의회 '도친개친(도롱뇽친구들·개구리 친구들)'이 출범하고 '한새봉 도시농업 생태공원 조성공사 주민설명회'를 열어 공원의 구체적 운영 방식에 대한 논의가 있었다. 2009년부터 한새봉과 개구리논 및 텃밭에서 주민들이 자치적으로 진행해온 도시

사진 3-5 한새봉 농업생태공원의 벼 수확 전 행사

마을 인근 산비탈의 작은 경작지를 매개로 공동경작을 통하여 마을 공동체의 화합과 생물다양성의 중요성을 교육한다.

출처: 광주광역시 지속가능발전협의회.

의 녹지 및 생태 보전활동의 노하우가 향후 한새봉 농업생태공원 운영 계획을 수립하는 데 중요하게 작용을 했다.

광주시는 관련 법상 공원을 조성하게 되면 관리권을 구청에 넘겨야 하지만, 한새봉은 그동안 주민의 힘으로 가꿔온 곳이기 때문에 공원 조성 이후에도 주민들이 주체가 돼 운영하는 방식을 지지했다. 이에 일곡동 주민들이 추천한 3명을 '주민참여감독관'으로 선정, 활동을 보장하고, 자세한 설계 도면을 제공하여 주민들의 요구가 반영됐는지 검토할 수 있도록 하였다.

또한 주민들이 참여하는 위원회를 구성해 공사 기간 중 텃밭 운영 여부, 농업 용수 확보를 위한 방안, 2020년 일곡공원에 대한 공원 일몰제 적용에 따른 대책, 공원 조성 후 텃밭 분양 등 주민들이 관심을 갖고 있는 문제를 논의해야 하는 일이 남았다.

한새봉 농업생태공원은 도시공원에서의 '생물다양성 주류화'의 시작이라는 매우 중요한 의미를 갖고 있다. 이러한 가치를 이끌어가고 실현해나가는 것이 민관협력을 통한 향후 한새봉 농업생태공원 운영계획 수립의 핵심 방향이 되었다. 한새봉 도시농업 생태공원은 도심 내 사라져 가는 다랭이논 경작지 보전 및 시민들이 이용할 수 있는 농업생태 체험공간을 조성하게 되었다. 결국 주민의 힘으로 7년여 간 운영되어 온 한새봉 개구리논이 더 이상 팔면 그만인 사유지가 아닌 지자체와 주민이 함께 운영하는 공간으로 바뀌게 되었다.

2. 무양서원, 커뮤니티공간으로서의 지역사회 개방

무양서원은 일제강점기 1927년 탐진 최씨 문중이 전국 유림의 호응을 얻어서 세운 서원이다. 비교적 근대에 세워진 서원이지만 광주광역시 문화재자료 제3호로 등록되어 있다. 서원을 중심으로 해서 첨단지구의 주민들의 녹지공간인 무양공원이 자리 잡고 있다. 그러나 2013년 이전까지 무양서원은 그저 그런 낯선 공간이었다. 첨단지구에 오랫동안 자리 잡고 있던 터줏대감이지만, 지역주민들조차 가까이 할 수 없던 이곳은 현재 문화공간으로 탈바꿈했다.

협동조합 상상창작소 봄은 첨단지구 내에서 마을만들기 운동에 뛰어들면서 주민들의 소통공간이 많지 않다는 것을 확인하고 동네 한 바퀴를 하다가 무양서원을 발견했다. 무양서원이라는 곳은 그 자체만으로 매우 훌륭한 문화공간이지만 문턱에 발을 넘을 수 없는 자물쇠가 채워진 곳이었다. 삼고초려 끝에 탐진 최씨 문중을 설득하여 서원의 문을 개방했다. 오랫동안 문을 걸어 잠궈 온 만큼 공간개보수 및 관리가 필요했다. 하지만 서원의 문을 주민들에게 개방하는 순간 모든 것이 달라졌다. 서원의 기능은 제례와 교육의 기능이 있는데 이택당을 중심으로 주민들에게 개방이 시작되었다. 목조건물은 쓰면 쓸수록 빛이 난다. 주민들의 문화공간으로 쓸 수 있게 작은 도서관이 들어서고 명사를 모시고 주민들에게 인문학 강의를 할 수 있는 공간으로 변모했다.

무양서원이 개방되면서 주민들은 어떻게 하면 이 공간을 활용할 수 있을까 하는 고민에서 주민 동아리 조직이 생겨나기 시작했다. 그 결과 무양서원 이택당은 1주일에 5일은 주민동아리의 소통 공간으로 변모했다. 개방시간도 아침부터 오후까지 누구나 와서 쉬거나 구경할 수 있는 공간으로 개방되어 무양공원에 오는 누구나 방문할 수 있다. 문화공간 개방이 주민 주체를 낳은 것이다. 주민동아리들은 매년 한 해를 마무리하는 전시회를 개최한다. 무양서원을 이용하면서 자기계발 및 역량을 키워온바 그것에 대한 성과를 주민들과 함께 공유하기 위해서다.

사진 3-6 무양서원의 주민대상 인문학 강좌

주택지 한복판에 자리한 무양서원을 주민에게 개방하면서 서로를 위한 공동체 운동의 중심지가 되었다.
출처: 광주광역시 지속가능발전협의회.

올해로 벌써 3년째 맞이한 작은 음악회 역시 매년 열린다. 주민들이 직접 기획하는 이 작은 음악회는 일부만 외부공연 초청을 할 뿐 출연자 대부분은 역시 주민들이다. 주민들의 장기를 마음껏 분출하는 공간으로 변모하여 지역사회에서 무양서원에 대한 주민들의 호감이 매우 높아졌다. 더불어 광산구에서도 지속적인 무양서원의 문화공간의 개방과 주민 소통 공간으로 발전함에 따라 아낌없는 지원을 하고 있다.

사진 3-7 무양서원 음악회

마을 중심지에 위치한 무양서원이 마을 사람들의 인문학 모임이자 문화 공간으로 새롭게 태어나면서 마을 공동체가 문화를 통해 살아나고 있다.

출처: 협동조합 상상창작소 봄.

3. 푸른길 운동이 살린 마을과 거버넌스

광주에는 전국에서 가장 길고 가장 오래된 폐선부지를 활용한 선형공원이 있다. '푸른길' 공원이다. 20세기 말 도심을 관통하는 철로가 변경되었다. 광주시는 이 철로를 경전철로 활용하고자 하였다. 하지만 지난 한 세기 동안 인근 주민들에게 고통을 주었던 것과 급속한 도시화로 도심에 공원과 녹지가 전혀 없다는 문제를 해소하기 위해 NGO, 주민, 전문가 등이 공론화를 시도하였다. 결국 2000년 새해 광주시는 이곳을 푸른길 공원으로 만들기로 합의한다. 10km에 이르는 기다란 공원을 거의 10여 년에 걸쳐 천천히 공원으로 탈바꿈하면서 수많이 무수한 이야기가 만들어진다[13].

광주에서 푸른길은 도시를 살리는 주요한 곳이다. 일반 시민들에게는 걸으면서 휴식을 만끽하는 산책로, 아침과 저녁 출근길, 잠시 쉬어가는 쉼터 역할을 톡톡히 한다. 푸른길은 단순히 삶의 패턴을 바꾸고, 삶의 질을 높이는 데 영향을 주는데 그치지 않는다. 푸른길 주변의 지리적 공간마저 완전히 바꾸고 있다. 예전에 기찻길이 있을 적에는 모든 건물이 기찻길 반대편으로 대문을 냈고, 기찻길 주변은 소음과 진동 등의 피해로 인해, 쪽방촌이나 허름한 건물이 주를 이루었다. 하지만 푸른길이 만들어진 이후 대부분의 건물이 푸른길을 향해 출입구를 내고 있고, 인근에 수많은 카페, 아름다운 건물이 들어서고 있다. 푸른길이 만들어지고 광주 원도심에 거대한 변화가 발생한 것이다.

이 변화는 푸른길 인근의 마을만들기에서도 발견된다. 소음과 진동 등의 공해로 터부시하던 기찻길이 공원이 되면서 마을만들기 운동이 나타나기 시작한다. 이 운동의 확산은 푸른길의 공원화 과정과 일치한다. 초기 공원 조성이 완료되었던 남광주역에서 마을만들기 사업

---

13 푸른길 공원의 조성과정에서 나타난 민관 거버넌스와 시민운동의 과정은 참여주체로써 적극적인 역할을 했던 이경희 광주환경운동연합 정책실장의 글을 통해 자세히 볼 수 있다.(출처: 이경희, 생태적 녹지운동단체에서 통합적 문화운동단체로, 목포대학교 대학원 석사학위논문, 2013.)

사진 3-8 푸른길 주변 마을만들기 사업지역(2009~2016)

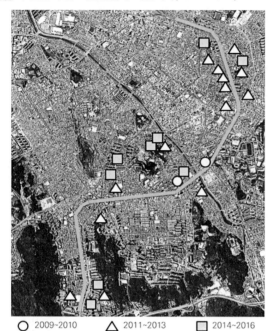

○ 2009~2010   △ 2011~2013   □ 2014~2016
지도의 기다란 선이 푸른길공원이다. 초창기 남광주역과 원도심 인근에서 진행되었던 마을만들기는 이
제 푸른길을 따라 더 길게 넓은 범위로 펼쳐지고 있다.

출처: 필자 작성.

이 시작되었고, 점차 푸른길 공원이 확산되면서 마을만들기도 퍼져나
가기 시작한다. 과거에는 공원이나 녹지가 전혀 없던 원도심의 불편
한 공간에 주민들이 누릴 수 있는 어메니티[14]가 생기면서 열악하다고
인식했던 주거공간이 안락한 공간으로 변화하기 시작하였다. 그 영향
으로 자신들이 살아가는 공간에 대한 관심을 갖게 되었고, 마을만들
기가 확산하였다.

---

14 어메니티(amenity)란 인간이 생태적·문화적·역사적 가치를 지닌 환경과 접하면
   서 느끼는 매력·쾌적함·즐거움이나 이러한 감정을 불러일으키는 장소를 말한다.

광주협의회가 푸른길 주변에서 2009년부터 2016년까지 진행했던 마을만들기 사업은 총 26개였다. 참여주체별로 살펴보면, 마을주민이 직접 참여한 경우가 13건으로 가장 많았고, NGO 10건, 기업 2건, 기관 1건의 순이었다. 초기에는 NGO영역의 주체로써의 참여가 많았으나, 점차 마을자치회의나 주민조직 중심으로 사업 주체가 변화되는 경향을 볼 수 있었다.

표 3-1 광주광역시 지속가능발전협의회의 생태문화마을만들기의 참여주체(2009~2016)

연 도	NGO	마을주민	기 업	기 관	소 계
2009	1	—	—	—	1
2010	1	—	—	—	1
2011	2	4	—	—	6
2012	3	1	—	1	5
2013	2	2	—	—	4
2014	—	1	2	—	3
2015	1	2	—	—	3
2016	—	3	—	—	3
합 계	10	13	2	1	26

이 사업의 콘텐츠를 세분화한 결과 총 62개 프로그램과 시설사업이 이루어졌다. 이는 도시형 마을만들기의 특성상 대규모 사업비 투입보다는 소규모 사업비의 투입으로 마을공동체 회복을 위한 일종의 '종잣돈(시드머니)'을 부여하는 개념으로 접근한 사실을 잘 보여준다. 대부분의 사업이 주민 공동체가 함께 활동할 수 있는 가드닝, 워크숍, 아카데미, 벽화, 축제 등 활동을 함께 하기 위한 프로그램 사업으로 진행되었다.

물론 이 활동은 단순히 주민만이 참여하고 그치지 않았다. NGO

는 마을의 지속가능성을 위한 다양한 콘텐츠를 제공하였고, 마을주민
은 마을의 정치·사회와 연계하여 자치단체의 의원, 공무원의 협조를
적극적으로 요구하였다. 이 과정에서 마을단위의 거버넌스에 관한 연
습과 실험이 이루어졌다.

표 3-2 광주광역시 지속가능발전협의회의 생태문화마을만들기의 사업 컨텐츠(2009~2016)

구 분	콘텐츠	횟 수
프로그램	가드닝	17
	워크숍	8
	아카데미	7
	벽화	7
	축제	4
	캠페인	3
	마을 지도 그리기	3
	마을지	2
	장터	2
	시민 가드너 양성	1
	도서관 프로그램	1
시설사업	시설	3
	빗물 시설	3
	주거환경 개선	1
합 계		62

4. 다가치그린 마을만들기를 통한 다양한 세대와 함께하는 마을만들기로의 실험

처음 광주협의회가 마을만들기 사업을 할 때, 광주에서 마을만들기는 생소한 것이었고, 새로운 모델을 보여주는 곳도 없었다. 하지만 10여년이 흐르는 동안 시민들은 마을만들기의 중요성을 인식하였고, 마을만들기에 관한 제도화, 중간지원조직의 설치 등을 통해 다양화가 계속 진행되었다. 이 과정에서 광주협의회는 마을만들기의 새로운 실험을 고민하게 된다. 스마트 시대에 수많은 사람들이 들고 다니는 스마트폰을 활용해 주민참여를 증진하면서, 다양한 세대가 소통하고 함께하는 방안에 대해 실험을 하기로 한다. 이 일환으로 '다가치그린 마을만들기'가 시작한다.

'다가치그린'은 2014년 6월 정부 3.0 브랜드 과제로 선정되었다. 9월부터 12월까지 광주 시민사회 각계각층의 대표(디자이너, 주부, 대학생, 전문가, 시민활동가, 공무원) 등으로 구성된 서비스 디자인단은 10차례의 아이디어 회의를 통해 다가치그린의 개념과 방향을 만들었고, 그 성과로 정부 3.0 브랜드 과제 최우수상을 수상하였다.

그 내용이 크게 독특하거나 다른 것은 아니었다. 기존에 이미 활용하던 서비스를 어떻게 마을에서 활용하게 할 것인가에서 참신성을 인정받았다. 동네생활환경정보를 쉽게 볼 수 있고 환경 민원신고도 하면서 무엇보다 주민이 직접 마을 문제를 해결하는 방식을 스마트폰을 통해 구현하자는 취지였다.

그 결과 다가치그린 동네만들기의 본격적인 추진을 위해 사업추진단이 구성되고 그 시스템을 구축하고자 했다. 광주협의회, 광주광역시환경정책과, 구별 환경과(5곳), 마을만들기 센터(4곳), 유관기관(2곳)

사진 3-9 수완초등학교의 녹색커튼 사례

여름철 열섬완화를 위해 학생들과 선생님들이 함께 작두콩을 활용해 녹색커튼을 만들고, 수확물을 활용해 작두콩차를 판매하였다. 그 수익금은 다시 지역의 취약계층을 돕는데 사용되어, 마을만들기를 통한 지역사회의 학습과 협력의 장이 되었다.

출처: 광주광역시 지속가능발전협의회.

마을활동가(10명), 광주광역시자원봉사센터(6곳), UN SDGs 실천사업단 (10명), 생태문화마을사업단(18명), ESD 교원연구회(22명) 등 다양한 구성원들이 참여하는 거버넌스 구조를 만들었다.

2017년 본격적으로 마을 문제 해결을 위한 시민펀딩이 시작됐다. 시범사업으로 12개 단체 2,800만 원의 시민펀딩이 있었다. 591건의 펀딩이 이뤄졌고 10개의 공동체와 2개의 학교가 당당히 제안한 내용에 대한 펀딩을 완료하였다. 시범마을 및 학교지역은 행정, 시민단체, 의제별 전문가로 구성된 생태문화마을사업단이 현장에 방문해서 애로사항을 청취하였다. '다가치그린 다짐대회'를 통해 참여하는 공동체 및 학교와 이들을 지지한 시민들의 만남을 만들었다.

사진 3-10 푸른길 주변의 마을만들기 사례

푸른길을 중심으로 마을만들기 활동이 확산되고 있다. 마을 주민들이 텃밭을 조성하고 공동밥상을 했던 이곳도 본래 공폐가를 허문 자리를 마을주민이 함께 텃밭으로 만들면서 공동체 회복을 도모한 사례이다.

출처: 협동조합 산수다락.

2018년에는 2017년의 성과를 바탕으로 총 예산 1억 1천 5백만 원이 투입되어 22곳의 마을공동체와 8곳의 학교가 펀딩에 참여했다. 780건의 펀딩이 전부 완료되었다. 5월에는 환경부에서 문흥초등학교, 농성초등학교, 새별초등학교의 지역사회와 연계한 마을운동으로 인정받아 환경부 인증프로그램에 선정되었다. 또한 주민이 직접 마을의 문제를 펀딩을 통해 지지를 받고 해결하는 사례가 이클레이 동아시아 본부 홈페이지에 소개되기도 하였다. 이처럼 다가치그린 앱을 통해 시민들의 의견을 수렴하여 행정, 전문가, 학교, 유관기관, 마을활동가와 함께 운영정책을 수정해 왔고 UN SDGs와 5차 의제의 생활 속 실천을 풀뿌리 마을운동과 결합하는 가치를 부여하여 현재에 이르렀다.

문흥초등학교 학생들의 환경캠페인

〈문흥마을 도깨비〉라는 동아리로 활동 중인 학생들은 직접 환경보호 피켓을 제작하고 '다가치그린송'과 율동을 만들어 시민들에게 '지구를 살리자', '가까운 도로에 쓰레기를 버리지 말자' 등 다양한 구호의 환경 메시지를 전달했다.

출처: 광주광역시 지속가능발전협의회.

이 사업은 기존 마을만들기와 다른 독특한 특성을 몇 가지 갖고 있다. 첫째, 다가치그린 앱을 통한 시민들에게 마을에 관한 정당한 권리를 부여하였다. 생활불편환경문제 발생시 간편한 신고와 처리결과를 접하게 하였다. 길거리를 걷다가 불법투기지역을 봤을 때 스마트폰으로 간단한 신고가 가능해졌다. 물론 비슷한 기능의 어플은 많지만, 3일이내의 처리와 처리 결과를 최초 신고자에게 알려주는 쌍방향소통 시스템을 갖춘 것이 차별화를 가졌다. 시민참여를 통한 주인의식의 고취는 물론 주민이 거주지 주변 환경 개선활동에 자발적으로 참여토록 하는 시스템을 구축했다.

둘째, 거버넌스 구조를 통해 다가치그린 앱 제작과 모니터링을 하였다. 다가치그린 앱을 만들고 마을만들기 운동을 접목하면서 광주시민사회와 행정, 기업, 전문가, 마을활동가 등 각계각층의 의견을 수렴하여 현재에 오기까지 수많은 회의를 통해 수정 보완하는 과정을 거쳤다. 이를 통해 다가치그린 앱과 방향설정에 대한 의견 수렴 및 자문결과 2018년 앱 개편을 통해서 보다 많은 시민들이 손쉽게 앱을 이용할 수 있는 환경을 만들었다. 다만 한정된 예산으로 앱 개편이 이루어져 모든 시민의 의견의 반영된 것은 아니지만, 최대한 현장과 시민의 목소리를 듣고 실천한 결과였다.

셋째, 다양한 주체가 참여하는 마을만들기 운동의 새로운 모델을 제시하였다. 소수 참여자들이 추진하는 마을공동체의 관행을 벗어나, 다수의 시민들이 마을만들기에 직접 참여하는 방법을 제시했다. 특히, 여성과 60세 이상의 노령인구가 주도했던 마을만들기가 이제는 세대를 막론하고 참여가 가능해졌다. 마을공동체 뿐만 아니라 마을 속 학교에서도 주변 공동체와 함께 자라나는 미래세대와 학부모와 함께 광주협의회의 지속가능한 5차 의제(2017~2020I)의 실천과 마을만들기 운동이 가능해 졌다. 특히 학교도 공동체에 속해있다는 소속감과 지역사회도 학교를 공동체로 인정하는 계기가 마련되었다.

다가치그린은 마을과 스마트 기술을 접목한 새로운 시도이자 실험이다. 충분한 효과와 성과를 내고 있지만, 아직도 지켜보고 고민해야할 부분이 많다. 간혹 문제를 일으키는 시스템, 스마트 기기 사용에 대해 어려워하는 노령층에 관한 접근성 문제, 축적된 포인트의 사용 문제 등 여러 숙제가 아직도 남아 있다. 하지만 마을공동체 회복을 위한 다양한 시도는 앞으로도 계속되어야 할 것이다.

Ⅳ. 거버넌스형 생태문화마을만들기 10년의 의미

생태문화마을만들기의 10년은 수많은 시행착오를 통해 발전과 진보를 거듭하였다. 총 333회의 사업을 진행하면서 실패와 실수도 많았다. 그 많은 일을 모두 열거해서 정리할 수는 없지만, 주요 과정과 성과를 크게 5가지 분야로 정리해서 살펴본다.

1. 실패와 시행착오, 마을공동체 실험의 장을 만들다

광주협의회가 처음 마을만들기를 시작하면서 이전과는 달리 어떠한 모델도 없었고, 특히 거버넌스형 마을만들기는 전혀 생소한 분야였기 때문이다. 수직적인 행정과 수평적인 시민사회가 상호 협력해서 마을만들기를 시도한 사례가 많지 않았고, 여기에 주민조직까지 연계해 사업이 진행되면서, 이해당사자가 다양화되고, 복잡한 형태의 참여주체가 구성되었다.

총 사업의 횟수가 많다고 해서 모두 성공한 것은 아니다. 과거의 실패를 반면교사로 삼았다. 2014년 그동안 했던 사업을 재평가 하기 위해 2009년부터 2013년까지 했던 사업의 대상으로 모니터링을 하였다. 이 과정은 정말 쉽지 않았다. 사업 초기 시행했던 사업들의 경우, 사업에 참여한 사람들 모두의 이해부족으로 실패한 경우가 많았다. 사업지에 갔더니 막상 사업지가 사라진 경우도 있었고, 사업 종료 후 관리가 되지 않아 관계자를 만나기로 어려운 곳도 부지기수였다. 한마디로 절반의 성공과 실패였다.

이 때 사업의 결과를 정리한 내용은 크게 4가지로 정리된다. 첫째, 거버넌스의 참여적 특성에 기준했을 때 생태문화마을만들기는 대체로 주민참여에 의한 운영관리가 되고 있다. 둘째, 자율성 측면에서도 보조금 지원 없이 자체적으로 마을만들기를 시도하는 등의 자립노력이 돋보인다. 셋째, 책임성 측면에서는 사업 종료 후에도 대다수의 사업 현장이 지속적으로 운영관리가 되고 있으며, 상당수의 마을에서는 연계사업을 통해 사업성과를 지속하고자 노력하고 있었다. 넷째, 개방성 측면에서는 다수의 마을에서 주민들의 의견 교류활동이 활발하게 이루어지고 있었으나, 마지막으로 네트워크 측면에서는 지역 및 기관, 또는 전문가와의 교류가 미진함을 알 수 있었다[15].

광주협의회는 이 모니터링 결과를 바탕으로 사업에 대한 방향을 전환한다. 그동안 시설사업에 일부 집중했던 부분에서 벗어나 개별사업 예산을 축소해서 시설사업 중심이 아닌 사람과 공동체를 살찌우는 사업으로 전환하였다.

2. 설득과 타협의 과정을 만들다

수직적인 행정기관이 주도하는 사업이었다면 규정과 절차 때문에 하지 못했을 다양한 시도를 하였다. 특히 마을만들기를 사업으로 보는 시각에서 변화를 시도하였다. 마을만들기를 순수한 마을운동으로 승화시키기 위해 사업명칭에서 '사업'이라는 단어를 제외하였다. 단순해보일 수 있지만, 이 과정 역시 기존의 관념과 사업적 가치를 중요하게 생각하는 행정기관을 설득하는 일종의 과정이었다.

그리고 마을만들기 주체들의 의견을 받아들여 내 집 앞 마을가꾸기 사업이라는 내 집 앞 정도의 공간규모만을 생각했던 사업에서, 점차 공유와 소통을 통한 공동체 회복과 마을의 지속가능성을 고려한 '생태문화마을만들기'로 변화시켰다. 또한 각 마을에 지급되는 사업비

---

15 박수진·윤희철·나주몽(2015), 로컬거버넌스 관점에서 지방의제21 마을만들기 실천사업의 고찰, 한국거버넌스학보, 제22권 제2호.

를 계속 축소하는 과정 역시 성과를 중시하는 행정기관과 시의회를 설득하는 과정이었다. 이 논의과정에서 NGO와 마을활동가들이 중요한 역할을 하였다. 마을의 사업비가 마을의 종잣돈(시드머니)으로써 작용해야 한다는 주장이 설득력을 얻었다.

매년 마을만들기를 시행하고 평가하는 과정에서 보다 나은 방향을 모색하고, 이 공론화의 장을 단순히 광주협의회에만 국한하지 않고, 광주 전체의 마을운동으로 승화시키는 작업이 계속 진행되었다. 결국 광주협의회의 생태문화마을만들기는 민관협력기구 내에서 이뤄지는 작은 마을만들기 운동에서 광주 전체의 거버넌스형 마을만들기의 모델로써 부각되었다.

3. 마을 스스로 '으쌰으쌰'하는 기회를 만들다

종잣돈을 마련한 마을주민은 마을을 세우기 시작하였다. 함께 모이고, 학습하며, 더불어 살아가는 행복한 마을을 만드는데 주력하였다. 그 모양과 형태가 텃밭, 축제, 가드닝, 캠페인, 인문학 교실 등 다양한 행태로 나뉘어졌지만, 마을 주민이 만나고 함께할 거리가 계속 만들어지는 계기를 마련하였다. 주민 스스로 하나씩 문제를 개선하고 보다 나은 활동들이 이뤄지면서, 더 발전된 형태의 활동에 대한 관심이 증대되었고, 이는 마을만들기 확대로 나타났다. 광주협의회의 마을사업에 참여한 주민조직이 이제 마을의 발전을 위해 임의단체를 만들고 다양한 여타 사업을 계속 진행한 것이다.

그러면서 사회적 경제와 연계해 스스로 마을이 경제 · 사회적으로 성장하는 계기를 마련하고 있다. 마을 스스로 경제에 대한 고민을 하면서 활동의 지속력을 위한 방안을 모색하고, 협동조합이나 마을기업을 만들면서 보다 나은 활동과 영역의 확장을 시작하는 것이다.

4. 사람을 키우는 마을만들기가 밥벌이가 되다

마을만들기를 업으로 하는 사업들이 생겨나고 있다. 이전에 없었던 새로운 직업의 탄생하였다. 즐겁게 마을만들기에 참여한 사람들이 결국 그 일을 전담하는 지역의 일꾼이 되어 지역의 화합과 발전에 기여하게 되었다. 단순히 마을의 사람을 키우자고 시작한 역량강화 활동들이 결국 열매를 맺으면서 의도치 않게 마을활동가를 양성하게 되었다. 특히 이러한 활동은 2010년대 이후 크게 활성화되었는데, 광주광역시에서 마을만들기에 참여했던 중간지원조직 관계자들이 최근에 했던 말을 소개한다.

> 2009년 마을만들기 사업을 지속가능발전협의회(당시 푸른광주21협의회)가 시작하면서 뭣도 모르고 마을만들기에 참여하였다. 그저 마을 주민들과 동거동락하는 즐거움에 빠져 그렇게 10년을 해왔다. 이제는 마을만들기로 제가 밥을 먹고 있다. 10년 간 꾸준히 이 운동에 참여했을 뿐인데, 마을만들기 일꾼으로 광주 지역에서 역할을 하고 있다.
> '생태문화마을만들기 10주년 기념 포럼'의 토론자 중 한 분의 이야기

지금 광주에서 마을만들기 중간지원조직에서 활동하는 상당수의 사람들이 인적 네트워크로 광주협의회에 연결되어 있다. 10년간의 활동이 결국 사람을 키우는 중요한 역할로 열매를 맺은 것이다.

5. 10년 간의 마을만들기가 새로운 변혁을 만들다

지금도 변화는 계속 진행 중이다. 1995년 창립부터 계획, 실천, 평가라는 체계를 꾸준히 유지하고 있는 광주협의회의 특성에 따라 마을사업도 매년 계획과 실천에 대한 평가를 계속 유지하고 있다. 이 과정에서 그동안 부족한 부분을 판단하고, 마을만들기의 영역에서도 새로운 시도들을 계속 진행하고 있다.

최근에는 크게 2가지 영역의 새로운 시도가 진행 중이다. 먼저 다양한 계층의 참여를 위해 '다가치그린 어플'을 활용한 마을만들기를 하고 있다. 그동안 마을만들기가 마을의 소수 주민들을 중심으로 사업이 추진되고 대다수의 주민들이 참여의 기회가 제한적이었던 점을 고려하였다. 특히 은퇴자 및 경력단절 여성 등 마을에서 시간적 여유가 그나마 있었던 분들을 중심으로 사업이 진행된 현실을 개선하고자 스마트폰 어플을 활용하였다.

사업방식은 기존의 마을사업과 약간 다르다. 마을 주민들이 사업계획을 세우고, 다가치그린 어플에서 사업내용을 올린다. 사업에 대한 공유를 어플을 통해 하는데, 이 때 사업비는 펀딩을 통해 진행된다. 다가치그린 어플을 활용해 환경과 관련된 캠페인, 교육활동 등에 참여하면서 얻은 포인트를 자신들이 원하는 마을만들기 사업에 펀딩한다. 포인트가 다 모인 사업은 컨설팅과 함께 사업을 시행한다. 이 과정에서 아이부터 어른까지 마을에 거주하는 모든 사람들이 사업에 대해 알게 되고, 포인트를 기부하는 과정에서 크고 작은 협력의 장이 형성된다. 2018년 시범적으로 시행되어 25개의 사업이 진행되었고, 2019년에 더욱 확대될 예정이다.

다른 하나는 사람을 키우고 마을공동체를 회복하는 '지속가능한 마을'이다. 기존 마을사업이 사람에 대한 투자보다는 사업에 대한 투자가 우선시되었기에, 별도의 활동가를 양성하고, 그 활동가를 통해 마을공동체를 회복하고 변화를 유도하는 사업을 현재 진행 중이다. 올해 3년차 사업이 진행된다. 광주협의회가 지금까지 수백 개의 씨앗을 광주 전역에 뿌렸다면 이제는 지속가능한 모델 마을을 만드는 기본 토대를 새롭게 만드는 것에 의의가 있다.

V. 마치며

우리가 살고 싶은 마을, 모두가 거주하고 싶은 마을이야말로 지속가능한 마을이다. 오늘날 도시에는 다양한 계층, 연령, 직업 등을 가진 시민들이 도시라는 공간에 모이면서 환경, 교통, 주거에 관한 문제가 발생하고, 계층·연령·성별 갈등의 문제가 발생한다. 이러한 도시문제를 구성원과 함께 고민하면서 대책을 마련해 가는 과정이 작게는 마을만들기, 크게는 도시재생과 도시계획이라고 할 수 있다.

우리나라 도시의 공간과 지역공동체의 지속가능성은 시간이 갈수록 하락하고 있다. 과거부터 이어져 온 문제와 함께 도시 자체가 수익창출의 장으로 변질되고 있는 것이 그 결정적인 원인이다. 재개발, 재건축 등 도시정비사업, 택지개발, 지구단위계획 등으로 인하여 2000년대 이후 고층·고밀 개발로 도심만이 아니라 외곽이 거대한 아파트 숲으로 바뀌고 있다. 주거정책을 민간영역에만 의존하면서 도시는 고가의 고층 아파트와 무너지기 직전의 단독주택으로 양분되고, 도시의 개성과 특징을 상징하는 역사·문화·경제공간은 사라지고 있다.

또한 무분별한 도시 내 개발이 계속되면서 전통적인 지역 공동체가 소멸되고, 공동체라는 의식마저 희미해지고 있다. 단독주택에 거주하는 영세민의 대부분이 자발적인 참여를 통하여 적극적으로 자신들의 주거 공간을 바꿔나가는 것이 아니라 외부 자본에 의한 개발에 의하여 자신의 주거지에서 쫓겨나 도시 내 외곽 단독주택지역으로 이주하는 현상도 나타나고 있다. 이러한 개발은 미래 도시의 가치를 현 세대가 선점하여 사용하는 것으로, 도시의 지속가능성을 감퇴시키는 것이다. 도시를 분극화하여 갈등, 마찰, 분쟁 등을 야기하고, 아파트의 과잉 공급은 가까운 미래의 도시 문제의 원인이 될 가능성도 높다.

마을과 자신의 주거공간에 대하여 주민의 애착이 점차 사라지고 있다는 점도 마을과 도시의 지속가능성을 위협하는 원인이다. 우리나라 도시의 주거환경정비사업, 도시재생 등은 지가의 상승, 원주민의 이주 등 정반대의 결과를 빚고 있다. 주민의 지속적인 거주가 보장되지 않는 마을과 도시는 지속가능할 수 없다. 시민이 특정 도시 공간에서 오랜 기간 정착하지 못하고, 경제적 여건, 수익 창출 등을 이유로 이곳저곳을 표류한다면 지역공동체가 유지될 수 없으며, 지역 고유의 문화를 갖기 어렵기 때문이다.

따라서 인간을 지속가능성의 핵심 주체로 보고, 인간이 집적하여 살아가면서 만들어낸 생활양식인 문화, 그 주변을 감싸고 있는 환경을 마을과 도시 지속가능성의 핵심 요소로 파악할 필요가 있다. 현재 중요한 것은 마을의 특색을 살리고, 인간의 관계를 재구축하며, 그것을 바탕으로 생활 재생의 노력을 조직화하는 것이다. 물질적인 환경의 정비는 사람들의 삶을 단절시키는 것이 아니라 더욱 풍요로운 생활을 사람들과 함께 실현해가는 과정이어야 한다. 사람들이 활기차게 살고 교류를 키워가며 생활에 뿌리내린 문화를 배양할 수 있는 장소, 그것이 생활의 장으로서의 도시이며, 그것을 되돌리는 것이 필요하다[16].

나이, 성별, 계층 등이 다른 다양한 시민들이 자신들의 삶에 만족하며, 마을이라는 공간 내에 미래 지속적으로 살아갈 수 있도록 하는 것이 마을과 더 나아가 도시의 지속가능성 제고의 기본전제라는 것을 잊지 말아야 한다.

이러한 측면에서 광주협의회의 생태문화마을만들기는 "그 시작은 미약했지만, 나중은 창대하리라"라는 성서의 한 구절처럼 시행착오를 이겨내고 계획·실천·평가라는 시스템을 활용하면서 시민·기업·행정이 함께 마을의 문제를 함께 고민하고 풀어가는 거버넌스의 모델사례이다. 또한 마을의 작은 실천이 전 지구적 변화를 가져올 수 있다는 지방의제21운동을 연결하면서, 현재 우리 사회에서 추구하는 지속가능발전 시민운동의 한 장면을 연출하고 있다. 지금도 마을에서 발생하는 새로운 변화를 감지하고 더 나은 행복한 공간을 함께 만들어가기 위한 시도와 노력이 계속 진행 중이고, 이러한 활동은 더욱 확대되어야 할 것이다.

---

16 우에타 가즈히로 등 공저, 도시 재생을 생각한다 시리즈 3 도시의 개성과 시민생활, 윤현석 등 공역, 한울아카데미, 2011, p.52.

참고문헌

1. 광주광역시 지속가능발전협의회. (2015). 내 집 앞에 꽃 피운 생태문화마을.

2. 광주광역시 지속가능발전협의회. (2016). 다 같이 놀자 동네 한 바퀴 다 함께 돌려보자 마을 답안지.

3. 광주광역시 지속가능발전협의회. (2016). 어른들도 살기 좋고 아이들도 살고 싶은 생태문화마을이야기.

4. 광주광역시 지속가능발전협의회. (2017). 광주. 생태문화마을에 5차 의제 를 그리다.

5. 광주광역시 지속가능발전협의회. (2017). 더불어 나누는 마을만들기 달인 을 찾아라.

6. 광주광역시 지속가능발전협의회. (2018). 피어라 사람 피어라 마을.

7. 국가균형발전위원회. (2007). 살기 좋은 지역만들기.

8. 박수진 · 윤희철 · 나주몽. (2015). 로컬거버넌스 관점에서 지방의제21 마 을만들기 실천사업의 고찰. 한국거버넌스학회보. 제22권 제2호.

9. 우에타 가즈히로 · 진노 나오히코 · 니시무라 유키오 · 마미야 요스케. (2011). 도시 재생을 생각한다 시리즈 3 도시의 개성과 시민생활. 윤현석 · 조동범 · 노경수 공역. 한울아카데미. p.52

10. 이경희. (2013) 생태적 녹지운동단체에서 통합적 문화운동단체로. 목포대 학교 대학원 석사학위논문.

11. 푸른광주21협의회. (2010). 내 집 앞 마을가꾸기 사업보고서 백만 가지 이 야기가 있는 빛고을.

12. 푸른광주21협의회. (2010). 내 집 앞 마을 광주학당 결과보고서.

13. 푸른광주21협의회. (2010). 살기 좋은 광주만들기 네트워크 골목이 살기 좋은 마을-광주마을이 희망이다.
14. 푸른광주21협의회. (2011). 내 집 앞 마을가꾸기 사업 사례집 - 마을. 초록에 물들다.
15. 푸른광주21협의회. (2011). 마을 뒷산 지키기 프로젝트 - 마을 뒷산 길라잡이 교육.
16. 푸른광주21협의회. (2012). 내 집 앞 마을가꾸기 사례집 - 마을. 즐거운 희망을 그리다.
17. 푸른광주21협의회. (2013). 내 집 앞 마을가꾸기를 위한 길라잡이.
18. 푸른광주21협의회. (2013). 다시. 마을에 사람이 모여서 희망이 되었다.
19. 푸른광주21협의회. (2014). 더불어 나누는 내 집 앞 마을가꾸기 달인.
20. 푸른광주21협의회. (2014). 어렵게 쓰고 쉽게 읽는 내 집 앞 마을가꾸기.

수원천 복원과 물 거버넌스

박종아(수원지속가능발전협의회)

04 | 수원천 복원과 물 거버넌스

박종아(수원지속가능발전협의회)

> '개인들은 먼 미래에 예견되는 편익은 낮게 평가하고 당장의 편
> 익에는 큰 가치를 부여하기 마련이다. 즉 사람들은 미래의 이익에
> 대해 할인율을 적용한다.'
>
> (엘리너 오스트롬, 공유자원관리를 위한 제도의 진화:78)

Ⅰ. 들어가는 말

1. 거버넌스: 시민사회의 성장이라는 맥락

거버넌스는 통치행위와 운용규칙의 집행방식을 의미하는 매우 포괄적이고 진화하는 개념이다. 국가행정, 사법체계, 의회대의제가 과거의 거버넌스(old governance)를 의미한다면 새로운 거버넌스(new governance)는 시민사회의 성장이라는 맥락이 작용하고 있다. 바로 자발적으로 조직된 시민사회(self-organnizing inter-organizational networks)와 참여민주주의의 강력한 성장이 새로운 거버넌스를 만들어가고 있으며 보다 진화된 개

념의 거버넌스를 표현하고 있다고 본다.

한국사회 역시 1980년대를 거치며 자발적으로 조직된 시민사회, 또한 이러한 자발적 시민사회의 네트워크가 새로운 민주주의와 거버넌스를 형성하고 만들어갔다. 이러한 시민사회의 성장은 국가정부의 실패(government failure), 시장의 실패(market failure)를 교정하는 제3섹터의 등장을 의미했다. 제3섹터란 국가, 시장이라는 과잉화된 사회지배기제를 극복할수 있는 본원적 사회공동체의 복원을 의미했다. 이러한 본원적 사회공동체로서의 시민사회의 자발적 네트워크는 과잉화된 지배관료제로의 국가(excessive government)와 물신화되고 전일화된 시장의 실패를 교정하고 견제하는 대안사회주체로 성장했다.

특히 글로벌리즘[17]과 지방화의 가속화 이후 권력의 파편화가 심화되자 국제적 거버넌스의 대두와 함께 지방도시의 자치거버넌스가 새롭게 전면화되었다.

수원시의 하천(물)거버넌스의 사례는 지방정부의 실패를 자발적 시민사회 네트워크가 어떻게 교정하고 새로운 거버넌스의 주체로 부상하여 새로운 거버넌스를 지역에서 어떻게 만들어가는지를 보여주는 매우 귀중한 모델이라고 할 수 있다.

2. 물의 도시 수원시와 물거버넌스

인류사회에 있어서 "물"은 인간생존의 기본적인 핵심조건이자 사회적으로 보장되어야 할 권리로 해석되고 있다. 안전하고 깨끗한 물

---

17 글로벌리즘 즉 세계화는 국가의 역할을 제한한 것뿐만 아니라 공공문제들을 해결하는 데 있어서 일반대중들의 능력을 또한 급격히 약화시켰다. 신자유주의로 명명된 작은정부론은 자본의 국제화, 효율화를 명분으로 실제로는 복지, 공공재정, 세금 등 국가의 사회적 기능을 약화시켰을 뿐만 아니라 대중의 역할을 축소시키거나 무력화시켰다.

은 국가가 국민들에게 제공해야 할 기본적인 서비스의 하나로 평가되고 있다. 지방정부 역시 국가로부터 위임받은 사무의 하나로 안전하고 깨끗한 물을 시민들에게 공급할 의무가 있다. 이러한 안전하고 깨끗한 물을 공급하기 위해서는 정부와 기업 그리고 시민사회간의 협력과 역할 분담 그리고 물관리가 역시 중요하다.

하지만 기후변화와 환경오염, 그리고 물 낭비에 의하여 세계적인 '물위기'가 확산되고 있다. 지구호의 3가지 위기는 에너지, 식량, 물의 위기이며 기후변화의 원인이자 결과로서 인류사회의 생존을 위협하고 있다.

이 글은 물거버넌스의 사례로 한국의 지방도시 중에 하나인 수원시가 어떻게 '물위기'를 '물거버넌스[18]'로서 해결하여 '지속가능발전'이라는 목표를 향해 한걸음 전진하고 있는지를 다루고 있다. 이 글은 결론적으로 가치목표로서의 '지속가능발전'을 어떠한 과정을 거쳐 당면 문제로서의 '물위기'를 해결했으며 그리고 그것의 해결수단으로서의 '물거버넌스'는 어떻게 작동하고 어떠한 영향을 끼쳤는지 살펴보고자 했다. 그리고 해결의 저변에 깔린 핵심키워드가 바로 '시민사회의 존재 여부와 역량'이라는 관점에서 문제의 중요변수로 접근하고 있다.

무릇 사람들은 수원시의 거버넌스 현상을 특이한 사례 또는 매우 이례적인 현상이라고 신비화하거나 특정한 외적 요건이나 내적 인물을 결정적인 요인으로 해석하는 경향을 갖고 있다.

과연 수원시의 거버넌스 현상이 과연 독특한 현상인지 매우 이례적인 사건인지 '물거버넌스'를 중심으로 살펴보고자 한다. 여기서 물거버넌스란 '수원시의 하천을 비롯한 물을 중심으로 갈등하고 협력했

---

18 물거버넌스란? 물과 관련된 협치를 전제로 하는 중앙 및 지방정부 그리고 시민사회와 기업이 신뢰와 파트너십을 기반으로 하는 다층적, 다중심적인 협력체계를 말한다.

던 민관 또는 민민거버넌스의 현상'을 물거버넌스로 표현하고자 한다. 또한 이 글은 수원시의 물거버넌스가 형성되고 운용되는 과정의 힘과 동력을 수원시민사회에서 찾고 시민사회의 비판적이고 참여적인 거버넌스를 수원 물거버넌스의 성공요인으로 해석하고자 한다.

II. 수원천복개[19]와 복개반대 시민사회네트워크

1. 수원천 복개공사와 구 거버넌스의 실패

사진 4-1 수원천의 오염과 주변시장 모습

출처: 수원시청 제공.

---

19 복개: 하천이 흐르는 위를 콘크리트로 덮는 것을 말한다. 복개된 하천의 콘크리트상층부는 도로와 주차장으로 활용하곤 한다. 하천복개는 당시 노태우정부의 공약사업이었다. 수원시의 경우 상인들의 요구로 수원시의회가 수원천 복개를 의결하였다.

1960년대와 70년대를 거치며 인구증가와 함께 도시화가 가속화되던 수원시는 도심 중앙을 지나는 수원천[20]에 대한 시민들의 민원이 점증하기 시작한다. 남문시장, 영동시장 등 재래시장으로 포위되어 있던 수원천 주변의 교통난과 오염으로 인한 악취, 도시미관 저해, 상인들의 주차공간 확보요구 등이 점증한다.

이에 대해 수원시는 교통난 해소와 상권활성화, 민원 해결을 이유로 총연장 1,270m의 수원천 복개계획을 발표하고 1차로 매교~지동교 구간의 790m 구간을 1991년 착공하여 1994년에 완공, 콘크리트 복개공사를 완료한다.

사진 4-2 1단계 복개공사가 완료된 후의 수원천 복개모습

출처: 수원시청 제공.

---

20 수원시에는 수원천, 서호천, 원천리천 등 7개의 지방하천과 24개의 소하천, 그리고 11개의 저수지가 존재한다. 수원천은 광교산에서 발원하여 광교저수지를 거쳐 영화동, 북수동, 남수동, 팔달로 등 도심을 거쳐 황구지천에 합류하는데 15.63km의 지방하천이다. 수원천은 전형적인 도시하천으로 1960년대에 도시화와 산업화로 직강하천으로 되어갔으며 콘크리트제방과 생활하수의 유입으로 오염되어 일부구간이 복개되었으나 2013년에 남수문과 더불어 복원되어 자연형 하천으로 변모되었다.

그러나 1970년대 초반부터 추진되던 수원천의 복개계획은 1980년대 말부터 수원문화원을 비롯한 시민사회와 지역언론의 비판이 제기되었다. 1989년 심재덕 당시 수원문화원장의 문화원 월간잡지「수원사랑」을 통한 복개반대 비판을 서두로 하여 중부일보, 경인일보 등 지역신문의 칼럼과 사설에서 비판을 제기한다. 1994년 3월 3일에는 중앙일간지에 '수원천복개 공사 등 대규모 사업 재검토'라는 기사가 게재된다.

표 4-1 수원천 복개관련 사례일지

1970. 7.	수원천 복개를 위한 기본조사 완료
1973. 3.	수원천 복개 방침 발표
1978. 1.	수원천 완전 복개 언급(경기도지사)
1982. 12.	수원천 복개 건의(수원상공회의소)
1989. 11.	수원천 복개 공사 착수방침 발표
1989.	심재덕 수원문화원장, 수원문화원소식지「수원사랑」기고. '수원천, 수원의 젖줄을 살리자'
1990. 2.	도심권 교통난 해소를 위한 복개계획 수립
1991. 12.	1단계 공사 착공「매교~지동교」
1992. 12.	14대 대통령 공약 복개구간 연장「지동교~매향교」
1994. 7.	1단계 공사 준공 완료「매교~지동교」(790m)
1995. 3.	2단계 연장구간 착공「지동교~매향교」(480m)
1995. 12. 5.	수원천되살리기시민운동본부 결성(15개 단체)
1996. 2.	문화재관리국 수원성곽보호 위한 공사중지 통고문
1996. 3. 23.	남수문 준공 200주년 복원촉구 시민대회
1996. 5.	수원천 복개공사 중단, 수원시장 복개공사 철회 발표

특별히 수원천은 수원의 역사와 함께 수원화성의 근간이 되는 하천인데 수원도심의 북쪽에서 남쪽으로 성내를 관통하는 하천의 상하

류에 설치된 두 개의 수문인 북수문과 남수문이 중요한 문화유산으로 존재한다. 그런데 남수문은 1922년 대홍수로 유실되어 바닥에 흔적만 남은 상태가 되어 있었다. 당시만 하더라도 수원시민들은 남수문의 존재 자체를 몰랐으며 오폐수로 버림받은 하천을 덮어버리기에 급급했다.

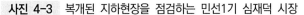

사진 4-3 복개된 지하현장을 점검하는 민선1기 심재덕 시장

출처: 수원시청 제공.

2. 수원천되살리기시민운동본부: 자발적으로 조직화된 네트워크의 등장

1995년 12월 수원지역의 15개 사회시민단체는 "수원천되살리기시민운동본부[21]"를 결성하고 1단계 공사가 완공되고 2단계 공사가 진행

---

21 1995년 12월 5일 출범한 '수원천되살리기시민운동본부'는 초기에 8개 시민단체에 의해 구성된다. 그러나 이후 15개 지역시민사회의 참여로 확산되고 이들 시민단체 대표자 연석회의는 명칭, 활동계획안을 확정하고 성명서발표 및 기자회견, 시민 서명운동, 시장항의방문, 시민토론회개최, 전·현직수원시장 문화재보호법형사고 발, 문화재관리국에 수원성내 남수문터 복개공사 요청 및 복개공사중지 청원서

중이던 당시 약 6개월간 대대적인 복개반대 시민운동을 전개한다. 또한, 시민운동본부와 문화역사학계는 남수문 복원을 위해 문화재청을 상대로 탄원서를 제출하며 청원운동을 하였고 이후 문화재청은 남수문복원을 위해 수원천을 자연형 하천으로 복원하라는 공문을 수원시에 발송하였다.

사진 4-4 수원천되살리기시민운동본부의 복개반대와 남수문복원촉구 시위

출처: 수원환경운동센터 제공.

이후 심재덕 수원시장을 문화재보호법 위반으로 고발한다. 그러자 1996년 5월 수원시는 문화재청의 공문과 시민단체의 고발을 이유로 수원천 복개공사 중단을 선언하고 "수원천 옛 모습 찾기 사업계획"을

를 제출하는 등 활발한 활동을 전개한다. 참여단체는 경기사학회, 녹색회, 내일신문 여성문화센터, 수원경실련, 수원문화원, 수원미술인협의회, 수원민예총, 수원시민광장, 수원YMCA, 수원YWCA, 수원여성의 전화, 수원연합, 수원환경운동센터, 정조사상연구회, 흥사단 수원지부 등 이다.

수립하여 '자연형 하천 조성사업'을 추진하게 된다. 1996년 5월 당시 심재덕 수원시장은 수원시의회에서 "문화재를 지키고 수원천을 되살리기 위해 수원천의 복개를 철회한다."고 발표하였다.

사진 4-5 수원천 되살리기 시민토론회 모습

출처: 수원환경운동센터 제공.

1996년 5월 수원시의 수원천 복개공사 중단 선언은 수원천 주변 상인연합회와 토지소유자들의 반발, 그리고 토목 관련 세력들과 다수의 시의원의 반발을 일으킨다. 1996년 내내 수원시 행정과 시의회의 마찰과 논쟁이 일어난다. 90년대 초반 복개찬성 의견이 다수였던 수원시민의 여론은 1995년 6월 지방자치단체 선거와 시민사회의 수원천 복원운농 시민연대기구의 활동으로 복개반대 여론이 나수로 억전된다.

이처럼 수원천 복개공사가 철회되고 복원운동이 성공한 요인에는 다음과 같은 요소가 있던 것으로 평가된다.

첫째, 수원문화원을 비롯하여 수원[22]시의 문화재복원과 역사문화에 대한 복원여론이 수원화성을 사랑하는 시민들의 여론을 움직이기 시작했다는 것이다. 그리고 문화재관리국에서 '수원천 복개공사 중지' 공문을 수원시에 발송하자 수원시가 철회명분을 확보하게 되었다.

둘째, 수원천의 역사문화유적과 함께 수원천의 친수공간이 콘크리트로 덮여 지역정서에 반환경성, 반문명성의 모습으로 비쳐지기 시작했다는 점이다.

세 번째는 95년 지방자치선거를 거치고 '수원천되살리기시민운동본부'의 활동으로 수원천 복개문제가 공론화되어 시민들의 관심이 문화재복원과 환경을 소중히 해야 한다는 공감대가 확보되기 시작했다는 것이다. 이처럼 역사, 문화, 환경을 상징하는 시민사회의 참여와 비판으로 세계문화유산과 도시환경을 지켜낸 전국적 이목의 대상으로 부상하게 되었다.

사진 4-6 수원천 복개구간 복원 기본계획 수립 공청회 모습

출처: 수원시청 제공.

---

22 수원(水原)의 뜻은 물의 근본, 물의 도시라는 의미를 갖고 있다. 삼한시대에는 수원시를 물이 많은 '모수국'이라고 불렀다.

Ⅲ. 수원시 중소하천유역네트워크와 하천거버넌스의 태동

1. 하천복원논의와 소유역하천거버넌스의 태동

수원천의 복개철회는 수원천 복원을 위한 논의로 전환된다. 이러한 논의의 결과 중 하나가 자연형 하천으로의 복원이다. 복원과 관련한 주요한 요소는 환경문제, 교통문제, 주변상인들의 상권보호 등의 요소를 어떻게 조화롭게 해결하며 자연형 하천으로 복원할 것인가였다. 복원논의는 민선5기에 들어서면서 설계변경을 거쳐 생태적 정온성을 가미한 도심형 자연하천으로 진화되었다.

사진 4-7 수원천 복원사업기공식 행사

출처: 수원시청 제공.

더불어 소유역별 하천거버넌스를 만들어 하천의 관리와 운영을 시민, 기업, 전문가, 사회단체 등의 참여를 통해 확립하는 것으로 진행된다. 바로 수원하천유역네트워크의 출범이다.

표 4-2 수원천 복개공사 철회 이후 과정

2005. 10. 27.	수원시 지동교~매교 구간 복원계획 발표
2005.	수원시 중소하천유역네트워크 구성(기초자치단체 최초)
2006. 12. 22.	복개구간 복원타당성 조사 및 기본계획 용역 착수
2009. 9. 21.	복원공사 착공
2009.	「수원시 물순환 관리에 관한 조례」 제정
2011.	수원하천유역네트워크 창립
2011.	수원시 물순환 관리 기본계획 수립
2012.	지동교~매교(780m) 복개 전 구간 복원완료(600억)
2012. 6.	남수문 복원공사 완료
2014.	수원시 물 재이용 관리계획 수립

1996년 6월 수원시가 복개공사 중단을 선언한 이후 행정이 주로 복원을 위한 논의를 공청회와 전문가 중심으로 "수원천 옛모습 찾기 사업계획"을 추진하였다면 시민사회는 황구지천, 원천리천, 수원천, 서호천 등 소유역별로 자생적인 활동을 전개해 나간다. 시민연대기구에 핵심적 역할을 하였던 수원환경운동센터는 수원천에서 하천환경교육, 음악제, 우리꽃심기활동, 하천조성관련 의사개진 및 자문활동 등을 이어 나가며 수원천살리기시민운동을 벌여나갔다. 원천리천에서는 '원천리천살리기시민네트워크'가 만들어져 하천살리기운동이 확산되었다. 이러한 과정을 거쳐 2005년을 거치며 기초자치단체 중 최초로 '수원시 중소하천유역네트워크'가 출범한다.

2. 하천유역네트워크의 역할과 거버넌스 활동

물거버넌스로서 "수원시 중소하천유역네트워크"는 다음과 같은 사업을 행정과 공동으로 시작한다. 첫째, 지역대학 및 전문가들과 함께 하천, 호소 수질개선을 위한 연구활동, 둘째, 하천 및 호소 수질 모니터링, 셋째, 하천 정화 및 보호캠페인 넷째, 청소년 하천지킴이 활동과 하천안내자 양성교육사업 다섯째, 물의 날 등 하천한마당축제 개최 등이다.

중소하천유역네트워크는 수원시가 아주대에 지원하는 수원발전센터를 코디네이터로 두고 전체 거버넌스의 형태를 유지해갔으나 사무국의 부재와 업무추진의 어려움이 노정되었다. 2010년 민선4기의 출범으로 하천거버넌스에 대한 보다 포괄적이고 참여적인 지원과 협치가 강화되기 시작하였다.

2011년 중소하천유역네트워크는 수원하천유역네트워크로 진화되어 새롭게 창립된다. 조례의 개정과 함께 수원시의 지원으로 민간전문가

사진 4-8 수원하천유역네트워크 창립총회 모습

출처: 수원시청 제공.

로 구성된 전담 상근 사무국이 만들어지고 전용 사무실을 개설한다.

2011년 만들어진 수원하천유역네트워크는 수원천, 서호천, 원천리천, 황구지천 등 4개 유역 35개 단체의 네트워크로 구성되었다. 또한 수원시 환경국 소관 하천 관련 수원시 부서 및 수원시 4개 구청 하천 하수팀 등과 함께 긴밀한 협치관계를 구성한다. 이를 통해 4대 하천별 수질개선 및 식생보호 활동, 모니터링의 정기화와 체계적인 보고서를 발간한다. 현장에 상주하는 환경시민단체 및 학교, 기업, 대학 그리고 전문가 조직 간의 거버넌스체계를 완성하게 된 것이다.

사진 4-9 2012년 복원된 수원천의 모습

출처: 수원시청 제공.

수원시가 하천을 덮은 콘크리트를 뜯어내고 자연석을 이용해 자연하천을 조성하기 시작한 후 2012년 6월, 남수문이 완전 복원되고 지동교에서~매교 구간의 복원공사가 완료되었다. 600억 원의 복원예산이 투입된 이 복원공사는 차량용과 보행용 교량 9개가 신설되고 홍수 때에는 물에 잠기는 세월교도 1개 만들어졌다. 하천변에는 광교저수지에서 세류동 경부철교까지 5.8km 길이의 수원천변 산책로가 만들어졌다.

이 과정에 적극적으로 참여하고 설계변경과 의견을 개진했던 수원하천유역네트워크는 2018년 6월 지속가능도시재단에 물환경센터를 신설하여 수원하천유역네트워크의 사무국 업무를 이관, 중간조직으로써 시민과 시민네트워크, 행정과 함께 수원지역의 네트워크 활성화와 좀 더 안정적으로 활동을 할 수 있는 기반을 만드는 새로운 실험을 진행하고 있다. 이를 토대로 효율적이고 지속적인 거버넌스 활동, 유역네트워크 활성화 방법 모색, 수원만의 특화된 물환경 활동 개발, 통합물관리 준비 등 시민과 함께하는 건강한 물순환도시를 선도하기 위한 준비를 하고 있다.

기간의 수원하천유역네트워크의 역할과 성과는 다음과 같다.

첫째, 민관거버넌스의 활성화이다. 유역별로 관계하는 환경단체, 학교, 기업 그리고 행정 간에 하천관리와 식생보존을 위한 소통과 협의를 위한 플랫폼으로 작동되었다. 유역별 회의가 정기적으로 이루어졌으며 매년 4대 하천별 보고서를 만들며 활동의 성과와 평가를 행정과 공유하게 되었다. 특히 하천에서 일어나는 다양한 문제를 행정과 하천별 간사단회의와 행정부서와의 협의를 통해 논의하고 개선하는 작업을 하게 되었다.

둘째, 하천과 물에 대한 시민인식 제고와 역량강화 효과이다. 하천에 관련된 각종 토론회와 물포럼 그리고 교육양성과정을 통해 청소년 및 지역수민의 가지의식을 함양하는 효과를 거두었다. 특히 하천학교는 초급, 중급, 고급과정을 운영하여 하천모니터링 능력을 확장하고 여기서 배출된 전문가들이 지역의 초중고 학생들을 교육하는 선순환

프로그램이 안착되었다.

셋째, 하천모니터링 및 생물다양성 모니터링 능력의 증가이다. 지역에 상주하는 시민단체와 학교의 상시모니터링 체계가 안착되거나 양성과정을 통해 배출된 활동가들이 점차 성장하면서 하천관 관련된 시행정의 사업을 평가하고 모니터링하는 역량이 증가하였다는 것이다.

표 4-3 수원천 복개공사 철회 이후 과정수원하천유역네트워크 구성(2018 현재)

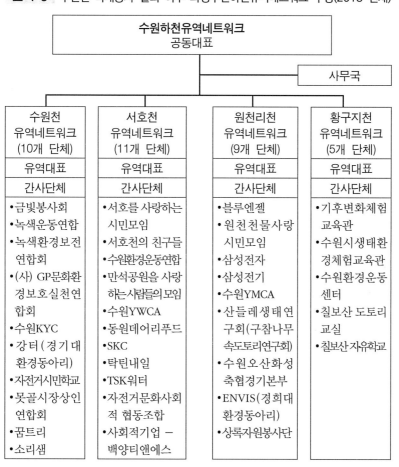

수원하천유역네트워크 공동대표			
			사무국
수원천 유역네트워크 (10개 단체)	서호천 유역네트워크 (11개 단체)	원천리천 유역네트워크 (9개 단체)	황구지천 유역네트워크 (5개 단체)
유역대표	유역대표	유역대표	유역대표
간사단체	간사단체	간사단체	간사단체
•금빛봉사회 •녹색운동연합 •녹색환경보전연합회 •(사) GP문화환경보호실천연합회 •수원KYC •강터(경기대환경동아리) •자전거시민학교 •못골시장상인연합회 •꿈트리 •소리샘	•서호를 사랑하는 시민모임 •서호천의 친구들 •수원환경운동연합 •만석공원을 사랑하는사람들의모임 •수원YWCA •동원데어리푸드 •SKC •탁틴내일 •TSK워터 •자전거문화사회적 협동조합 •사회적기업 − 백양티앤에스	•블루엔젤 •원천천 물사랑 시민모임 •삼성전자 •삼성전기 •수원YMCA •산들레생태연구회(구참나무속도토리연구회) •수원오산화성축협경기본부 •ENVIS(경희대환경동아리) •상록자원봉사단	•기후변화체험교육관 •수원시생태환경체험교육관 •수원환경운동센터 •칠보산 도토리교실 •칠보산자유학교

거버넌스는 인간의 집단행동을 이해하는데 중요한 인식 틀이 되고 있다. 특히 집단행동이 어떠한 요소들에 의해 작동되는지를 그리고 어떻게 진화하고 있는지를 분석하는 렌즈기능을 하고 있다.

수원하천유역네트워크는 수원지역의 자발적 시민사회단체들과 전문가, 기업 등이 행정과 함께 참여하는 하천(물)거버넌스 시스템이다. 물이라는 지역의 천연자원을 어떻게 하면 지속가능하게 유지관리할 수 있을까를 함께 고민하는 거버넌스이다. 공유자원 즉 물과 하천, 호서를 기반으로 시민네트워크가 신기하게도 잘 관리되고 있고 거버넌스의 질을 확보하고 있다.

Ⅳ. 핵심쟁점과 분석

1980년대 수원천은 시장경제론적 관점에서 보면 하나의 공유지의 비극이다. 전쟁 후 수원천은 피난민들이 빨래와 멱을 감던 생활용수를 공급하던 자연하천이었다. 그러나 급속한 도시화와 산업화 그리고 인구증가로 가정 및 상업오수들이 하천으로 흘러들었으며 도심확장으로 인해 하천에 공급되던 논과 밭 그리고 자연녹지의 실개천들이 전부 사라져 건천화 되어갔다. 당연히 건천화된 수원천은 쓰레기와 오수 썩는 냄새로 도시미관에도 좋지 않았다.

수원천 복개공사는 공유지의 비극에 또 다른 비극으로 대응하는 정책이었다. 그것은 또 다른 정부의 실패 그리고 시장의 실패였다. 공유시의 비극을 덮어버리려는 단견적인 정책[23]이있다. 실패를 실패로

---

23 개인들은 먼 미래에 예견되는 편익은 낮게 평가하고 당장의 편익에는 큰 가치를 부여하기 마련이다. 즉 사람들은 미래의 이익에 대해 할인율을 적용한다.'(엘리

대응한 결과는 환경의 질, 정당성, 문화유산에 대한 무지, 갈등관리의 실패 그리고 결국 시민의 삶의 질이라는 지속가능성을 놓치게 된 것이다.

수원천 복개문제는 결국 수원시가 매우 새로운 거버넌스 체계를 도입하고 실험하는 시민사회의 시대를 열게 된다. 물론 이러한 새로운 거버넌스의 부상 즉 구(old) 거버넌스에서 새로운 거버넌스는 전국적인 시민사회의 발현과 괘를 같이하게 된다.

<수원천되살리기시민운동본부>의 활동과 전개과정은 이미 1980년대를 거치며 수원사회의 민주화 운동 역량과 상호관련성을 갖고 있다. 독일 프라이브르크 환경도시거버넌스의 기반이 프라이브르크 시민사회의 네트워크에 기반하고 있으며 그러한 네트워크의 역사가 1970년대 탈핵운동의 강력한 시민역량에 근거하고 있는 것과 마찬가지이다.

따라서 자발적 시민사회 네트워크의 탄생과 주도성, 선도성이 수원천 복개반대운동의 핵심요인이었다. 또한, 여기서 탄생한 소하천유역네트워크의 자발적 출범과 네트워크를 주도했던 리더들이 민선4기를 거치며 지방정부에 참여하며 수원하천유역네트워크라는 물거버넌스 탄생의 핵심적인 역할을 하게 된다.

1996년 수원시가 복개공사 중단을 선언한 후 소하천별 네트워크가 하나둘 생기고 2005년 <수원시 중소하천유역네트워크>가 탄생하면서 제도화된 거버넌스가 형성된다.

너 오스트롬, 공유자원관리를 위한 제도의 진화:78)

표 4-4 사례의 분석틀과 요약

사례 분석의 틀과 요약	
문제의 배경	도시화, 산업화에 따른 하천복개 공사를 둘러싼 갈등
내용 및 목표	하천복개 공사 중단과 자연형 하천으로의 복원 그리고 물 거버넌스의 탄생
지역적 맥락	수원화성이라는 문화재와 도심하천의 의미 그리고 문화와 환경운동의 만남
주도주체	자발적 시민사회 네트워크 탄생과 주도성, 선도성
거버넌스 유형	① 기능중심 유형: 지역사회문제 해결형 ② 역할중심 유형: 민간 및 시민단체 간의 민민형(민민) ③ 구조중심 유형: 수평적 거버넌스 ④ 관계중심 유형: 높은 협력
추진 전략 특성	다기한 시민사회 참여 네트워크를 통한 비판과 참여를 통한 좋은 거버넌스의 창출
어떤 수단을 동원했는가?	수원천되살리기시민운동본부와 하천유역네트워크
갈등 요인과 해결방법	시장상인회, 시의회와 시민사회와 문화계의 민민갈등, 민관갈등을 여론캠페인, 토론회, 설문조사 등을 통한 설득과 정책교정과정을 구사
SDGs에 대한 기여	유엔 SDG 6번 물목표와 11번 지속가능한 도시와 공동체, 그리고 17번 목표인 파트너십에 기여
거버넌스 관점에서 성공 요인	① 거버넌스 참여자의 다양성, 네트워크 활성화, 정책협의 및 토론장의 마련 등 이익 및 갈등의 조정 기제 ② 일상적 거버넌스로의 하천유역네트워크 산출 ③ 행정의 자기교정과 거버넌스에 대한 적극적 지원
기타 성공요인	① 당시 심재덕 시장의 문화적 리더십과 협칙 노력 ② 자발적 시민사회의 문제해결을 위한 적극적 민민파트너십

수원시 행징 역시 당시 시장상인회와 시의회 그리고 시민사회난체들간의 민민갈등 속에서 시민사회가 만들어낸 정당성, 합리성에 의존하기 시작했다. 행정행위가 일정한 법적인 합리성과 여론의 합의라는

정당성을 확보하지 못하면 정책결정을 갖기 어려운 형국에서 문화재청의 복원 요구와 시민사회네트워크의 지속적인 공론의 장 개최, 여론조사에 기반한 언론의 지지는 행정의 선택을 가능하게 했다.

복개중단과 복원공청회를 거치며 중소하천유역네트워크는 수원천 복원뿐만 아니라 황구지천, 서호천, 원천리천의 유역별 거버넌스를 통해 해당 하천의 생태적 회복과 수질관리, 유역주민들의 하천환경에 대한 인식증진 교육, 환경정화 실천활동을 적극적으로 벌여나갔다. 따라서 동원형태였던 하천관리가 협치와 소통, 참여 중심으로 바뀌어나갔다.

한편 행정 일방적이던 하천관리가 유역시민단체의 감시와 모니터링으로 쌍방협의를 거치게 된다. 이러한 과정은 관료제의 불편이 된다. 행정의 실패를 교정하려는 건강한 시민사회의 간섭과 비판이 비효율을 낳던 관료제에 긴장을 불어넣고 일방적이던 정책에 시민의 관점과 아이디어가 적용되기 시작한다.

2012년 완공된 수원천복원은 도심형 하천임에도 불구하고 설계과정과 시공과정에서 인공미와 각종 장치물을 최대한 제거한 자연형 하천으로의 지향성을 강하게 반영하게 되었다. 이러한 과정에 강력한 정당성을 불어넣은 것은 수원하천유역네트워크라는 참여네트워크의 힘이 컸다.

수원천이 만들어낸 거버넌스는 2015년 '유엔 2030 지속가능발전목표'의 관점에서 보면 목표 6번 깨끗한 물과 위생 그리고 목표 11번 지속가능한 도시와 공동체에 기여하게 되었다. 특히 이것을 관통하는 17번 목표인 '파트너십'의 탄생과 강화를 가져왔다고 할 수 있다.

제도화와의 관련해서는 수원천복개 복원운동으로 시작된 수원의 물순환 도시로의 전환정책은 2000년대 중반부터 빗물 정책으로 확장된다. 수원시는 2009년 서울대학교 빗물연구센터와 MOU를 체결하면서 이를 가시화했다. 그 시발점은 2009년 발표한 「수원시 물순환 관리에 관한 조례」이다. 2011년 「수원시 물순환 관리 기본계획수립」, 2014년 「수원시 물 재이용 관리계획 수립」 등 물 순환 시스템을 통합적으로 관리하겠다는 의미로 확장된다.

최근의 수원시는 개발로 인해 변화하는 물 순환 상태를 자연 친화적인 기법을 활용해 최대한 개발 이전 상태를 유지하도록 물 순환 기본계획을 수립하고, 레인시티 사업을 단계별 추진하여 스마트 레인시티 인프라를 구축하려고 노력하고 있다.

V. 결론 및 연구과제

수원천 복개를 둘러싼 민민갈등, 민관 갈등 사례와 갈등을 둘러싼 해결방식 그리고 자발적 시민사회네트워크의 등장과 하천유역네트워크 민관거버넌스 출범으로 이어지는 수원천 물거버넌스 사례는 매우 드라마틱하고 성공적인 거버넌스 모델이다.

현재 수원의 하천유역네트워크는 네트워크의 대표와 운영위원회 그리고 하천별 조직과 참여단체를 유지하며 거버넌스를 작동시켜가고 있다.

1995년 이래 20년 이상을 지속가능한 환경을 만들기 위하여 다양한 주체들이 네트워크를 이루고, 행정과 함께 민·관 협치를 하고 있나는 점에서 큰 의미를 가진다 하겠다. 행정중심을 넘어 민, 관, 학, 기업 등 지역에 살고 있는 다양한 주체들이 함께하고 있고, 행정에서도 적극적으로 협조를 하고 있다. 수원시는 향후 통합물관리의 준비

단계, 실행까지 민관거버넌스를 통하여 함께 운영할 계획을 세우고 있고, 수원하천유역네트워크를 지원하고자 하는 적극적인 마음을 가지고 있다.

거버넌스는 인간의 집단행동을 이해하는데 중요한 인식 틀이 되고 있다. 특히 집단행동이 어떠한 요소들에 의해 작동되는지를 그리고 어떻게 진화하고 있는지를 분석하는 렌즈 기능을 하고 있다. 수원하천유역네트워크는 수원지역의 자발적 시민사회단체들과 전문가, 기업 등이 행정과 함께 참여하는 하천(물)거버넌스 시스템이다. 물이라는 지역의 천연자원을 어떻게 하면 지속할 수 있게 유지 관리 할 수 있을까를 함께 고민하는 거버넌스이다. 공유자원 즉 물과 하천, 호서를 기반으로 시민 네트워크가 잘 관리되고 있고 거버넌스의 질을 확보하고 있다. 이와 함께 물거버넌스의 구축과 행정의 적극적인 지원이 수원의 물거버넌스의 지속성을 유지하게 된다.

하지만 최근 이러한 수원시의 물거버넌스의 한계와 과제를 새롭게 평가하고 의미와 과제를 새롭게 해야 한다는 평가가 부상하고 있다. 왜냐하면 하천유역네트워크가 주로 하천이라는 공간과 호서라는 공간에 고민의 중심이 밀착되어 있고 수원의 물자립, 수원의 물순환이라는 보다 포괄적인 물거버넌스의 고민으로 대응력을 확보하지 못하고 있다는 평가 때문이다. 더구나 수원시의 인구 증가가 공간적 개발 압력을 확대하고 있어 하천을 중심으로 하는 생물 다양성의 커다란 압박을 가하고 있다.

조금 더 고민을 확장하자면 오산천수계, 안성천수계 등 수원외곽으로 수원의 환경오염이 전가되고 있어 전체 광역수계가 함께 대응하고 공동으로 고민하는 민민, 민관 거버넌스의 확장이 필요하다는 요구가 점증하고 있다. 이러한 지역권으로 확장과 연대가 새로운 거버넌스의 성장으로 요구되고 있는 것이다.

또한, 기후변화 대응을 둘러싼 도시인구증가와 물자립도를 둘러싼 도시용량초과논쟁, 광교상수원보호구역을 둘러싼 원주민들과 수원시민사회의 갈등, 행정과의 갈등이 점증하고 있으며, 도시개발을 둘러싼 하천변 생물다양성 보전과 개발론자들의 충돌이 확산되고 있다. 따라서 수원시의 하천(물)거버넌스가 도전받고 있고 새로운 과제에 대한 조정능력이 실험되고 있다. 특별히 광교상수원보호구역을 둘러싼 갈등조정과 새로운 거버넌스의 구축과 관련해서는 다른 사례에서 연구과제로 다루어보고자 한다.

참고문헌

1. 고문현 외. (2014). 물거버넌스. 도서출판 피어나.
2. 김준혁. (2019). 미스터토일렛 심재덕평전. 도서출판 아이콘.
3. 수원시. (2012). 수원시 물순환 관리에 관한 조례.
4. 수원시. (2018). 수원시 통합 물관리 기본 조례.
5. 수원환경운동센터. (2014). 수원환경운동 20년 이야기.
6. 안네 메테 키에르. 이유진 역. (2007). 거버넌스. 오름.
7. 엘리너 오스트롬. (2010). 《공유의 비극을 넘어: 공유자원관리를 위한 제도의 진화 Governing the Commons The Evolution of institution for collective Action》. 윤홍근·인도경 역. 랜덤하우스코리아.
8. 월드워치연구소. (2014). 지속가능성을 위한 거버넌스. <2014 지구환경보고서>. 나남.
9. 제리 유델슨. (2012). 기후변화에 대비한 도시의 물관리. 도서출판 씨아이알.

수원시 광교산 상수원보호구역과 갈등관리 거버넌스 사례

박종아(수원지속가능발전협의회)

박종아(수원지속가능발전협의회)

I. 공유자원을 둘러싼 갈등: 광교상수원보호구역

수원시민들은 광교산을 수원시의 허파라고 생각한다. 그만큼 수원
에 유일하게 남은 산이고 숲이며 물의 근원지라는 생각을 하는 것이
다. 수원천이 시작하는 광교산은 1971년 상수원보호구역으로 지정되
었다. 광교산에는 상광교와 하광교를 포함하는 저수지가 존재하고 이
를 비상취수원으로 하는 정수장이 존재한다. 1971년 12월 29일에는
도시의 무질서한 확산을 방지하기 위해 국가가 여기에 '개발제한구역
(그린벨트)'을 또한 설정하였다. 이러한 국가에 의한 두 가지 중첩규제
는 이 구역에 있는 주민들과 농업 및 상업을 유지하고 있는 주민들의
불편과 개발권한 행사의 제약을 하였다.

한편 126만 인구수를 자랑하는 수원시의 상수원공급은 팔당호로
부터 유입되는 광역상수도망을 이용하고 있고 정확히 수원시에 위치
하고 있는 광교취수장과 파장취수장은 비상취수원으로만 이용되고 있
다. 이러한 이유로 광교주민들은 광역상수도망을 이용하는 수원시는
광교상수원은 필요 없다며 상수원보호구역을 해제하라고 지속적으로

요구해왔다. 하지만 환경단체를 비롯하여 수원지역의 시민사회는 이러한 요구를 반대했다. 기후변화의 영향인지 한반도가 갈수록 주기적인 흉년과 물 부족을 반복해왔고 충남이나 기타지방의 상수원보호구역해제에 따른 취수장 폐쇄는 최근 물 부족에 대한 대응력을 저하시켜 심각한 상수원공급의 장애를 일으킨 것이 사실이다. 이러한 이유로 도시 자체 취수원을 절대적으로 보호해야 하며 특히 광교는 상수원보호만이 아니라 도시숲의 기능에 따른 온도조절, 생물다양성, 시민의 삶의 질 유지라는 보존의 가치에서 양보할 수 없는 지역이라는 것이 시민사회의 입장이었다.

이러한 이유로 양측의 갈등은 민민, 민관의 갈등으로 주기적으로 나타났고 2014년 감사원 감사 결과로 갈등이 가속화되었다. 수원시는 이러한 갈등조정을 위해 좋은시정위원회와 행정의 자체적인 노력을 시도해 보았지만 실패하고 드디어 민관－민민공동의 갈등조정을 위한 '광교산 상생협의회'를 출범시킨다. '광교산 상생협의회'는 제도분과와 주민지원분과를 중심으로 조직을 운영하며 주민의 요구를 객관화하고 제도적인 조건과 현장에서 필요한 다양한 의견을 청취하였다. 또한, 시민대표단을 꾸려 수차례 워크숍을 진행하였고 일반 수원시민과 광교주민 그리고 전문가와 시민단체의 의견을 수렴하는 과정을 조직했다. 결과적으로 이러한 '광교산 상생협의회'의 합의는 중앙정부 즉 환경부의 승인을 거쳐 성공적인 결과를 도출하게 되었다.

이러한 결과에 다양한 해석이 가능하다. 광교주민 입장이든 시민단체의 합의를 평가하는 입장이든 부정적인 합의, 타협이라는 평가와 해석이 가능하다는 것이다. 광교산 상생협의회의 합의안이 주는 평가와 해석을 넘어 시민사회는 상수원보호구역 해제를 방지하였고 비상취수원을 지켜냈다. 더불어 광교주민은 일부 대지에 대한 규제를 풀

수 있게 되었다. 또한, 광교산 보호를 위한 상시적인 민민 – 민관거버
넌스 조례를 제정하려고 시도하고 있으며 이러한 경우 산과 물에 대한
공유자원을 항구적으로 보존하기 위한 거버넌스가 운영되어 공유자원
을 둘러싼 문제에 대해 대응력 있는 유지관리장치가 마련되게 된다.

　이 글은 광교상수원보호구역을 둘러싼 민관갈등, 민민갈등의 현황
을 살펴보고 수원시민들이 이러한 갈등을 해결하고 풀어가는 갈등거
버넌스의 과정을 살펴보고자 한다. 특히 자발적 시민사회의 대응과정
이 지역의 공유자원관리의 어떠한 공익적 관점을 유지하고 보호할 수
있는지 그 의미와 현실적 영향력을 분석하고자 한다.

II. 광교상수원보호구역의 현황과 규제의 특성

1. 기본 현황과 생태환경

　수원시의 상수원보호구역은 광교보호구역과 파장보호구역으로 2
개 지역이 있으며 총 면적은 11.856㎢를 차지하고 있다. 그리고 수원
시는 광교 및 파장저수지를 비상취수원으로 이용하고 있고 취수지점
의 상류부를 상수원보호구역으로 지정하여 관리하고 있다.

　수원시 북서부 장안구의 상하광교동에 위치하고 있는 광교상수원
보호구역 면적은 10.277㎢이다. 광교상수원보호구역은 상광교동과 하
광교동 2개의 법정동이 있으며 토지이용은 임야가 82.3%이고 전답인
농경지가 10.6% 그리고 대지가 0.7%를 차지하고 있다. 광교상수원보
호구역은 용도지역으로 '국토의 계획 및 이용에 관한 법률'에 의거 도
시지역 – 녹지지역 – 자연녹지지역으로 구분하여 지정되어 있으며 대
상 지역 전체가 '개발제한구역의 지정 및 관리에 관한 법률'에 의거

개발제한구역과 수도법에 의한 상수원보호구역으로 지정되어 있다.

사진 5-1 수원시 상수원보호구역 현황

자료: 수원시, 2018, 「광교상수원보호구역 제도개선 및 주민지원방안 수립」.

또한 '산지관리법'에 따라 공익용 산지가 상수원보호구역 전체 면
적에서 약 83.4%를 차지하고 있으며 '가축분뇨의 관리 및 이용에 관
한 법률'에 따른 가축사육제한구역으로 지정되어 있다.

표 5-1 광교상수원보호구역 법정동별 지목 현황(단위: ㎢)

구 분	전	답	임 야	대 지	기 타	합 계(㎢)	비 고
지적면적(㎢)	0.647	0.438	8.401	0.072	0.719	10.277	
상광교동	0.406	0.192	4.892	0.039	0.294	5.823	
하광교동	0.241	0.246	3.509	0.033	0.425	4.454	
면적률(%)	6.1	4.5	82.3	0.7	6.4	100	

자료: 수원시, 2018, 「광교상수원보호구역 제도개선 및 주민지원방안 수립」.

토지소유 현황은 전체면적 중 국유지가 13.76%이고 시·도유지가
8.57%이고 군유지가 10.29% 그리고 사유지가 67.39%로 가장 비율이
높다.

표 5-2 광교상수원보호구역 토지소유 현황

구 분		개 인	국유지	외국인 공공 기관	시·도 유지	군유지	법 인	종 중	종교 단체	계
상 광 교 동	면 적	3,157,936	442,815	799	875,511	652,030	488,219	208,424	747	5,826,481
	필지 수	752	132	4	11	92	15	14	3	1023
	비 율	54.20	7.60	0.01	15.03	11.19	8.38	3.58	0.01	100
하 광 교 동	면 적	1,908,985	971,216		5,137	405,743	734,049	427,389		4,452,519
	필지 수	700	249		3	138	36	47		1,173
	비 율	42.87	21.81	0.00	0.12	9.11	16.49	9.60	0.00	100
총 계	면 적	5,066,921	1,414,031	799	880,648	1,057,773	1,222,268	635,813	747	10,279,000
	필지 수	1,452	381	4	14	230	51	61	3	2196
	비 율	49.29	13.76	0.01	8.57	10.29	11.89	6.19	0.01	100

자료: 수원시, 2018, 「광교상수원보호구역 제도개선 및 주민지원방안 수립」.

광교상수원보호구역 내 일부 지역을 2014년 4월 환경정비구역으로 설정하였다. 상수원보호구역 내 자연부락으로서 하수도의 정비와 하수처리시설의 설치가 쉬운 보호구역의 일정한 지역에 환경정비구역으로 지정하면 상수원보호구역 관리규칙 제15조 즉 행위제한의 완화라는 법적 근거에 의하여 제한적인 수준에서 행위규제가 완화된다. 따라서 2014년 이후 원거주민과 거주 지역 주민을 대상으로 기존 생활기반시설의 건축 및 설치 그리고 기타 건축물이나 공작물의 신축, 증축 또는 용도변경이 가능해졌으며 원거주민을 대상으로 휴게음식점이나 일반음식점의 증축, 용도변경이 가능해지게 되었다. 광교상수원보호구역 면적의 약 1%에 해당하는 0.107㎢가 환경정비구역으로 지정된 것이다.

그림 5-1 수원시 생태자연도 현황

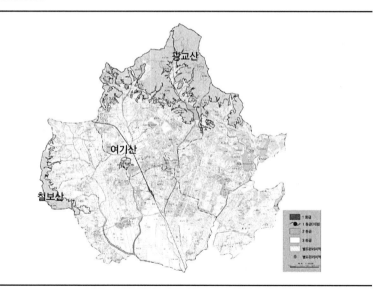

자료: 수원시(2016), 「수원시 환경보전계획(2016~2025)」.

생태적 가치, 자연성, 경관적 가치 등을 조사하여 이를 등급화한 생태자연도는 보전가치가 높은 지역을 판단하는데 유용하게 활용할 수 있어 자주 이용된다. 광교산의 대부분은 훼손 최소화를 나타내는 국토의 생태적 가치평가 2등급 지역으로 분류되어 매우 우수한 생태환경지역으로 보전 필요성이 제기되는 평가지역이다. 또한, 국토환경성평가는 보전가치가 높은 토지를 우선적으로 확보하는 것이 목적인 평가개념인데 광교산의 경우 대부분 1등급으로 나타났고 최우선 보전지역으로 원칙적으로는 일체의 개발을 불허하고 환경생태적으로 보전하는 것을 핵심으로 하는 녹지거점지역으로 영속적으로 환경보전을 할 지역으로 판정되어 있다.

이뿐만 아니라 광교산은 식물식생과 동물상이 다양한 우수한 생태기반 환경을 갖고 있는 것으로 나타났다. 2009년 '수원시 환경보전계획'에 의하면 낙엽활엽수림대(온대)의 중심부에 위치하고 있고 식물종 총 98과 301속 455종이 있고 국화과가 54종으로 가장 많고 화본과 40종류, 장미과 32종, 콩과 22종, 백합과 19종, 마디풀과 17종류순으로 보고되고 있다.

'수원시 환경보전 계획' 2016~2025에 의하면 환경부 지정 멸종위기 포유류 2종의 서식이 확인되었으며 멸종위기 1급의 수달이 광교저수지에 서식하고 있음이 확인되었다. 멸종위기 2급 삵의 서식 흔적도 확인되었다. 조류 46종 446개체가 확인되었고 양서파충류의 경우 양서류 2목 5과 9종, 파충류의 경우 2목 4과 7종이 발견되었다. 이처럼 비오톱 보전등급이 광교산 전체의 90.6%에 해당하고 있다.

그림 5-2 수원시 국토환경성평가도

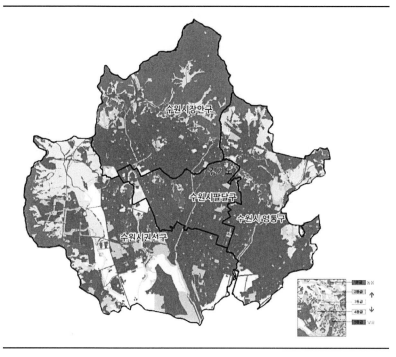

자료: 수원시, 2016, 「수원시 환경보전계획(2016~2025)」.

2. 규제와 특성: 규제와 보존의 갈등

1971년 6월 10일 정부는 수원시장을 지정권자로 광교저수지 수계를 중심으로 수원시 장안구 하광교동 일대 광교산을 상수원보호구역으로 지정하였다. 문제는 보호구역 지정 이전부터 자연발생적인 부락이 산재되어 있었다는 것이다. 이 부락의 일부는 가축을 사육하고 있어 상수원의 수질관리를 어렵게 하고 있어 하수관거 정비 등으로 오염원관리를 진행하고 있다.

표 5-3 수원시 상수원보호구역 현황

구 분	광교보호구역	파장보호구역
지정권자	수원시장	수원시장
지정년도	1971년 06월 10일	1981년 06월 26일
지정면적	10.277㎢	1.577㎢
관 리 청	수원시	수원시
위 치	수원시 장안구 하광교동	수원시 장안구 파장동
수 계	광교저수지	파장저수지
취수장 시설용량	50,000㎥/일	50,000㎥/일
취수량(2010년 기준)	12,491㎥/일	3,560㎥/일
취수장 가동일수	237일	91일
정수장	광교정수장	파장정수장

자료: 수원시, 2012, 「환경정비계획 수립 보고서」.

1971년 12월 29일에는 광교산 인근과 칠보산 주변 그리고 영통구 이의동 지역 등 33.21㎢ 즉 수원시 전체면적의 27.4%를 개발제한구역(그린벨트)으로 지정하였다. 여기서 광교상수원보호 관련 개발제한 구역은 10.46㎢을 차지한다. 또한, 2014년에는 광교상수원보호구역 면적의 약 1%인 0.107㎢가 환경정비구역으로 승인이 되었다.

표 5-4 상수원보호구역 및 환경정비구역 규제 비교

구 분		상수원보호구역	환경정비구역
주택	신·증축	· 신축: 지목이 '대'인 토지에 한해 가능 · 증축: 기존포함 신축면적과 동일, 개·제축 및 증축범위에서 가능 · 원거주민, 6개월 이상 거주민: 연면적 100㎡ 이하와 66㎡ 이하 부속 건축물	· 원거주민, 6개월 이상 거주민: 연면적 200㎡ 이하와 66㎡ 이하 부속건축물 신축과 기존포함 증축

		· 원거주민 혼인분가: 연면적 132㎡ 이하와 66㎡ 이하 부속건물, 지하층 없을시 154㎡ 이하	· 부모와 동거하는 혼인자녀: 연면적 300㎡ 이하 주택 및 부속건축물 증축 · 건폐율 60% 이하, 용적률 300% 이하
기존 건축 물	신· 증축 및 용도 변경	· 용도변경 – 공장, 숙박시설, 일반음식점 → 오염발생이 종전보다 낮은 시설 – 축사, 잠실 → 농산물창고 – 기존주택 연면적 50% 이내 → 이·미용원, 약국, 정육점, 노유자시설 또는 방앗간 – 가 → 나 → 다 로의 용도변경 가. 휴게음식점, 종교집회장, 독서실, 노래연습장 나. 슈퍼마켓, 일용품소매점, 이용원, 미용원, 탁구장, 당구장, 체육도장, 기원, 사무소, 금융업소, 유치원, 경로당, 표구점, 장의사 다. 마을회관, 경로당, 마을공동구판장, 창고(액체물질을 저장하는 창고는 제외), 대피소, 주차장	· 신·증축 및 기존 공장·주택의 용도변경 – 일용품소매점(식품, 잡화, 의류 완구, 서적, 건축자재, 의약품류 등) 연면적 200㎡ 이하 – 목욕장시설(지역주민시설로 한정) – 종교집회장 – 이·미용원, 탁구장, 체육도장, 기원, 사무소, 사진관, 표구점, 독서실, 장의사, 당구장, 마을회관, 창고 200㎡ 이하 · 증축 및 용도변경 – 휴게 및 일반음식점 100㎡ 이하(원거주민 한정, <u>총 호수의 20%</u>)
음식점		· 신규 휴게 및 일반음식점 입지불가	· 휴게 및 일반음식점 증축 및 용도변경 가능 · 인접 토지 주차장(300㎡ 이하) 활용불가
종교 집회장		· 기존면적 포함 연면적 300㎡ 이하(기도원 제외)	· 신·증축 가능(기도원 제외)

자료: 수원시, 2018, 「광교상수원보호구역 제도개선 및 주민지원방안 수립」.

광교상수원보호구역에 살고 있는 주민들은 상수원보호구역과 개

발제한구역의 2중 중첩규제를 받고 살고 있다. 이처럼 이러한 규제에
도 불구하고 이전부터 자연부락을 이루고 1971년 이전부터 원주민들
이 살고 있었으며 224세대 621명이 거주, 150개의 단독주택과 음식
점은 30여 개로 확인되고 있다. 더불어 광교산은 수원시민의 삶의 질
일부를 유지하는 공급처 기능을 하고 있다. 숲을 통해 휴식과 마음의
힐링을 제공하고 수많은 수원시민이 35코스의 등산로를 이용하고 있
다. 이처럼 광교산은 수원천의 시원지이자 물과 공기 그리고 녹색환
경을 제공하고 있는 귀중한 허파와 같은 역할을 수원시민에게 제공하
고 있다. 따라서 수원시민들의 광교산 보전욕구 역시 강하게 존재하
고 있다.

Ⅲ. 광교상수원보호구역을 둘러싼 갈등과 쟁점

1. 갈등

2014년 광교상수원과 정수장에 대한 감사원[24]의 지적사항이 공개
되자 광교산주민들은 2015년 4월 20일 상수원보호구역 해제 관련 탄
원서를 제출하고 9월 23일부터는 상수원보호구역 해제를 위한 광교
주민 집회를 한다. 즉 광교정수장의 폐쇄와 광교상수원보호구역의 해

---

24 감사원은 2014년 11월 광교정수장 고도정수처리시설 도입의 부적정에 대해 지
적하고 광역정수를 공급하고 있는 성남 및 수지정수장의 2012년 가동율은 67.6%
정도로 공급능력 대비 약 55만톤의 하루 여유량이 있어 광역 정수를 받는 것이 운
영비가 적게 소요된다고 적시한다. 광교정수장은 2013년 기준 광역원수 3.6만톤
/하루와 광교저수지 취수량 0.3만톤/하루를 정수하고 있어 비상시 대체 수원기능
이 미미하다고 지적한다. 따라서 노후화된 광교정수장을 폐쇄하고 광역정수를
수수하고 광교저수지의 물은 하천용수로 활용할 것을 권고한다.

제를 요구하는 주민들의 요구와 시청 앞 집회가 본격화되었다. 이후 수원시청은 2016년 8월 비상취수원을 광교정수장에서 파장정수장으로 변경하는 내용을 담아 "수원시 수도정비기본계획 변경안"을 경기도와 환경부에 제출하였다. 이를 확인한 시민사회단체들은 변경안 철회를 강력히 요구하며 기자회견과 이를 반대하는 대책위원회 구성을 예고하였다. 이에 수원시청은 환경부에 변경안 진행 유보를 요청하였다. 이후 수원시의 최고 행정위원회인 '좋은시정위원회[25]'가 갈등조정을 자청하며 나섰고 사회적 합의를 이끌기 위해 노력한다. 즉 2016년 8월 11일부터 9월 29일까지 시의회, 좋은시정위원회, 시민단체에 대한 설명회를 개최한다. 하지만 좋은시정위원회는 간담회 개최, 전문가 토론회 등 쌍방에 대한 협의테이블 요청 등을 하며 합의를 위한 테이블조성을 노력하였으나 실패하였고 2017년 3월 22일 좋은시정위원회는 전체회의를 통해 수도정비기본계획 변경안을 계획대로 추진할 것을 권고한다. 이러하자 시민사회는 격렬히 반대입장을 표명하고 좋은시정위원회의 거버넌스테이블을 전면 거부한다.

수원시가 제출한 '수원시 수도정비기본계획 변경안'에 대해서 환경부는 2017년 4월 17일 공문을 통해 "지방정수장의 효율적 운영 방안과 비상취수원 기능유지를 위한 수질관리계획, 상수원보호구역 내 주민 민원 해소방안 등 전반적인 사항에 대해 수원시민과 시민단체, 광교 지역주민과 충분한 논의를 거친 뒤 그 결과를 바탕으로 수도정비기본계획 변경안을 재작성하여 제출하라"라고 결정한다.

---

25 수원시 좋은시정위원회는 민선5기 출범과 함께 시장의 공약사항을 평가하고 이행여부를 점검하는 시민참여 거버넌스형태의 행정위원회로 출범하였다. 따라서 좋은시정위원회는 수원시의 전반에 대한 평가와 의제를 다루고 있으며 광교상수원보호구역 문제가 갈등으로 치닫자 최고의 거버넌스 기구인 좋은시정위원회가 갈등조정기구로 나섰다.

2. 쟁점

광교상수원보호구역을 둘러싼 쟁점은 '수원시 수도정비기본계획 변경안'에 담겨있는 비상취수원을 광교정수장에서 파장정수장으로 변경하는 내용이었다. 광교주민들은 이를 통해 상수원보호구역을 해제하는 지름길이라고 보았고 이를 환영하였으며 이를 통해 환경부를 설득하여 상수원보호구역 해제라는 목표를 이루려고 하였다. 그러나 시민단체들은 비상취수원의 변경은 광교산보전의 핵심인 상수원보호구역을 해제시켜 결국 칠보산의 당수동 지역 그린벨트해제와 같은 개발제한구역 해제를 터주는 역할을 해줄 것으로 여겼다. 따라서 시민사회는 비상취수원으로서의 광교정수장 변경을 용인할 수 없었으며 인정할 수 없는 변경안이라고 강력 반발하였다. 비상취수원을 어디로할 것인가의 논쟁은 결국 좋은시정위원회가 수원시에 원안을 그대로 환경부에 제출할 것을 권고하여 시민사회의 반발과 불신을 불러일으켰다. 해결은 환경부가 이루어냈다. 환경부는 2017년 4월 시민사회와재합의하여 제출할 것을 요청하였다. 따라서 수원시와 광교산주민들은 시민사회단체와의 합의를 만들 수밖에 없는 입장으로 갈 수밖에 없었다. 환경부로서도 수원의 광교산 상수원보호구역 해제는 전국적인 규제 완화의 근거로 작동하여 절차적인 합의가 없는 해제는 결정내리기 어려운 상황이었다.

Ⅳ. 갈등해결 거버넌스: 좋은시정위원회와 광교산 상생협의회

1. 좋은시정위원회의 갈등해결 시도와 진통

2016년 11월 16일 광교 비상취수원 변경 관련하여 좋은시정위원회는 TF구성과 회의를 진행하였다. 이후 전체 회의와 분과별 회의, 그리고 양측 입장 발표회를 표명하는 절차를 가졌으나 합의를 이루지 못했고 광교상수원보호구역 해제 문제에 대해서는 범시시민적 대화기구를 통해 충분히 논의할 것을 권고하였다. 또한, 수도정비기본계획 변경안이 장기간 보류될 경우 시의 다른 계획과 사업에 지장을 초래할 수 있는 점을 고려하여 "변경안"을 계획대로 추진할 것을 권고하였다. 그러나 이후 환경부는 시민단체 등과 충분한 논의를 거친 뒤 재작성할 것을 변경안에 대하여 요구하였다. 이리하여 수원시는 광교산 상생협의회를 구성하여 대안을 모색하는 것으로 방향을 수정한다.

2. 광교산 상생협의회의 탄생과 갈등해결과정

1) 구성과 운영

사진 5-2 2018년 1월 10일(수) 상생협의회 제7차 전체회의 모습

출처: 수원시청 제공.

2017년 7월 28일 광교산 상생협의회가 출범한다. 이러한 광교산 상생협의회의 출범은 "광교상수원보호구역 해제반대 범시민대책위원회(이후 범대위)"가 상수원보호구역 해제반대운동을 하면서 1인 시위 등을 통해 광교상수원문제를 위한 범사회적 합의기구를 구성할 것을 요구하면서 진행되었다. 광교산 상생협의회는 광교주민과 환경시민단체뿐만 아니라 전문가와 민관협력 거버넌스 기구, 시의회의 참여를 기본 구성으로 진행되었다. 2017년 6월 30일 범대위와 광교주민, 수원시가 사회적 논의기구를 위한 조건을 조정하기 위해 사전모임을 가졌다. 이리하여 광교산 상생협의회가 구성된다. 광교산 상생협의회의 구성은 다음과 같다.

표 5-5 광교산 상생협의회 구성과 참여자 명단

- 공동위원장:
  - 이한규 수원시 제1부시장, 이재웅 아주대학교 교수
- 광교산 주민대표협의회:
  - 이문형, 윤주호, 한기양
- 광교상수원보호구역 해제반대 범시민대책위원회:
  - 수산스님(수원지속가능발전협의회 공동회장)
  - 윤은상(수원환경운동연합 사무국장)
  - 서주애(수원여성회 사무국장)
- 관련 전문가:
  - 김선희(국토연구원 책임연구위원)
  - 송미영(경기연구원 책임연구위원)
  - 강은하(수원시정연구원 연구위원)
  - 최석환(수원시정연구원 연구위원)
- 수원시 공무원
  - 환경정책과장, 맑은물공급과장, 도시계획과장
- 수원시의회
  - 홍종수 의원, 한규흠 의원

　광교산 상생협의회는 행정과 민간 2인의 공동위원장을 중심으로 행정, 전문가, 시의원, 거버넌스, 광교주민, 범대위 시민단체 등이 참여하여 제도개선분과와 주민지원분과로 나누어 분과체계로 운영하였다. 또한 전체회의를 통해 분과위원회에서 논의안 내용을 공유하고 논의하여 합의하는 방식으로 진행된다. 전체회의는 매월 2회 분과회의도 매월 2회 개최하는 등 분과별 협의안을 전체회의에서 합의제에 의해서 의결하는 절차를 갖게 했다.

그림 5-3 상생협의회 구성체계

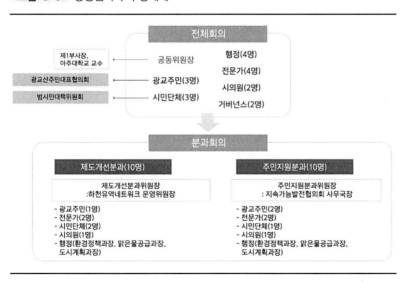

자료: 수원시, 2018, 「광교상수원보호구역 제도개선 및 주민지원방안 수립」

2) 갈등 해결과정

상생협의회 출범 후 초기에는 광교주민과 범대위는 광교상수원보호구역의 해제를 둘러싸고 첨예한 갈등을 빚었다. 그러나 지속적인 회의를 거치면서 합의를 위한 접근을 진행하게 된다. 광교산 상생협의회는 약 7개월간 회의 등을 거친 해결과정을 갖는다.

2018년 2월 상생협의회가 협약식을 갖기까지 총 26회의 회의를 갖는데, 전체회의 9회, 분과회의 8회, 실무회의 1회 등을 갖게 된다. 제도개선분과의 역할과 기능은 법제도적 규제 현황 분석과 공공시설 및 이용객 현황분석에 대한 논의를 진행하였다. 주민지원분과는 타 지자체 주민지원조례현황 및 주민실태조사 설문조사 등을 거쳐 주민지원방안을 마련하는 것이었다. 이러한 결과 광교주민측과 범대위는 광교상수원보호구역의 일부를 해제하는 것에 동의하고 이에 대한 보완책을 마련하는 것에 동의하면서 협약서를 만들게 된다.

그림 5-4 상생협의회 진행과정

자료: 수원시, 2018, 「광교상수원보호구역 제도개선 및 주민지원방안 수립」.

V. 제도 및 주민지원방안

1. 주민지원방안

2017년 7월 17일 광교주민들은 다음과 같은 단기과제 12개와 장기과제 6개에 대한 주민 요구사항을 제시한다.

표 5-6 광교주민들의 요구사항

<table>
<tr><td colspan="1" align="center">단기과제(12개)</td></tr>
<tr><td>
• 팔당수준 규제 완화
• 보호구역내 수원시 공익적 다수 이용시설 주민운영(수익사업)
• 기존 축사농가 GB 수준 양성화
• 기존 건축물 양성화
• 주말농장 허용: 보호구역내 농업인(1인 소유의 연접 토지 6,000㎡ 이상, 15년 이상 자경 농업인)
• 식당 등 인허가 5년 이상 거주 제한 완화(임대허용 및 근린시설 용도변경 후 양도 시도 유지)
• 원주민 또는 농업인(1인 소유의 연접 토지 6,000㎡ 이상, 15년 자경 이상 농업인) 농산물 가공시설 설치 및 가공판매 허용
• 보호구역 내 공익적 개발행위 주민협의회와 협의 후 시행
• 금회 수도정비기본계획변경(안) 상정 시 주민과 시민단체 공유
• 파장과 광교 비상취수원은 별도 개념이 아닌 연동 개념으로 광교 존치 시 파장은 해제할 수 없음
• 팔당 및 타 지자체 수준 이상의 주민지원 사업 확대(에너지 등)
• 팔당 수준의 규제완화가 현실적으로 어려우므로 수면만 보호구역 지정하는 방안검토 필요
</td></tr>
<tr><td colspan="1" align="center">장기과제(6개)</td></tr>
<tr><td>
• GB장벽에 따른 기존 거주지 규제완화 확대
• 공익적 다수이용시설의 원주민 수익사업 창출
• 시가지로의 출구도로 확보 및 주도로 확장
• 영동도로와 민자도로의 소음방지 및 비산먼지 방지형 돔형 하늘공원 조성
• 광교산 절단개소 야생동물 이동통로 확보
• 도로와 농지의 비점오염저감 시설 신설 및 정비
</td></tr>
</table>

또한 2017년 8월 7일에는 '광교산주민대표협의회'는 다음과 같은 요구과제를 제시한다.

표 5-7 광교산주민대표협의회 요구과제

구 분	내 용
제도개선분과	· 광교산 인구유입 실태조사 및 유입차단과 편익시설 폐쇄 · 거주지 규제 전면해제
주민지원분과	· 비상취수원 확보 및 환경보전 관련 주민보상금 조례 제정 · 광교산 편익시설 주민운영 방안확립(수익창출)

자료: 수원시, 2018, 「광교상수원보호구역 제도개선 및 주민지원방안 수립」.

이에 따라 광교산 상생협의회는 2017년 11월 13일부터 12월 5일까지 주민실태조사를 실시한다. 목표 표본은 전체 모집단 162가구의 80% 수준인 130가구였다. 설문조사 결과는 광교주민들은 건축물의 신축/증축/이전/용도변경에 대한 재산권 규제에 대해 관해 가장 불편을 겪고 있다고 응답하였으며 토지 형질 변경 허가를 받아야 하는 것과 농업 행위를 규제하는 것 등에 관한 불편 역시 문제를 제기하고 있었다. 결론적으로 상수원보호구역이라는 이유로 광교산의 건축물을 엄격하게 규제받고 있으며 동시에 광교산을 찾아오는 관광객들로 인한 피해를 겪고 있어 지속적으로 이 지역에 살기에는 부당한 생활불편을 겪고 있는 것으로 분석되었다.

표 5-8 주민실태조사 결과 정리안

- 1순위: 건축물에 대한 규제완화(면적, 용도 등) 방안
- 2순위: 농축산물 가공업 등 생계유지를 위한 소득창출 방안, 일자리 창출 방안
- 3순위: 광교산 방문객으로 인한 피해 최소화(교통대책 마련 및 기반시설 구축)
- 4순위: 노후주택에 대한 녹색건축물 지원(태양광 설치, 단열 시공 등) 등

광교주민들에 대한 설문조사와 더불어 일반 수원시민들의 의견을 수렴하기 위한 상생토론회를 시민논객 46명이 참여한 가운데 1차와 2차로 나누어 두 번에 걸쳐 진행하였다. 오픈스페이스라는 개방형 토론방법을 적용하였으며 자연환경보전과 주민지원방안, 규제개선 및 제도개선의 3개 방으로 구성하여 토론을 진행하였다. 또한, 각방에서 가장 높은 점수와 차점을 얻은 점수를 방안으로 액션플랜토론을 진행하였는데 총 6개의 주제가 선정되었다.

표 5-9 상생토론회의 주민지원 방안

구 분	토론 내용
차량 통제 관련	· 광교산 주말과 공휴일에 이용료 징수: 사전에 시민들에게 충분한 홍보 · 주말차량2부제 & 통행료 징수 → 지역주민을 위한 기금으로 사용 · 입장료 수익금으로 주민 지원 · 광교산 입구부터 친환경 셔틀버스 이용 또는 13번 버스를 무료 이용 → 　자동차 이용 자제 · 광교산 입구 차단기 설치, 걸어서 이용할 수 있게, 로컬푸드 및 시설 이 　용하도록 → 지역주민 수익창출, 환경보호 · 차량출입 규제는 필요하나, 끝번호 통제 필요. 등산객 통제는 안했으면 　좋겠음 · 하이패스처럼 마운틴패스를 설치하여 입구에 지나가면 자동으로 패스 　하도록, · 수원시민에게는 이용권 구매, 타지인에게는 일회용 사용권, 수익금은 　광교원주민에게 돌아가도록 → 일자리 창출, 재정에 도움 · 상생을 위한 수원시민의 의무로 마운틴 패스 설치
주민 수익 창출 관련	· 광교산 테마공원 조성 → 숲해설가, 생태지킴이 등 광교주민의 일자리 　창출(스스로 환경지킴이 역할) · 테마공원 운영으로 지역주민, 자녀들의 일자리 창출 및 수익개선 · 광교산 자원 활용하여 수익 창출, 지역주민들이 환경지킴이 역할, 활동비 지원 · 광교산 생태환경을 이용한 생태체험프로그램: 논, 밭 이용, 곤충 체험 　등, 아이들, 수원시민이 누릴 수 있는 체험활동 운영, 행정기관 지원을 　통해 운영

	· 국립공원 지정 → 자연체험학습관을 통해 일자리 창출, 견학공간 마련
	· 광교산 논을 이용한 겨울 썰매장 운영 → 주민들 수익 창출
	· 눈썰매장 개설 → 수익과 일자리 창출
	· 광교산 저수지 벚꽃축제, 수질에 해가 되지 않는 선에서 다양한 품목 판매
	· 봄나물, 기념품, 호떡 등의 먹거리 판매 지원
	· 카페, 편의점, 과일가게 허용
	· 한 곳으로 집결하여 로컬푸드나 먹거리장터 설치
기 타	· 개인사용 대지면적 30% 이상 늘려주기
	· 수원시 어플 개발: 광교산 10m당 1원 적립으로 모금활동
	· 원주민 병원비 지원을 시에서 일부 부담

자료: 수원시, 2018, 「광교상수원보호구역 제도개선 및 주민지원방안 수립」.

이러한 주민지원방안들이 제안되었으며 지원방안들이 현실화되기 위해서는 '광교지역 주민을 위한 특별 지원조례'를 제정할 것이 논의 되었다. 주민소득사업, 주민복지 사업, 주택개량 자금지원, 전기료 등 지원, 고용창출 사업 등 현실적인 주민지원방안을 위한 주민지원조례 안을 추진하기로 하였다.

사진 5-3 상생토론회 시민논객 현안 질문

출처: 수원시청 제공.

2. 제도적 접근

수차례의 회의를 거쳐 논의되어진 제도개선안의 주요 내용은 다음과 같다.

첫째, 환경정비구역 0.107㎢(전체면적의 약 1%)에 대한 상수원보호구역 해제를 건의하기로 하였다. 광교상수원보호구역 중에 환경정비구역으로 지정되어 오염원의 대부분이 공공하수처리장으로 유입되고 있는 지역에 한해 해제를 건의하기로 한 것이다.

둘째는 비상취수원을 유지하기로 하고 수질관리 방안을 마련하여 지속가능한 광교산을 위한 상생협력방안을 도출하기로 하였다. 환경정비구역의 일부를 해제하기로 하는 대신 비상취수원을 유지하기로 하고 3급수 이상의 수질관리방안을 마련하며 해제지역의 자연생태 보전방안, 불법행위 근절 방안 및 주민들의 자발적으로 참여하여 불법시설물 및 불법 식당 등을 자정해 나가기로 하였다. 그리고 광교산 주변 교통대책도 함께 마련하기로 하였다.

셋째는 장기적인 측면에서 '녹색진흥구역(가칭)'으로 자연환경 보전 및 주민일자리와 삶의 질 향상 방안을 도모하기로 하였다. 예를 들어 물 순환 마을, 생태체험마을 등과 같은 자연생태체험공간을 조성하고 시민들의 여가와 문화 공간, 주민들의 일자리와 경제활성화를 동시에 추구할 수 있는 모델을 추진하기로 하였다.

3. '광교산 상생협의회' 협약안 체결

2018년 2월 21일 광교산 상생협의회는 기간의 상생협의회의 회의를 거쳐 최종 결론에 도달하고 합의(협약식)에 이른다. 협약서는 크게 기본원칙과 목표에 대한 합의, 세부내용에 대한 합의로 나눠져 있다.

기본원칙과 목표는 첫째, 지역주민을 위한 합리적인 규제완화와 지원 방안을 모색하고 둘째, 광교저수지의 비상취수원으로서 기능을 확보 하며 셋째는 상생협의회를 지속가능하게 운영하며 넷째, 상생협의회 에서 합의된 사항에 대하여 지역주민, 시민사회, 일반 시민들에게 공 론화하여 의견수렴을 지속하기로 한다.

사진 5-4 광교산 상생협의회 협약식 모습

출처: 수원시청 제공.

세부내용으로는 첫째, 규제완화방안으로 1971년에 지정된 광교상 수원보호구역 중 2014년에 지정된 환경정비구역으로 오염원이 대부 분 공공하수처리장으로 유입되고 있는 지역에 한해 상수원보호구역을 부분해제하고 이를 위해 환경부와 협의하며 수질생태환경 보전을 위 해 노력한다. 둘째, 주민시원방안으로 주민들이 실질적으로 필요한 지원방안은 상생협의회를 통해 함께 마련해야 한다. 또한, 이를 위해 조례를 제정하여 근거를 마련한다. 셋째, 수질오염 개선 및 관리를 위해 다양한 개선방안을 모색하고 이를 이룰 수 있는 예산을 별도로 마련한다. 지역주민과 시민사회는 상수원 수질관리를 공동으로 지속적인 모니터링을 실시해야 한다. 넷째 산림훼손 등 자연생태환경을 보전하기 위한 방안을 마련한다. 다섯째, 불법행위 근절 방안을 마련한다. 규제완화가 이루어질 경우 개발제한구역에 불법행위 근절 등의 자발적 참여내용을 포함한 마을자치규약을 제정하고 자발적으로 참여한다. 여섯째, 상생협의회는 지속적으로 운영한다. 합의내용을 이행하기 위한 중재기구를 구성하고 제도화하여 지역주민, 전문가, 시민단체 등이 참여하는 위원회를 구성하여 운영한다. 일곱째, 광교산 주변 교통대책을 마련한다. 방문객으로 인한 주민피해가 최소화 될 수 있도록 교통정책에 대해 지속적으로 논의한다. 이상에 대해 합의하였으며 이를 환경부로 제출하였다.

Ⅵ. 결론: 성과와 한계

광교상수원보호구역을 둘러싼 민민 – 민관갈등은 2017년 6월과 7월 세 차례에 걸친 사전준비 모임을 거쳐 7월 28일 광교산 상생협의회가 출범함으로써 새로운 계기를 마련하였다. 위태위태한 논의였지만 장장 209일이라는 과정을 거치면서 민민 – 민관갈등은 거버넌스로 전환하기 시작했다. 2018년 2월 21일 광교산 상생을 위한 협약식을 체결하고 이를 환경부에서 승인함으로써 광교상수원보호구역을 둘러싼 수원시의 거버넌스 실험은 한 단원의 막을 내렸다. 광교산 상생협의회의 실험은 다음과 같은 의미와 성과를 갖고 있다고 평가할 수 있다.

첫째, 지역의 공유자원을 둘러싼 문제를 중심으로 사적 재산권행사의 규제완화 요구와 환경보전이라는 갈등을 시민사회의 힘으로 풀어낸 모범 사례라고 할 수 있다. 이는 시민역량을 갖고 있는 지역이 얼마만큼 공유자원을 합리적으로 지켜낼 수 있는지를 보여준 의미 있는 모델이라고 할 수 있다.

둘째, 자치단체(지방정부)가 개발과 보전이라는 갈등 또는 선택의 문제에 있어서 접근 방법에 대한 귀중한 방식을 구할 수 있는 모델이 되었다. 최근 자치단체들이 개발이냐 보전이냐라는 문제에 접근하면서 일방적인 방식으로 행정수단을 사용하는 사례가 많아지고 있다. 하지만 수원시는 시민참여와 집단지성이라는 매우 어려운 방식으로 접근함으로써 새로운 갈등조정모델을 창출하는 데 성공했다.

셋째, 직접적 이해당사자인 광교주민이나 시민사회 그리고 행정에 있어서도 거버넌스를 가장 첨예한 갈등요소에 적용함으로써 수원시민 전체의 거버넌스 역량을 배가시키고 성공시킬 수 있다는 자신감을 갖게 하였다. 이는 자칫 감정적이고 이기주의적 방식으로 흐를 수 있는 님비적 요소를 과정을 통해서 충분히 걸러냄으로써 쌍방이 상호이해를 배가시키고 광교주민의 피해 현실과 시민사회의 보존에 대한 가치와 그 현실적 이유를 공감시킴으로써 행정이 합리적 요소를 극대화할 수 있는 길을 열게 하였다. 따라서 거버넌스가 단지 형식주의와 수사적 요소로 흐르고 있는 요즈음 그것이 현실성이 있는 패러다임인 것을 증명하였다.

넷째, 마지막으로 광교산이라는 생태환경의 문제를 더욱 수원시민 전체에 확인하는 기회를 주었다. 이것은 시민사회의 전략적 방식이 올바른 관점으로 수행되었다는 것을 확인할 수 있게 하였다. 공론화 과정을 거지면서 다양한 분야의 시민사회와 시민들이 광교산의 의미를 생태적인 관점에서 이해하게 되었다. 도시가 오늘날 무엇에 의존해야 하며 우리가 우리 미래세대에 무엇을 남겨주어야 할 것인가를 다시금 인식하는 계기를 마련해주었다고 본다.

광교산 상생협의회는 이러한 성과와 함께 과제를 남겼다. 일차적 의미에서 비상취수원을 지키고 부분해제라는 광교주민들에게 선물을 주었지만 이후 광교산 주민들의 요구는 다른 차원에서 제기될 것으로 보인다. 주민들의 피해의식과 욕구는 다양한 차원에서 제기되고 있으며 수원시의 개발압력은 지속적으로 제기될 것으로 보인다. 이미 광교산 중심을 지나가는 광역도로개설과 상업적 욕구에 의한 개발 민원이 계속 제기되고 있다. 시민사회의 방어력이 얼마나 유지될지는 아무도 모른다. 상생협의회의 시즌2가 이러한 문제들을 헤쳐 나갈 것이다.

표 5-10 사례의 분석 틀과 요약

사례 분석 및 요약	
문제의 배경	상수원보호구역 규제에 따른 민민－민관 갈등
내용 및 목표	규제에 따른 민민－민관 갈등 해결과 상수원보호구역 보전
지역적 맥락	광교산 물수원지에 대한 환경적 중요성
주도주체	조직화된 공익적 시민사회 네트워크
거버넌스 유형	갈등조정을 기본으로 하는 기능중심 유형
추진 전략 특성	상생협의회라는 갈등조정협의체 구성과 조정인력 투입
어떤 수단을 동원했는가?	갈등조정협의체 구성과 시민공론화, 숙의민주주의 동원
갈등 요인과 해결방법	비상취수원(상수원보호구역) 해제를 둘러싼 갈등 요인을 갈등조정을 위한 다주체 협의체를 구성 환경정비구역상의 일부 대지를 대상으로 규제완화와 주민지원정책 합의안 도출
SDGs에 대한 기여	유엔 SDG 6번 물목표와 11번 지속가능한 도시와 공동체, 그리고 17번 목표인 파트너십에 기여
거버넌스 관점에서 성공 요인	1. 시민사회의 대응역량 2. 수원시 행정의 조정역량 및 전문조정 인력 투입 3. 이해문제의 공론화 및 시민토론의 장 마련
기타 성공요인	1. 환경부의 민민－민관 합의안 요구 2. 장기적인 상생협의체 운영지원

참고문헌

1. 수원시. (2019). 광교산 상생협의회 백서.

2. 안네 메테 키에르. 이유진 역. (2007). 거버넌스. 오름.

3. 엘리너 오스트롬. (2010). 《공유의 비극을 넘어: 공유자원관리를 위한 제도의 진화 Governing the Commons The Evolution of institution for collective Action》. 윤홍근 · 인도경 역. 랜덤하우스코리아.

4. 월드워치연구소. (2014). 지속가능성을 위한 거버넌스. <2014 지구환경보고서>. 나남.

5. 이승연. (2015). 광교산 보리밥촌 주민들의 삶과 이야기. <광교산이 품은 두 마을과 연무대 옆 마을>. 수원박물관.

6. 최석환 외. (2018). 광교상수원보호구역 제도개선 및 주민지원방안 수립. 수원시.

'지역이 학교다'
지속가능발전청소년포럼 YESDO

- 지속가능발전교육을 위한 지역 거버넌스 -

제현수(원주지속가능발전협의회)

06 | '지역이 학교다' 지속가능발전청소년포럼 YESDO

- 지속가능발전교육을 위한 지역 거버넌스 -

제현수(원주지속가능발전협의회)

Ⅰ. 지속가능발전, 교육이 핵심이다.

1. 지속가능발전과 교육

일반적으로 '모든 사람이 질 높은 교육의 혜택을 받을 수 있으며, 이를 통해 지속가능한 미래와 사회 변혁을 위해 필요한 가치와 행동, 삶의 방식을 배울 수 있는 사회를 지향하는 교육'을 지속가능발전교육(Education for Sustainable Development: ESD)이라고 정의한다(UNESCO, 2004). 이 정의에 따르면 양질의 교육은 그 자체가 지속가능발전의 한 축임을 의미하는 것이며, 또 한 축은 지속가능발전과 관련한 교육이 사회 변혁을 지향함으로써 우리 사회의 지속가능성을 제고하는 역할을 한다는 것이다. 이것은 지속가능발전의 실현을 위해서는 교육이 필수적인 과제인 동시에 핵심적인 동인이라는 것을 의미한다.

실제로 지속가능발전교육에 대해서는 오래전부터 그 가치가 강조되었다. 국제사회는 1972년 스톡홀름 UN 회의에서 교육의 역할에 대한 중요성을 강조한 이래, 1992년 유엔환경개발회의에서 채택된 의제 21의 36장 '교육, 공공인식 및 훈련'에서는 지속가능발전에 있어 교육의 역할을 강조하고 있고, 의제21에는 전체적으로 '교육'이 303회에 걸쳐 언급된다. 이는 단일 키워드로서는 가장 높은 빈도에 속하는 것으로서 지속가능발전 추진 과정에서 교육의 중요성을 충분히 암시하는 대목이다.

최근에 개최된 '세계교육회의 2018'에서 채택한 브뤼셀 선언(Global Education Meeting 2018 - Brussels Declaration)에서는 2030 지속가능발전 의제의 보편적 관련성과 모든 지속가능발전목표(SDGs) 달성을 위한 교육의 중심 역할을 재확인했다. 아울러 국제적인 진전에도 불구하고, 2030년까지 SDG4 목표달성을 위한 궤도에 오르지 못하고 있다는 점에 주목하면서 2030 지속가능발전 의제에서 SDG4에 대한 공동 행동을 촉구하였다. 브뤼셀 선언에서는 삶, 존엄성, 문화 다양성에 대한 존중의 가치를 증진하고 사회적 결속, 민주주의, 평화와 사회적 정의에 공헌하며 공공선으로서 교육의 책무성을 향상하기 위한 세계시민성 및 지속가능발전교육의 강화에 주목하였고, 지속가능하고, 평화적이며, 포용적이고 정의로운 사회에 기여하고, 급변하는 노동시장에서 양질의 일자리에 종사할 수 있도록, 영유아기부터 성인기에 이르기까지 광범위한 지식, 기술 및 역량의 개발을 지원하는 개방적이고, 유연하며, 반응적인 교육 및 훈련을 강조하였다. 또 교육과 훈련의 포용성 및 형평성은 혁신적인 의제 달성을 위한 핵심임에 주목하며, 교육 훈련 체계를 '누구도 뒤처지지 않도록' 공평하고 포용적으로 만들기 위한 전략적 맥락과 문화적 민감성을 고려한 입법 및 정책 마련이 중요함을 강조했다.

1) 지속가능발전교육은 어떻게 추진되었는가

지속가능발전교육 중요성에 대한 공감을 토대로 국제사회가 본격적인 이행에 나서게 된 계기 중의 하나는 유엔이 지속가능발전교육 10년(Decade of Education for Sustainable Development, DESD)을 채택하게 되면서부터이다. 유엔은 2002년 지속가능발전세계정상회의(WSSD)에서 2005년부터 2014년의 10년을 UN 지속가능발전교육 10년으로 지정할 것을 제안하였고, 2002년 12월 UN총회에서 이를 채택했다. 2009년에는 UN 지속가능발전교육 10년(DESD)의 중간지점에 이르게 됨에 따라 유네스코 지속가능발전 세계회의가 개최되고, 주지하듯이 본(Bonn)선언이 채택되었다. 우리나라에서도 이 시기 본격적으로 지속가능발전교육 10년 추진을 위한 구체적인 비전과 계획이 수립되었다.

표 6-1 지속가능발전교육 국내외 추진과정

1972년	UNCHE: 환경문제 해결에 있어 교육의 역할이 결정적임을 인식
1992년	UNCED: 지속가능발전을 위해 교육, 대중인식, 연구 등의 증진 필요성 강조
2002년	WSSD: 교육의 중요성 재확인, 지속가능발전교육 10년 [DESD] 지정을 제안
	UN총회: UN 지속가능발전교육 10년(2005~2014) 채택
2005년	지속위: UN 지속가능발전교육 10년을 위한 국가 추진 전략 마련
2008년	환경교육진흥법 제정: 지속가능발전교육의 이념 반영
2009년	유네스코 지속가능발전 세계회의: 본(Bonn)선언 채택
	원주지속가능발전교육 10년(2009~2018) 추진

국제사회는 유엔 지속가능발전교육 10년을 통해 지속가능발전을 추구함에 있어 교육과 학습에 핵심적인 역할을 부여할 것을 목표로

제안하였다. 아울러 이해당사자 사이에 연계, 네트워크, 교류, 상호작용을 촉진하여 지속가능발전에 관한 비전을 형성하고, 사회적 전이를 촉진하기 위해 모든 유형의 교육을 통해 학습 기회를 제공할 것을 주문하였다. 특히 주목해야 할 대목은 실행 주체였다. 유엔 지속가능발전교육 10년에서 각 실행 주체는 모든 공동체 구성원을 대상으로 지속가능한 발전의 네 가지 구성요소인 사회, 환경, 경제 및 문화를 통합적으로 다루되, 지속가능발전교육을 위한 10년 계획의 의제와 구체적인 활동은 지방, 국가, 지역, 국제적인 차원에서 달라져야 하며, 무엇보다도 지속가능발전교육은 지방에 뿌리를 두고 지속가능성의 위기에 처한 지구 상황에 관한 내용을 제공할 수 있어야 한다고 강조했다.

국제사회를 중심으로 지속가능발전을 위한 주요 과제로서 교육의 필요성과 중요성이 강조되는 시점, 특히 지역사회가 지속가능발전교육의 실행주체가 되어야 한다는 점이 강조되는 상황에서 원주지역에서도 지속가능발전교육의 추진에 대한 논의를 시작했다. 하지만 현실은 녹록하지 않았다. 여전히 지속가능발전에 대한 관심과 이해가 부족했고, 지역 차원의 지속가능발전 관련 현안에 대한 솔루션도 부재했다. 이는 지역사회에서 지속가능발전의 주류화에 대한 고민이 깊어지게 되는 원인 중의 하나였다. 이러한 고민을 풀어나갈 수 있는 열쇠로써 지속가능발전교육을 고민했지만, 교육과 관련한 기반은 미비했고, 지속가능발전을 선도할 인력도 부족한 상황이었다. 이러한 상황임에도 불구하고 2009년의 원주지속가능발전협의회는 새로운 도전을 시작했다. 지속가능발전에 대한 인식 증진과 행동 촉진을 위해서, 반드시 추진해야 할 필수적인 과제로서 2018년까지 10년 동안 지속가능발전교육의 기틀을 마련하기로 결정했다. 그것은 지속가능발전에 있어 교육이 핵심이라는 확신에서 출발했던 것이었으며, 교육을 통한 지속가능한 지역사회 만들기를 목표로 한다면 최소한 10년 정도는 준비해야 한다는 지역사회에서의 논의의 결과물이었다.

2. 원주지속가능발전교육 10년

원주지속가능발전협의회는 지역사회 주요 구성원들과 파트너십을 구축하여 지속가능발전교육의 활성화를 위한 계획을 마련하고, 조직 구성 및 인력 양성 등 다양한 과제를 발굴하여 10년 주기의 지속가능발전교육 프로젝트를 지역사회 차원에서 실험적으로 추진하게 되었다. 특히 원주지역의 지속가능발전교육 활성화를 위하여 2009년 6월 사단법인 원주지속가능발전교육센터를 설립하고, 구체적인 원주지역의 추진계획을 마련하였다. 원주지속가능발전교육센터는 지역 지속가능발전의 합리적 추진체계 구축과 책임 있는 운영을 도모하기 위하여 원주지속가능발전협의회가 운영 주체가 되고, 지속가능발전교육을 위한 10년 계획과 국가 차원의 추진 전략을 검토하여 방향을 설정하되, 무엇보다도 지역사회의 특성과 주요 구성원들의 요구를 충분히 수렴하여 교육 방식과 내용을 마련하였다.

원주지속가능발전교육센터는 설립 당시부터 현재까지 다음과 같은 원칙에 근거하여 운영하고 있다. 첫째, 원주지속가능발전교육센터는 거버넌스를 기반으로 운영되도록 노력하여야 한다. 둘째, 교육센터의 프로그램과 운영에는 경제, 사회, 환경 등에 관한 지역의 특성이 충분히 반영되고 지역사회를 기반으로 운영되어야 하며, 원주지역의 지속가능발전에 기여하여야 한다. 셋째, 다양한 교육프로그램을 통하여 시민의식을 제고하고 이를 토대로 원수시민의 삶의 질 향상에 기여하여야 한다. 넷째, 교육센터의 활성화를 위하여 지역사회의 행정과 의회, 시민사회, 기업, 전문가, 각급 교육기관 및 단체 등은 물론이고 타 지역의 관련 기구와 센터 및 국제사회와의 협력을 위해 노력한다. 다섯째, 창의적인 교육프로그램의 연구와 개발, 수준 높은 교육프로그램의 제공, 신뢰받는 투명한 운영을 기반으로 국제적 위상의 교육센터가 되도록 공동으로 노력한다. 이는 원주지속가능발전교육 10년의 추진 방향과 방식을 보여주는 내용이라 하겠다.

그리고 지난 10년, 원주지속가능발전교육은 단계별 전략 수립을 통해 진행하였으며 이제는 안정화 단계에 접어든 상황이다. 내용적으로는 가장 먼저 원주지속가능발전교육 10년을 힘있게 추진해 나갈 운영조직(원주지속가능발전교육센터)을 2009년 구축하였고, 이 조직을 중심으로 운영계획을 마련하였다. 그 다음 단계로 함께 연대해 나갈 파트너들과의 협력체계를 구축하였고, 결과적으로 41개의 행정기관, 교육기관, 시민사회, 기업(사회적경제조직), 국제협력기관이 참여하게 되었다. 다음 단계에서는 지속가능발전교육을 선도해 나갈 시민을 조직화하였으며, 이를 위해 생태해설가양성과정, 녹색구매지도자양성과정 등 9개의 인력 양성 프로그램을 진행한 바 있다. 그리고 이 과정을 통해 시민들이 주도하는 지속가능발전교육의 틀이 만들어지게 되었고, 이들과 함께 지속가능발전교육프로그램을 본격적으로 개발하였으며 지난 10년 동안 54개의 프로그램이 만들어지고 운영되었다. 최근에는

그림 6-1 원주지속가능발전교육 10년 추진과정

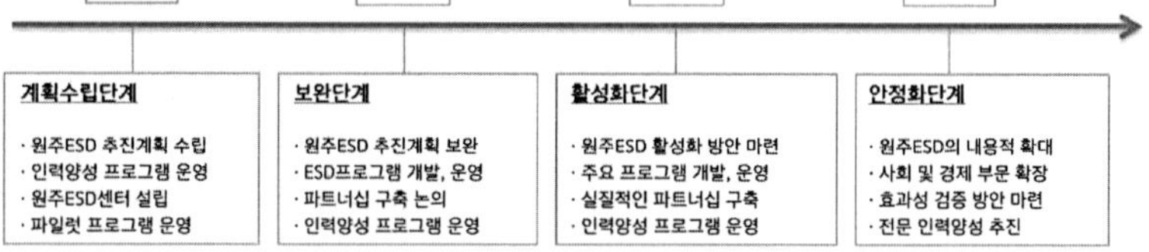

지속가능발전교육의 효과적인 운영과 질적 제고를 위한 교재 및 교구 개발을 위해 다양한 노력을 진행하고 있다.

3. 지속가능한 지역사회를 위한 교육

앞에서 지속가능한 미래와 사회 혁신을 위해 필요한 가치와 행동, 삶의 방식을 학습하는 사회를 지향하는 교육을 지속가능발전교육으로 정의했다. 이러한 정의를 기초로 원주지속가능발전협의회가 추진해 온 교육은 크게 두 가지 방향으로 정리할 수 있다. 첫 번째는 지속가능발전에 대한 이해를 증진하고 행동을 촉진하기 위한 교육, 이른바 지속가능발전에 대한 교육이다. 두 번째는 지속가능발전을 위한 교육으로서 지역사회의 주요 이슈, 갈등 등을 지속가능성의 관점에서 이해하고 해결해 나가기 위한 솔루션으로서의 교육이다.

지속가능발전에 대한 교육의 대표적인 프로그램은 원주ESD 시민강좌 '夜톡'이다. 간단히 소개해보면 시민들이 저녁 시간에 모여 지역사회와 지속가능발전에 대해 학습하고 토론하는 프로그램이다. 2016년에는 우리 삶에 관한 사소한 이야기를 주제로 '건강형평성', '숲', '열린 공간, 열린 사회, 그리고 열린 마음', '인권, 아주 사소한 행동의 힘'과 같이 전혀 사소하지 않은 우리의 일상에 관한 이야기를 나누기도 했었고, 올해에는 도시재생에 관한 사회적 관심을 반영해 '공장, 예술로 전환하다', '마을, 공유를 통한 공감을 꿈꾸다', '민달팽이 청년이 그린, 차별과 배제가 없는 집과 공동체', '도시의 공백, 빈 곳의 상상력'을 주제로 열띤 토론을 벌이기도 했다. 지속가능발전이 우리의 일상에 관한 이야기라는 관점으로 보다 가깝고, 편안하며 새미있게 지속가능발전을 이야기할 수 있게 돕는 것이 이 프로그램의 특징이자 목표다. 현재 지속가능발전에 대한 교육은 다양한 주제를 가지고 미취학 아동에서부터 어르신들에 이르기까지 함께 참여하고 주도할 수 있도록 운영하고 있다. 특별히 중·고등학생과 지역전문가가 함께 이끌어가는 지속가능발전청소년포럼은 2016년 유네스코 지속가능발전교육 프로젝트로 인증받았고, 현재 다른 지역으로 확산하고 있다. Ⅱ장에서는 지속가능발전청소년포럼 사례를 거버넌스 관점에서 중점적으로 다루어보고자 한다.

사진 6-1 원주ESD 시민강좌 '夜톡'

출처: 원주지속가능발전협의회.

지역사회의 주요 이슈를 지속가능성의 관점에서 이해하고 해결해나가는 솔루션으로서의 교육이라고 할 수 있는 지속가능발전을 위한 교육도 다양한 방식으로 추진되었다. 지역에너지 문제, 취약계층의 에너지복지 문제를 주제로 교육프로그램과 제도화를 함께 진행하기도 했다. 지역사회의 물 문제와 관련해서는 건전한 물 순환을 위한 교육프로그램, 하천 모니터링 활동가를 양성하는 프로그램을 운영했고,

이후에 하천 복원 활동, 하천 거버넌스 구성, 주민 참여 보장 등에 관한 제도 마련 등의 활동을 주민들이 주도하게 되었다. 교육이 가진 힘과 무게를 확인할 수 있는 사례로서 지속가능발전교육의 중요성을 확인할 수 있는 사례다.

'원주지속가능발전교육 10년'은 UN SDGs와 관련해서 '교육' 목표 이행에 기여하였다. 구체적으로는 '2030년까지 지속가능개발과 지속가능한 생활양식, 인권, 양성평등, 평화와 비폭력 문화의 증진, 세계시민의식, 문화적 다양성 및 문화의 지속가능발전 기여에 대한 공감 등에 대한 교육을 통하여 모든 학습자가 지속가능발전을 증진하기 위한 지식과 기술을 습득할 수 있도록 한다'는 세부목표 4−7에 이행에 기여해 왔다고 분석할 수 있다. 아울러 그동안 추진해온 교육프로그

그림 6−2 원주지속가능발전 10년의 성과

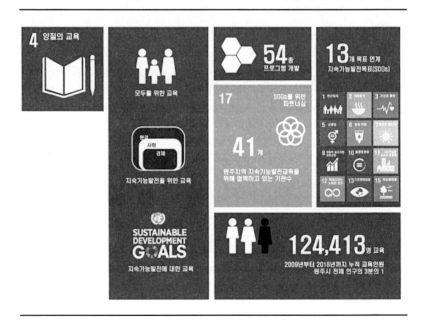

램을 분석한 결과 '교육' 목표를 포함하여 빈곤퇴치, 기아종식, 건강, 성평등, 물과 위생, 에너지, 좋은 일자리와 경제성장, 지속가능한 도시와 공동체, 지속가능한 소비와 생산, 기후변화 대응, 육상생태계 등 13개 목표와 연계된 것으로 파악되었으며, 지속가능발전에 대한 교육, 지속가능발전을 위한 교육, 포용적 교육을 통해 모두를 위한 교육이 될 수 있도록 노력해 왔다고 평가할 수 있다.

정리해보면 원주지속가능발전협의회는 이 사업을 통해 총 54종의 프로그램을 개발하고 운영하였으며, 41개의 협력기관과 파트너십을 구축하여 사업을 추진하였다. 지난 10년간 124,413명의 시민이 교육에 참여하였으며, 이는 원주시 전체 인구의 3분의 1에 해당한다. 원주지속가능발전교육 10년은 교육을 기반으로 지속가능한 발전에 대한 시민의 인식을 증진하고, 이를 토대로 행동을 촉진하여 지속가능한 지역사회와 개개인의 삶에 대한 지속가능성을 고민할 수 있는 계기를 마련했다는 측면에서 의미가 있다. 다만 지난 10년간의 활동을 냉정하게 평가하면 프로그램 내용이 환경 분야, 환경목표에 편중되어 있다는 한계는 분명하게 지적해야 한다. 특히 예산 확보에 어려움이 커 사회와 사람, 경제에 대한 논의와 교육이 현실적으로 어려웠다는 점은 다시 원주지속가능발전교육 10년을 고민하게 되는 이유라 할 수 있다. 이 때문에 원주지속가능발전협의회는 보다 포용적이며, 통합적인 관점을 기반으로 하는 지속가능발전교육의 실현을 위하여 2019년부터 2028년까지 '원주지속가능발전교육 10년, 시즌 2'를 추진하기로 결의하였다.

II. 지속가능발전청소년포럼 'YESDO'[26]

1. 지역이 학교다

본 장에서는 원주지속가능발전교육 10년을 대표하는 프로그램이라 할 수 있는 지속가능발전청소년포럼 사례를 세부적으로 검토하고자 한다. 지속가능발전청소년포럼에 참여하는 청소년들은 관심 있는 지역 문제를 스스로 주제로 설정해 연구·조사하고 이후 논문을 작성한다. 이 과정에서 청소년들을 지도하고 돕는 '멘토'는 온전히 자원봉사로 참여하는 지역사회 다양한 분야의 전문가들이다. 청소년들에게 지역이 교육 현장이 되고, 지역의 전문가들이 멘토로 자원하는 방식으로 추진되는 지속가능발전청소년포럼은 2014년부터 논의되었고, 2015년부터 현재까지 추진되고 있는 프로그램이다. '지역이 학교다'를 슬로건으로 추진 중인 지속가능발전청소년포럼은 지역의 청소년에게 지역사회가 또 하나의 열린 학교로서 다양한 분야에 대한 경험과 전문적인 학습과 토론기회를 제공한다.

지속가능발전의 가장 중요한 키워드는 '지역사회'다. 경제적 성장을 주요한 목적으로 두고 있었던 과거 발전 방식에 대한 한계를 목도하면서, 이에 대한 반성과 성찰을 토대로 최근에는 지역차원에서도 지속가능발전에 대한 논의가 활성화되고 있다. 이에 따라 사회, 경제, 문화 다양한 영역에서 지속가능성을 제고하기 위한 시민사회, 행정, 크고 작은 기업, 전문가들이 협력적 거버넌스를 구축하고 새로운 시

---

26 YESDO는 1기 지속가능발전청소년포럼을 진행하면서 참여 학생들을 대상으로 진행한 명칭공모전에서 선정된 명칭이다. Youth Endeavor Sustainability Development Organization 단어의 약자로 '지속가능발전을 위해 노력하는 청소년 조직'이라는 의미를 담고 있다.

도를 하고 있다. 이런 맥락에서 지속가능발전청소년포럼은 교육을 통해 지역사회의 지속가능성을 높이기 위한 하나의 실험이라 할 수 있다. 흔히 청소년을 일컬어 '미래의 주역'이라는 표현을 많이 쓴다. 진부하게 느껴지는 표현이지만 10년, 20년 뒤 각자의 시간과 공간에서 지역사회를 이끌어 가는 중요한 주체가 될 것을 생각하면 여전히 중요한 의미를 담고 있다. 지속가능발전청소년포럼은 청소년을 대상으로 하는 지속가능발전교육(ESD)의 일환으로 우리 지역의 미래를 품고 있는 청소년에게 지속가능성의 개념과 가치에 관해 이야기하고, 그들의 시각에서 그들 자신이 살아가야할 지역사회의 지속가능성을 고민할 기회를 만들기 위한 프로그램이라 하겠다.

사진 6-2   지속가능발전청소년포럼 오리엔테이션

출처: 원주지속가능발전협의회.

지속가능발전청소년포럼의 원활한 운영에는 거버넌스가 가장 큰 힘을 발휘한다. 지속가능발전청소년포럼을 위해 구성한 지역교육공동체(지속가능발전청소년포럼 운영위원회)는 청소년들과 적극적으로 소통하고,

청소년 스스로가 지속가능한 사회와 삶을 영위하기 위한 노력을 하는데 지원을 아끼지 않는다는 원칙을 가지고 다양한 기관과 단체, 전문가들이 참여하고 있다. 이들은 이러한 원칙을 토대로 지역사회의 인적·물적 네트워크의 결합을 통해 교육공동체를 더 폭넓게 구축하고, 원주지역의 청소년들에게 경제, 사회, 환경 등 각 분야에서 다양한 형태의 융합학습과 심화된 진로 탐색 및 자기 주도 학습의 기회를 제공한다. 그리고 이러한 과정을 통해 교육 형평성 제고, 창의적 지역인재 양성, 지속가능발전교육의 확산, 지속가능발전 실천력의 제고 등의 목표를 달성하고자 한다.

지속가능발전청소년포럼은 원주지역에서 거주하는 청소년이라면 누구나 양질의 교육 받을 권리를 보장하고 특히 지역 내, 혹은 지역 간 교육 불평등의 요소를 극복하는데 기여하여 교육 형평성을 제고하고자 한다. 세대 간 다양한 경험과 전문적 지식을 공유함으로써 누구든지 스스로 노력을 통해 지역의 인재로 성장할 수 있도록 다양한 기회를 제공한다. 개인적, 지역적, 국가적, 지구적 차원에서 지속가능한 미래를 전망하고 행동을 이끌어가는 교육으로서 지속가능발전교육을 우리 지역에 폭넓게 확산하고, 이를 통해 우리 사회의 지속가능성을 제고한다. 지역사회는 청소년과의 적극적인 소통을 통해 보다 지속가능한 지역

그림 6-3 지속가능발전청소년포럼의 목표

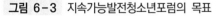
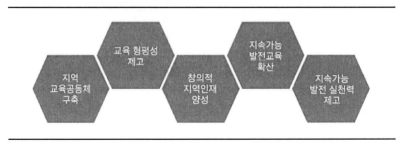

　우리 지역은 SDGs 이행을 어떻게 했는가?

만들기를 위해 노력하고, 아울러 청소년 스스로가 지속가능한 사회와 삶을 영위하기 위한 노력을 경주할 수 있도록 지원하고자 한다.

2. 지속가능발전을 위해 노력하는 청소년 조직

'원주시의 장애인 인구는 약 17,323명에 달한다. 그러나 이제까지 그들은 사회적 소수자라는 이유로 공공·문화시설에 대한 접근권을 제대로 보장받지 못해왔다. 이러한 불평등은 사회적 불안정을 초래하며…… 이러한 현실에 주목하였고, 이를 개선해 보고자 연구를 진행하게 되었다.'

「원주지역 장애인 활동 개선 방안 연구_유니버설 디자인을 중심으로」

'설문조사 결과 원주지역 청소년들의 멸종위기종에 대한 인식은 그리 높지 않았다. 멸종위기종 보호를 위한 실천방안으로 국립공원 등 보호지역을 추가로 지정하여 이들의 서식지를 확대하고, 중·고등학교의 교과과정에 환경교육을 필수로 이수하도록 해야 한다.'

「원주 인근지역 내 멸종위기종에 대한 청소년들의 인식 실태조사 및 인식증진」

'자신의 진로에 대해 깊은 숙고가 부족한 상태에서 단지 성적이 낮다는 이유로 특성화 고등학교를 선택한 학생들은 좌절과 갈등으로 인해 학교에 대한 불만족과 열등감 속에서 중도 탈락하거나, 학업에 대한 흥미를 잃는 경우가 많다. 본 연구는 이러한 특성화 고등학교에 대한 부정적인 인식을 갖게 되는 원인을 분석하기 위해서 실시하였다.'

「원주시의 인문계 고등학교와 특성화 고등학교의 인식의 차이를 일으키게 하는 원인」

'생태통로에 대한 꾸준하고 구체적인 모니터링이 되고 있지 않다. 또한, 동물들의 흔적을 찾아볼 수 없음에도 불구하고 그에 대한 개선 방안이 마련되어 있지 않다. 이는 생태통로가 제 역할을 하지 않았을 때 대처방안이 없다는 것을 의미한다. 지속적인 모니터링이 필요할 것이고, 생태통로가 제 역할을 다하지 못했을 때 해결방안이 필요할 것이다.'

「원주시내 생태통로의 실태조사 및 개선방안 탐구」

'결과적으로 본 연구팀은 립 제품의 화학성분들이 인체에 많은 부작용을 끼친다는 것을 알게 되었고, 위 문단에 보고된 다양한 부작용들에 대하여 생산자와 소비자들에게 화학성분과 화학성분의 역할, 부작용을 알려 그들의 화장품 생산과 소비에 대한 인식 개선의 필요성을 느꼈다.'

「학생들이 사용하는 립 제품 성분과 부작용」

위의 내용은 지속가능발전청소년포럼'YESDO'에서 원주지역 청소년들이 발표한 논문 내용의 일부분이다. 지속가능발전과 관련한 청소년들의 고민이자, 지역사회의 이슈에 관한 의견이 담겨있다. 주지하듯이 1992년 환경과 개발에 관한 유엔회의(UNCED)에서 채택된 '의제21(Agenda21)'에는 청소년을 지속가능발전에 있어서 가장 주요한 그룹 중의 하나로 주목하였다. 지역사회부터 국가, 지구의 지속가능성을 증진하는 데 있어서 청소년의 역할과 참여가 매우 중요하다는 의미다. 하지만 한국의 청소년은 지속가능한 발전을 위한 주요 그룹으로서 역할을 하기에는 어려움이 있나. 기존 정규 교육 체계는 청소년들의 사회적 활동 범위를 크게 제한하고 있음은 명확한 현실이다. 예컨대 현재 중·고등학교에서 시행하고 있는 자유학기제의 교육 목표에 '자기

주도학습을 통해 … 문제 해결력과 창의적 비판적 사고력 증진'이라는 내용을 담고 있는 것도 이러한 한계를 극복하기 위함이 아닐까 한다.

지속가능발전청소년포럼은 지역사회의 청소년이 주도하는 프로그램이다. 참여 학생들이 자신의 시각에서 지역사회를 바라보고 경제, 사회문화, 환경, 문학 등 본인들이 원하는 분야에서 문제의식을 키우고 지역에 대한 조사, 연구, 실험 등을 진행하는 프로그램이다. 학생들은 연구를 진행하면서 경험과 지식이 풍부한 멘토로부터 필요한 정보와 연구방법 배우고 때로는 고민을 멘토와 함께 나누게 된다. 이런 과정은 단순히 전문적 지식을 얻는 것에서 그치는 것이 아니라 사고의 영역을 확장하고 정보를 다양한 관점에서 바라볼 수 있도록 하는데 도움이 된다. 스스로 문제의식을 느끼고 지역사회를 관찰하기 시

사진 6-3 지속가능발전청소년포럼 운영 과정

출처: 원주지속가능발전협의회.

작한 청소년은 미래를 좀 더 지속가능한 사회로 이끌어 가는데 중요한 주체가 될 것이다.

지속가능발전청소년포럼은 매년 3월에 시작하여 11월까지 진행된다. 원주시에 거주하는 중·고등학생이라면 학업수준, 성별, 학년 등 어떤 것에도 제한 없이 참여할 수 있다. 9개월 동안 진행되는 다양한 프로그램에 자발적으로 참여하여 주도적인 역할을 해 나가야 한다. 특히 지속가능발전과 지역사회라는 핵심 키워드를 중심으로 주제를 선정하고, 조사·연구·실험·탐구하는 과정은 온전히 자신의 몫이다. 이 과정에서 지역사회에서 활동하는 대학교수, 시민사회 활동가, 공공기관 관계자 등이 멘토가 되어 함께 문제의식을 공유하고 해법을 찾아가게 된다. 연구의 결과는 논문으로 작성된다. 그리고 주제별로 분류된 각 세션에서 그동안의 연구 결과를 공유하고 함께 논의하는 포럼이 개최된다. 이 포럼에서는 청소년과 멘토 외에 원주시청 소속 공무원, 의회 의원, 관련 교육기관 및 공공기관 관계자, 전문가, 일반 시민 등이 참여하여 자유롭게 의견을 나눈다. 이를 통해 지역사회 각 분야의 지속가능발전과 관련한 의견을 모아내도록 한다. 마지막 단계에 이르면 그동안의 연구결과를 논문집으로 구성하여 발간하고, 포럼을 통해 논의되었던 내용을 정책화하는 과정으로 정리한다. 논문이라는 과제를 통해 지역사회의 교육공동체를 형성하고, 지역사회의 지속가능발전을 위한 정책을 제안하고 만들어 가는 과정으로 진전된다. 이러한 일련의 과정을 지속가능발전을 위해 노력하는 청소년 조직이 주도하여 추진한다는 점에서 의의가 크다. 자세한 운영 과정은 다음 [표 6-2]를 참조하면 된다.

표 6-2 지속가능발전청소년포럼 YESDO 운영 과정

① **참여자 모집**
  - 관내 중·고등학생이라면 학업 수준, 성별, 학년 등 어떤 것에도 제한 없이 참여 가능
  - 프로그램 홍보를 위해 강원도원주교육지원청의 협조를 통한 공문, 협의회 홈페이지, 기관 홈페이지, SNS 홍보물 게재 등을 진행
  - 팀별 3~5인 구성, 지도교사 1명, 참가팀 제한 없음

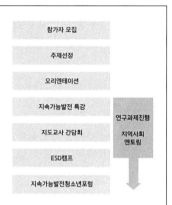

② **주제선정**
  - 환경, 사회, 경제, 문화, 교육 등 주제 분야에 대한 제한은 없으며 주제를 지역의 지속가능성과 연계하여 선정하도록 함
  - UN SDGs를 고려하여 주제를 선정하도록 함

③ **지속가능발전청소년포럼 YESDO 오리엔테이션**
  - 지속가능발전청소년포럼 취지 및 내용 공유
  - 팀별 선정 주제 및 주제 선정 이유, 연구 추진 계획 발표
  - 그룹 토의 및 1차 멘토링
  - 팀별 멘토 매칭: 관련 주제 전문가(대학교수, 시민사회 활동가, 전문기관 관계자 등)

④ **지속가능발전교육 특강**
  - 지속가능발전의 이해
  - 연구방법론(연구자 윤리 등)
  - 논문작성법

⑤ **연구 과제 진행**
  - 팀별 연구 과제 진행
  - 멘토링: 참여팀과 멘토의 직접 연결을 통해 과제 진행 중 온·오프라인을 통한 멘토링 운영
  - 현장조사활동, 설문조사활동, 문헌연구 등
  - 연구일지 작성

⑥ 지도교사 간담회
- 진행 상황 점검
- 지속가능발전청소년포럼 발전을 위한 의견 수렴

⑦ ESD캠프
- 지속가능한 삶을 위한 창의적 소통 캠프 프로그램 운영
- 세계시민교육 등 관련 프로그램 추진

⑧ 중간발표
- 팀별 연구과제 진행상황 공유
- 연구과제 수정 · 보완
- 전문가 멘토링

⑨ 지속가능발전청소년포럼 개최
- 팀별 연구과제 발표
- 분야별 상호토론
- 전문가 평가 및 멘토링

⑩ 지속가능발전청소년포럼 논문집 제작
- 논문집 제작 및 배포

⑪ 지속가능발전청소년포럼 평가
- 지속가능발전청소년포럼 진행 과정, 연구 결과, 참여자 설문조사, 전문가 자문 등을 통한 평가
- 지속가능발전청소년포럼 운영위원회

⑫ 지방자치단체(원주시) 정책제안
- 지속가능발전청소년포럼 YESDO 연구 결과 중 원주시에 적용할 수 있는 연구를 정책화하여 제안

3. 지역사회 기반의 교육공동체

교육에 있어서 가장 큰 역할을 맡고 있는 곳은 각급 교육기관과 학교이다. 학생들은 대부분 시간을 학교에서 보내며 정규 교육과정 속에서 각자의 미래를 준비하고 있다. 하지만 과연 학교만이 교육의 기능을 수행할 수 있을까? 지역사회를 자세히 살펴보면 초·중·고등학교 같은 정규교육 기관뿐만 아니라 크고 작은 대학, 다양한 분야에서 전문적인 연구를 진행하는 민과 관의 연구기관, 지역에 대해 오랫동안 고민하고 조사해왔던 시민사회, 사회, 문화, 경제, 환경 등 지역의 모든 영역에서 정책 및 기술적인 부문을 다뤄온 행정기관이 있다는 것을 알 수 있다. 이같은 다양한 지역 인프라는 지역사회가 교육의 기능을 수행할 수 있는 충분한 잠재력을 가지고 있음을 보여준다.

실제 지역사회와의 연계를 통한 교육공동체 구축과 운영과 관련해서는 많은 논의가 있었고, 최근에는 구체적인 정책으로 실현되고 있다. 강원도교육청에서 추진하고 있는 강원도형 마을교육공동체는 대표적인 사례다. 강원도교육청은 2015년 9월 강원도형 마을교육공동체 사업 추진을 위한 T/F를 구성했다. 2016년 6월에는 강원도형 마을교육공동체 추진 기본계획이 수립되어 현재까지 세부과제가 추진되고 있다. 학교와 마을이 협력과 서로의 지원을 통해서 학생들을 건강하게 키워가는 마을교육공동체를 형성하는 것이 이 사업의 핵심이다. 마을교육공동체가 합의와 협력을 통해서 마을의 학생들을 함께 기르는 공교육의 새로운 가치 확산을 의미하며, 지역사회의 학생들을 학교와 마을이 협력하여 함께 키우는 나눔의 교육이 실현되는 것이라 할 수 있다. 이제는 공교육의 영역에서도 지역사회와의 연계를 통한 교육체계가 중요하게 인식되고 있음을 확인할 수 있다.

표 6-3 강원도교육청 마을교육공동체 추진방향(2017)

비 전	• 학교와 마을이 함께 아이들의 꿈을 키워가는 마을교육공동체
목 표	• 학교와 마을이 협력하는 공동체 교육 확대 • 지속가능한 삶을 위한 공교육 인식 전환 기반 마련
전 략	• 마을 인적역량과 물적 자원을 교육활동에 활용하는 마을 기반 교육 여건 조성 • 자발성과 협력을 바탕으로 마을교육공동체가 형성되도록 지원 • 마을과 학교 연대를 위한 협력적 거버넌스 체계 구축

마찬가지로 지속가능발전교육이라는 공동의 목표를 두고 인적·물적 네트워크 결합을 통해 '지역사회 기반의 교육공동체'를 구축하는 것이 지속가능발전청소년포럼의 핵심이다. 2014년 고상백 원주지속가능발전협의회 운영위원(사단법인 원주지속가능발전교육센터장)이 교육 형평성 제고와 지속가능발전교육의 활성화를 위해 지역사회 기반 교육 거버넌스의 구축을 제안하였고, 1년여 간의 논의를 통해서 구축된 성과가 지속가능발전청소년포럼이다. 현재 원주지속가능발전협의회, 원주시, 강원도원주교육지원청, 연세대학교 원주캠퍼스(링크+사업단), 강원원주혁신도시 내 공공기관의 전문가, 학교 교사, 강릉원주대학교 등 관련 교수, 시민사회 및 각 분야의 전문가가 네트워크를 구축하여 지속가능발전청소년포럼 운영위원회를 구성하였고, 지속가능발전청소년포럼 운영위원회가 원주지역 지속가능발전교육을 실현하는데 중요한 역할을 수행하는 기반이 되고 있다. 원주지속가능발전협의회의 특성을 구성하는 핵심 요소는 거버넌스 체제 구축과 지속가능성 실현이다. 지속가능성이 존립의 기본 목표이자 실제적 가치를 의미한다면 거버넌스는 실천을 위해 요구되는 수단적이고 절차적인 가치를 의미한다. 지속가능발전청소년포럼도 당연히 지속가능성과 거버넌스 가치

구현을 중심으로 운영되고 있다.

그림 6-4 지속가능발전청소년포럼 거버넌스 구축

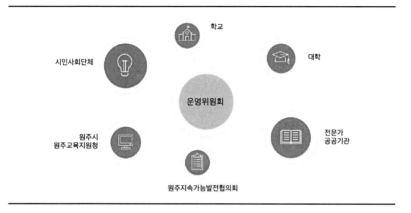

거버넌스는 다양한 이해관계자들이 주체적·능동적으로 참여할 수 있어야 하고, 내용 면에서는 정보교환과 의사결정에 있어서 민주적인 과정이 보장되어야 한다. 지속가능발전청소년포럼의 거버넌스는 이러한 원칙을 기초로 하고 있으며, 참여 주체들이 자율성을 유지하고, 제도적으로는 공동의 목표와 기본 가치를 공유하면서 실체로 존재할 수 있는 방식으로 연결된 네트워크형 거버넌스를 지향하고 있다. 역할 중심 관점에서는 포럼을 제안한 원주지속가능발전협의회를 중심으로 시민사회, 전문가 등 민간영역이 주도적인 역할을 수행하면서 관련 기관 및 단체 등 이해관계자들과의 협력관계를 구축하는 방식으로 진행되었다. 즉 초기에는 사업 특성상 민간이 주도하면서 정부 기관을 포용하는 유형으로 분석할 수 있다. 현재 거버넌스와 협업체계가 정착되어 안정적인 운영이 가능한 상황이며, 앞으로도 교육프로그램을 위한 거버넌스인 만큼 유연성이 강조되는 민간주도형으로 추진되는

것이 바람직할 것으로 판단된다.

대부분의 민간주도형 거버넌스는 수평적인 구조로 운영된다. 본 사례도 마찬가지다. 다만 앞으로도 지속적으로 민간 주도의 수평적 구조가 유지되기 위해서는 사업 추진을 위한 재정의 다원화 등 구조적인 한계가 될 수 있는 요소를 보완해 나갈 필요성이 있다. 아울러 최근에는 정부나 시장이 주도하는 거버넌스도 수평적 구조를 지향하고자 한다. 하지만 정부주도형, 시장주도형 거버넌스는 대체적으로 이들이 담당하고 있는 공적 역할이나 권한 중에 직접 수행하기 부담스러운 영역을 이전하기 위한 시스템으로써 거버넌스를 고려하기 때문에 여전히 수평적 구조로 운영하기 힘든 측면이 있다. 성숙한 거버넌스는 직접민주주의 체제로의 진전을 의미한다. 앞으로는 정부나 시장이 주도하는 거버넌스도 직접민주주의의 성숙이라는 관점을 깊이 고려하여 운영해야 할 것이다.

마지막으로 협력 정도에 따라 유형을 분류하자면 중간 협력 정도로 운영되고 있는 것으로 평가할 수 있다. 청소년 대상의 교육프로그램이라는 측면에서 갈등 요인이 크지 않은 사업 특성상 높은 협력이 요구되지는 않는다. 다만 사업의 지속성을 고려한다면 이해관계자 간의 신뢰와 협업 내용에 대한 이해도가 중요한 척도가 될 것이다. 아울러 다양한 방식의 제도화도 고려할 필요가 있다. 왜냐하면 언제든

표 6-4 지속가능발전청소년포럼 거버넌스 유형

구 분	내 용
기능중심 유형	네트워크형, 자원 공유형
역할중심 유형	민간주도 정부기관 포용형
구조중심 유형	수평적 거버넌스
관계중심 유형	중간 협력

작용할 수 있는 변수가 참여기관 책임자와 담당자 교체 및 변동 등에서 발생하기 때문이다.

Ⅲ. 지역사회의 현재와 미래에 대한 진지한 고민의 장

1. 지역사회에 대한 이해와 포용적이고 공평한 양질의 교육

2015년, 유하랑 학생은 같은 학교 친구들 4명과 함께 팀을 구성해서 지속가능발전청소년포럼에 참가했다. 팀원들은 새로운 형태의 프로그램과 학습 방법에 대한 호기심으로 거부감 없이 참여를 결정했다고 한다. 이들의 연구 주제는 '원주시 인문계 고등학교와 특성화 고등학교의 인식 차이를 일으키게 하는 원인'이었고, 그 해 우수논문상을 수상했다. 팀원들은 조사를 진행하면서 가장 먼저 스스로 편견을 버리게 되었다고 말했다.[27]

'교육과 관련된 주제로 연구를 해보려고 고민하던 중 우리 모두가 공감하는 부분을 주제로 정하게 됐다. 특성화 고교에 대한 편견과 좋지 않은 인식이 왜 생기게 됐는지 의문이 들어 주제로 정하게 됐다. 올해는 다른 친구들과 팀을 이루게 됐는데 지난해 연구를 진행하는 과정에서 관심을 갖게 된 '지역사회 고졸취업'에 대해 연구할 예정이다.'[유하랑]

'포럼을 통해 연구하기 전에는 특성화고 학생들이 공부도 하지 않고 불량하다는 편견을 갖고 있었다. 그런데 특성화고 학생들과 선

---

27 원주투데이 신문사 인터뷰 내용, 2016년 6월 13일.

생님을 만나 조사를 진행하면서 자신의 꿈을 갖고 열심히 노력하는 친구들이 많다는 것을 알게 됐다. 오히려 내 자신을 돌아보며 회의 감이 들기도 했고, 반성하는 계기가 됐다.' [윤지아]

'논문이라는 것을 처음 접해 봤는데 논문 쓰기에 대한 절차와 조사방법 등을 배워 많은 도움이 됐다. 앞으로도 활용할 수 있는 기회가 많을 것 같고, 지역사회에도 학생들이 도움을 얻을 수 있는 제도가 많다는 것을 알게 됐다.' [신진경]

'고등학생 때 논문에 대해 배울 수 있는 기회가 있다고 하지만 전교생에게 기회가 주어지지 않고, 이렇게 자세하고 꼼꼼하게 배우긴 어려운데 좋은 경험이 됐다. 학교 수업 등 교과를 소화하느라 여가 시간이 부족해 다 같이 모이기가 어려워 처음에는 그런 부분에서 트러블이 생기기도 했다. 그러나 개인이 조사할 부분과 함께 진행할 부분을 조율하면서 연구를 마칠 수 있었다.'[유서영]

'원주에 살지만 원주에 대해 진지하게 생각해 본 적이 없었다. 지역에 대해 고민하게 됐고, 결속력을 갖게 됐다는 점이 의미있다고 생각한다. 또한 연구를 도와주신 교수님, 장학사님 등 전문가를 직접 만날 수 있는 기회가 없는데 청소년포럼을 통해 그러한 기회를 얻게 됐다. 우리가 연구한 주제처럼 일상적인 것들에 대해 깊이 생각하고 연구하는 것을 배운 점도 좋았다.' [마지우]

상기 내용은 참여 학생들이 생각하는 지속가능발전청소년포럼의 성과를 읽어낼 수 있는 대복이다. 지속가능발선청소년포럼에 참여한 학생들은 사회문제에 대해서 무관심한 그런 중·고등학생이 아니었다. 청소년들은 각종 사회문제에 대하여 진지하게 논의하고 있었고,

나름대로 대안도 가지고 있었다. 자신의 진로에 대해서도 다양한 고민을 가지고 있었다. 지속가능발전청소년포럼은 지역사회에 대한 관심을 제고하고 기회를 제공하고 있다. 지역은 사전적·물리적 공간 이상의 의미를 지닌다. 삶의 공간인 지역은 관계로 구성되어 있고, 공동의 문제를 해결해 나가는 장이다. 그래서 지역공동체에 대한 관심은 의미가 크다. 지속가능발전청소년포럼과 같은 교육의 과정은 지역공동체에 대한 이해를 제고하고 오해와 편견을 극복하는 계기가 된다.

사진 6-4 지속가능발전청소년포럼 관련 신문기사(원주투데이)

"지역사회에 대한 진지한 고민"
"스스로 편견 버리는 계기 됐죠"

또 지속가능발전청소년포럼에 참여한 학생들은 전문가들과 경험을 공유하면서 일상 속에서 지역공동체의 지속가능성에 대한 고민을

시작하게 된다. 김남형(사)기후변화교육연구센터 연구원은 멘토 그룹 가운데 지속가능발전청소년포럼 참가자들이 가장 선호한 멘토로 평가됐다. 청소년포럼에서 원주지역 멸종위기종 문제, 생태통로, 원주천 등 환경 분야 멘토로서 활발히 활동하고 있다. 청소년포럼을 진행하는 동안 학생들과 주말을 활용해 팀별로 현장 답사를 함께 다니며 지도하고, 연구를 도왔다. 김남형 연구원은 우리 사회가 청소년 시기에 사회적 의제, 갈등 문제에 대해 관심을 가지고 해결방안을 생각하고 논의해보지 못했기 때문에 결국 성인이 되었을 때 지역공동체와 관련해서 문제해결 능력이 떨어지는 경향이 있다고 지적한다. 지속가능발전청소년포럼을 통해 아이들이 지역의 문제를 끄집어내 조사하고, 대안을 제시하는 과정은 결국 문제해결 능력을 찾아가는 길이 될 것이라 기대한다. 결국 지속가능발전청소년포럼은 지역사회의 현재와 미래에 대한 진지한 고민의 장으로서 역할이 점진적으로 확대되고 있다.

지역 거버넌스 구축을 통해 추진하고 있는 지속가능발전청소년포럼 'YESDO'의 핵심적 가치는 단연 '교육 형평성'이다. 우리나라의 청소년들의 대부분은 대학 입시 준비를 위한 학창 시절을 보내고 있다. 하교 후에는 학원이나 과외, 독서실에서 많은 시간을 보낼 수밖에 없는 것이 현실이다. 여기에서 나타나는 문제는 이 시기에 필요한 다양한 경험을 향유하지 못한다는 것, 학업 수준에 따라 받게 되는 교육의 질이 다르다는 것, 높은 사교육비를 감당 할 수 없는 가정의 청소년들은 양질의 교육으로부터 소외되고 있다는 점 등을 들 수 있다. '교육 형평성'이라는 관점에서 지속가능발전청소년포럼은 청소년들에게 차별 없이 양질의 교육 받을 권리를 좀 더 폭넓게 보장받을 수 있는 기회를 제공하고자 하였다. 지역 내의 불평등 요소는 물론이고, 대도시와 비교했을 때 지역 간 교육 불평등 요소를 극복하는 데에도 기여하는 것이 중요한 과제라고 판단했다. 실제로 이 포럼에 참여하는 학생들은 학업 수준이나 성별, 학년에 구애받지 않고 원주지역의 중·고등학생이라면 누구나 참여가 가능하고 참여 인원에 대한 제한도 없다. 그리고 지역의 전문가들이 봉사를 통해 불평등을 극복하는데 거버넌스의 중요한 한 축을 담당하고 있다. '교육형평성'은 지속가능발전청소년포럼의 핵심적 가치이며, 이는 유엔지속가능발전목표(SDGs), 교육 목표와 밀접한 관련을 지니고 있다.

2. 일상과 지속가능발전목표

지난 4년간 지속가능발전청소년포럼에 자발적으로 참여한 청소년은 145개 팀, 594명이다. 이 중 338명이 모든 과정을 수료했고 81개 팀이 최종적으로 논문을 제출했다. 청소년의 입장에서 모든 과정을 수료하고 논문까지 마무리하는 것은 결코 쉬운 일이 아니다. 중요한 것은 결과보다 과정이다. 지속가능발전청소년포럼의 진행 과정 속에서 지속가능한 발전에 대해 이해하고, 일상에서의 지속가능성에 대해 점검하면서 나름대로 대안을 제시한다.

표 6-5 지속가능발전청소년포럼 운영 현황(2015-2018)

	2015	2016	2017	2018	합 계
참가팀 수	30	34	45	36	145
참여인원	119	130	188	157	594
수료인원	68	85	102	83	338
연구논문 수	16	22	25	18	81

제출된 81개 논문을 정리해보면 지속가능성과 관련하여 해당 세

대의 관심사와 지역차원에서의 과제를 유엔 지속가능발전목표(SDGs)를 기준으로 분석해 볼 수 있다. 일단 지난 4년간 원주지역의 청소년이 가장 큰 관심을 나타난 분야는 '포용적이고 안전하며, 복원력 있고, 지속가능한 도시와 인간 거주지를 조성한다.'에 해당하는 11번 목표였다. 아울러 비슷한 수준에서 '모두를 위한 적정한 가격의, 신뢰성 있고 지속가능한 현대적인 에너지의 접근을 보장한다.', '건강한 삶을 보장하고, 모든 세대의 복지를 증진한다'라는 7번과 3번 목표에 높은 관심을 보여주었다. 이어서 깨끗한 물과 위생, 산업, 혁신과 인프라, 지속가능한 소비와 생산, 양질의 교육 등의 목표에 대해서 다양한 의견을 제시하고 있다. 반면에 양성평등, 좋은 일자리와 경제 성장, 해양생태계, 파트너십에 관한 내용은 단 한 차례도 논문의 주제로 선정되지 못했다. 이 같은 내용은 지역사회의 지속가능성과 관련하여 향후 사회적 논의와 정책적 방향을 검토하는 과정에 있어서 시사하는 바가 분명히 있다. 이는 어떠한 분야에 관심이 많다거나, 중요성을 평가하는 잣대가 아니다. 17개 부문의 유엔 지속가능발전목표를 균형적으로, 혹은 더 적극적으로 달성하도록 유도하는데 기여한다. 예컨데 정책 결정 방법에 대한 점검, 정책 우선순위의 결정 과정 등에 있어서 더 효율적인 방식을 제시할 수 있다는 의미다. 지속가능발전청소년포럼은 지속가능성을 제고할 수 있다. 특히 폭넓은 청소년의 시각을 반영함으로써 일상 속에서의 지속가능발전목표 달성에 기여할 것이다. 다음의 연구내용을 보면 원주지역 청소년들이 이미 그 방향을 스스로 제안하고 있기 때문이다.

표 6-6 지속가능발전청소년포럼 연구내용 목록(2015~2018)

번 호	연구내용	소 속
1	인문계 고등학교와 특성화 고등학교의 인식의 차이를 일으키게 하는 원인	북원여고
2	원주 관내 노인요양시설 요양보호사 직무만족도 수준에 대한 연구	치악고
3	국내 바이오가스 현황 조사 및 효율 증진 방안 탐구	강원과학고
4	생태계 보호 및 지속가능한 발전이 이루어지는 그린 시티(Green-City) 사업을 위한 친환경 가로등 개발	강원과학고
5	원주시내 생태통로의 실태조사 및 개선방안 탐구	강원과학고
6	친환경 한지의 효과 연구	상지여중
7	원주 인근지역 내 멸종위기종에 대한 청소년들의 인식 실태조사 및 인식증진 방안	강원과학고
8	원주를 통해 알아보는 독도와 한일관계	치악고
9	원주시 동남아시아 결혼 이주민 가정의 복지가 지속가능한 발전에 미치는 영향	상지여고
10	학생들이 사용하는 립 제품의 부작용에 관한 조사와 소비자와 생산자에게의 권고	치악고
11	대기 중 수증기 포집을 통한 물 부족 해결의 가능성 탐구	북원여고
12	원주시 SRF 시설에 대한 고등학생들의 인식조사	치악고
13	교내 인간동력 활용실태 및 활성화 방안	치악고
14	지속가능발전을 위해 원주시가 기울인, 기울여야 하는 환경적인 노력은 무엇인가?	원주여고
15	원주 특산품인 복숭아와 황골엿을 이용한 상품개발	강원과학고
16	음식물 쓰레기의 문제와 줄이기 위한 방안	원주고
17	원주 지역 장애인 활동 개선 방안 연구 -유니버설 디자인을 중심으로-	고등연합
18	석빙고의 원리와 PCB 벽돌을 이용한 친환경·항균 저장시스템 개발	강원과학고
19	원주지역 중, 고등학생의 매점 식품에 대한 안전성이 학생들의 인식에 미치는 영향	북원여고
20	원주천 실태 조사에 따른 오염 처리 대책 제언	상지여고

21	원주시 빛공해 실태조사를 통한 빛공해 예방 방안 연구	상지여고
22	폐냉장고 재활용 시 발생하는 유해물질의 처리 실태 및 처리 방법 제시	상지여고
23	원주청소년의 행복 결정 요인과 행복 지수 증가를 위한 연구	원주여고
24	음식물쓰레기 줄이기 해결방안 모색 – 공유냉장고 가능성 방안 제시를 중심으로	남원주중
25	원주시 스포츠 산업의 지속 가능성 연구	진광고
26	단열재에 따른 벽체내 온도구배	진광고
27	원주시 자전거 도로 만족도 조사 및 문제점에 대한 해결방안 탐구	진광고
28	원주 시내 아파트 RFID종량기 악취문제의 원인분석 및 해결 방안 제시	진광고
29	국내 내분비계장애물질의 종류와 건강피해에 대한 개선방안	진광고
30	여고생들의 물 사용 실태조사 및 방안	상지여고
31	원주 한 도시 한 책 운동에 대한 청소년들의 인식 실태조사 및 활성화 방안 탐색	상지여고
32	장애인 저상버스 이용의 문제점과 개선방안	상지여고
33	원주천 조사 및 향후 이용방안 고려	원주여고
34	원주시 학생들의 휴대폰 회수여부에 따른 자투리시간 활용 방법	원주여고
35	원주 혁신도시 개발 사업으로 인한 야생동물 서식지 파괴와 미치는 영향	원주여고
36	원주시 고등학교내 재활용 분리배출 실태조사	북원여고
37	기후변화대응교육연구센터에 대한 원주시 청소년들의 인식 조사와 홍보방안	남원주중
38	[실험보고서] 중2 남학생들의 활발한 운동에너지를 전기에 너지로 바꾸자!	남원주중
39	특목고에 대한 청소년들의 인식조사	남원주중
40	원주시 중학교 로컬푸드의 현황 및 증진 방안	남원주중
41	원주시 자전거 도로 활성화 방안 탐구	원주중
42	원주시 학생들의 중학교 수돗물에 대한 인식도 조사 및 염소 농도 측정	원주대성중

43	원주시내 운동장과 놀이터의 토양 안전성 연구	원주대성중
44	원주시 중학교 학생들의 미세먼지 인식도 개선 및 해결방안	원주대성중
45	국제분쟁연구회의 봉사활동을 통한 원주 미로예술시장 활성화 방안	육민관고
46	공정한 사회 실현에서의 실질적 평등에 관한 이론적 고찰 – 적극적 우대정책을 중심으로 –	원주고
47	북한이탈주민의 정착을 위한 경찰 업무의 과제에 관한 연구	원주대성고
48	아프리카 난민을 위한 라이프스트로우의 흡착 재료에 따른 중금속 흡착과 적용 가능성	강원과학고
49	원주시 도시 침수 예방을 위한 최적의 턱 높이 결정	강원과학고
50	목재폐기물 Kraft Lignin의 활용방안 연구	강원과학고
51	도심안전을 위한 엘리베이터 및 지하철 문틈사고 방지장치 개발	강원과학고
52	원주시 도로 가로등 효율성 및 안전 향상 방안 모색 –원주시 주요 도로 3개를 중심으로	진광고
53	청소년의 시각에서 본 원도심의 실태 및 바람직한 도시개발 방안 연구	진광고
54	빗물 이용의 경제적 가치와 환경적 가치	진광고
55	교실 공기오염에 대한 고등학생의 인식 연구	상지여고
56	원주시 빛공해 실태조사 및 개선방안	상지여고
57	보온성 및 냄새제거용 한지 연구	상지여고
58	학교 내 장소에 따른 미세먼지 농도의 차이	상지여고
59	EM의 환경정화 효과에 대한 실증분석	상지여고
60	원주시 고등학생의 원주BIS 만족도 조사 및 오류 실태 연구	상지여고
61	창문 모양과 위치에 따른 일사량 조사 및 일조권 침해	상지여고
62	고 위험 독거노인을 위한 노인복지정책의 현황조사 및 해결 방안	상지여고
63	삼척 오십천의 유속에 따른 자정작용 확인 및 오염도 연구	삼척여고
64	원주시 공용화장실 세균 검출 및 분석에 따른 공용화장실 위생 상태에 대한 연구	대성중
65	원주시 주요 사거리의 교통체증 해결 및 신호위반 예방 대책 마련	대성중

66	원주시 학교 수돗가 세균 오염 상태에 대한 검사와 이의 안전성 인식 개선	대성중
67	M.G.L 검사법을 통한 원주시 놀이터 동물 회충의 존재 유무 확인	대성중
68	건강한 원주에 적합한 태양광 도로를 위한 태양 전지의 비교·분석에 관한 연구	진광고
69	원주시 회전교차로의 효율 분석	진광고
70	원주시의 바람직한 친환경에너지 발전 방안 모색	진광고
71	원주시 고등학생들의 편의를 위한 버스 운행 개편 방안 탐구	강원과학고
72	자성유체를 활용한 차량용 에어컨 필터형 중금속 흡착 필터 개발에 대한 연구	강원과학고
73	버려지는 과일 껍질 재활용 방안	강원과학고
74	자유학년제가 원주시 학생들에게 미친 영향에 대한 연구 — 진로탐색을 중심으로 —	원주여고
75	닥나무를 활용한 천연화장품의 우수성 탐구 제작 및 효능검증	상지여고
76	원주시 빛공해 실태조사 및 저감방안 제언	상지여고
77	원주천의 생태 환경 조사 및 흙먼지층 제거가 생태계에 미치는 영향	상지여고
78	친환경 에너지를 활용한 제로하우스 건축 설계 방안 제언	상지여고
79	실생활에서 압전소자를 이용한 신재생 에너지 발전 효율	육민관고
80	국내 지역별 태양광 발전 효율 분석	육민관고
81	기후변화의 심화에 따른 농업 대응 방안 고찰 — 현장조사를 중심으로 —	고등연합

Ⅳ. 지속가능발전교육과 거버넌스

1. 거버넌스에 대한 학습 과정

지속가능발전청소년포럼은 청소년이 직접 지역 문제를 고민하고 이를 해결하기 위해 연구와 조사를 수행하며 그 결과를 발표하는 일련의 과정을 기획한 것이다. '지역이 학교다'라는 슬로건은 미래의 지역사회를 이끌어가게 될 청소년이 지역사회를 이해하고 지속가능성 알아갈 수 있는 계기를 만들며 지역사회 일꾼을 체계적으로 준비하자는 의미도 담고 있다. 더욱이 지속가능발전청소년포럼은 교육 형평성이라는 지향점과 결합되어 있어 의미가 크다. 여러 가지 측면에서 서울과 수도권에 비해 교육 여건이 상대적으로 열악한 지역사회라는 상황을 뛰어넘어 '모두를 위한 포용적이고 공평한 양질의 교육 보장 및 평생학습 기회 증진'이라는 지속가능발전목표를 개선하기 위한 적극적인 시도였다.

이를 위해 원주지속가능발전협의회가 원주시, 강원도원주교육지원청, 대학, 시민사회 활동가, 학교 교사, 대학 교수, 전문가 등과 함께 지속가능발전청소년포럼 운영위원로 구현된 거버넌스를 구축하였고, 청소년과 함께 지역사회와 지속가능발전교육을 접목시켰던 것이다. 청소년들이 제출한 연구 결과물에는 지역사회가 안고 있는 크고 작은 문제와 그 대안들이 생생하게 담겨 있다는 것 역시 의미 있는 성과라

그림 6-5 지속가능발전청소년포럼 운영체계와 거버넌스

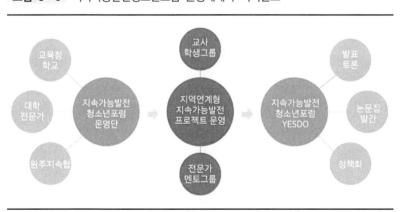

할 것이다.

지속가능발전청소년포럼과 관련하여 거버넌스가 성공적으로 작동될 수 있었던 데에는 몇 가지 요인이 있다. 첫 번째는 교육 관련 거버넌스에 대한 지역사회의 강한 욕구가 존재했기 때문에 거버넌스 구축이 용이했다는 점을 들 수 있다. 지역사회는 기본적으로 양질의 교육에 대한 관심이 크다. 아울러 강원도교육청에서 추진하고 있는 강원도형 마을교육공동체 사업을 통해서 알 수 있듯이 기존 교육체계의 확장에 대한 사회적 요구가 존재하고 있다. 이 같은 교육체계의 확장을 위해서는 지역사회의 인적·물적 자원 네트워크가 무엇보다 중요하다. 이 과정에서 거버넌스가 강조되는 것이다. 특히 지속가능발전교육은 특성상 다루어야 하는 영역의 범위가 넓고, 다양한 교육 콘텐츠가 필요한 만큼 더욱 거버넌스가 강조되었다.

두 번째는 교육과 관련한 협력적 파트너십의 다양한 경험이 기반으로 작용했다는 점이다. 원주지속가능발전협의회는 '원주지속가능발전교육 10년'과 관련한 다양한 교육 사업을 추진해왔다. 이 과정에서 각종 기관, 단체와 거버넌스를 구축해온 경험이 축적되었다. 이러한 경험을 통해 상호간의 이해와 신뢰의 토대가 마련되었고, 이는 다양한 프로젝트 추진을 가능하게 하는 긍정적인 요인이 되었다.

세 번째는 거버넌스의 목표가 선명하고, 참여 그룹의 역할이 분명하다는 점이다. 성공하는 거버넌스는 모든 참여 그룹이 지향하는 목표에 대해서 명확하게 공감대가 형성되어야 하고, 각자의 역할이 분명한 구조를 만들어야 한다. 이러한 목표와 역할에 대한 구체성을 가지지 못하는 거버넌스는 일정한 시간이 지나면 한계가 드러나기 마련이다. 지속가능발전청소년포럼의 경우 민간에서의 적극적인 의지를 토대로 거버넌스가 구축되었다는 점, 목표가 분명한 비교적 소규모의 거버넌스를 지향하고 있다는 점, 행정기관, 교육기관, 시민사회, 전문가 등 구성원의 역할이 명확하다는 점 등이 장점으로 작용했다고 볼 수 있다.

원칙적으로 지속가능발전협의회(지방의제21 추진기구)는 다양한 이해당사자들이 만나고 의견을 나누는 구조로 구성되어 있다. 또 이들과 지역 사회의 지속가능한 발전에 관하여 생각을 나누고, 공동의 의제와 비전을 만들며 실천 해법을 마련하는 것이 조직의 목표다. 따라서 원주지속가능발전협의회가 진행하는 사업은 대체로 추진 과정 자체가 사회적 학습 과정을 반영하고 있다. 특히 거버넌스를 이해하는 과정과 사업 추진 과정에서 거버넌스의 효과를 경험하는 것이 가장 주요한 학습 과정이다. 이 과정은 사업에 참여하는 시민뿐만 아니라 지방정부를 포함한 지역사회 전체에게 학습의 기회를 제공한다. 물론 기존 교육의 관점에서는 이와 같은 과정 전체를 학습의 과정으로 인식하고 접근하기는 쉽지 않다. 하지만 보다 확장된 의미에서 거버넌스에 대한 교육이라는 관점에서도 접근할 필요가 있다. 지속가능발전청소년포럼은 거버넌스에 대한 학습 과정으로서도 의미가 있었다. 이번 경험을 토대로 향후 보다 확대된 지역사회의 교육거버넌스가 구축되고 제 기능을 수행할 수 있도록 함께 노력하여야 한다.

2. 좋은 거버넌스의 실현

유럽연합포럼에는 매년 전 세계 60개국에서 4,000여명의 학생들이 1주일 동안 16개 분야의 세미나에 참여하기 위해 알프바흐에 모인다. 여기에서는 보건, 기술, 정치, 경제, 건축, 문화, 금융, 법률 등 다양한 주제가 발표되고 논의를 통해 합의된 의견들이 유럽의 정책으로 반영된다. 이 유럽연합포럼은 티롤의 한 작은 산악마을 알프바흐에서

청소년 및 대학생들이 지역사회의 문제를 고민하기 시작한 작은 포럼에서 유래하고 있다. 지속가능발전청소년포럼은 1945년에 시작된 알프바흐 포럼을 모델로 삼고 있다. 원주 지역에도 지속가능발전과 관련한 다양한 논의 과제가 산적해 있고, 지속가능발전목표를 이행하기 위한 구조와 노력도 필요하다. 이 같은 관점에서 지속가능발전청소년포럼은 새로운 실험이자 지역사회 차원에서의 노력의 일환이다. 청소년들이 지역사회라는 학교에서 일상에 대한 문제 인식을 기반으로 그 해결방안을 모색해 나간다면 우리 사회의 지속가능성은 틀림없이 제고될 것이다. 장기적으로는 지속가능발전청소년포럼이 사회, 환경, 경제 등 통합적으로 지역사회에 대해 논의하는 공론의 장으로 발전해 나가기를 기대하고 있다. 아울러 지역사회의 관심과 참여가 확산되어 나간다면 지속가능발전목표 공동 이행을 위한 플랫폼으로써 교육과 담론 형성, 그리고 실천에 관한 내용을 논의하고 추진하는 공간이 될 수 있을 것이라는 바람도 가지고 있다.

고무적인 것은 2015년 이후 함께하는 청소년들이 지속적으로 증가하고 있다는 점이다. 지역사회의 관심도 커지고 있다. 그리고 지속가능발전청소년포럼은 유네스코 지속가능발전교육 공식프로젝트로 인증을 받았다. 이후 다양한 전문가들의 참여도 확대하고, 청소년과 함께 할 수 있는 프로그램도 다각화해 나가고 있다. 2018년에는 전라북도 전주시의 전주지속가능발전협의회가 지속가능발전청소년포럼을 추진하였다. 원주지역 외에 다른 지역으로 확산되는 과정에 있다는 의미다. 이러한 일련의 과정은 지속가능발전교육의 활성화와 이를 통한 지속가능성 제고에 기여할 수 있다는 가능성을 보여주는 대목이라 하겠다.

지속가능발전교육은 지속가능발전의 목표이며, 도구이자 우리 사회의 지속가능발전의 구현을 위한 좋은 솔루션이다. 따라서 앞으로 더욱 구체적으로 지속가능발전교육을 위한 구체적인 비전과 전략, 계획을 만들어 나가야 할 필요가 있다. 특히 SDGs 이행과 관련해서 향후 교육의 중요성이 더욱 대두될 것이 분명하다. 문제는 지속가능발전교육을 위한 거버넌스를 더욱 공고하게 구축하고 유지해 나갈 것인가 하는 점이다. 이와 관련해서는 몇 가지 논의 과제가 있다. 첫 번째는 확장성에 관한 문제이다. 지속가능발전교육을 내실화하고 효과를 제고하기 위해서는 지역사회 인적·물적 네트워크의 확장을 도모할 수 있는 방안이 필요하다. 지역이라고 하는 다소 제한된 범위에서 거버넌스의 확장을 통해 사업 추진에 용이한 구조를 구축할 수 있는 방안과 내용적인 측면에서 전문성 등을 보완할 수 있는 방법 등에 대해서는 지속적인 논의가 필요하다.

두 번째는 거버넌스의 지속성에 관한 문제이다. 거버넌스가 지속적으로 유지되기 위해서는 참여그룹의 의지가 뚜렷해야 하고, 예산 등 협력구조가 견고하게 관리되어야 한다. 하지만 행정 및 교육기관의 경우 주기적으로 책임자가 변경되고, 예산확보의 경우에도 항상 변수가 발생하기 마련이다. 크게는 정책 방향의 변화에 의해서 영향을 받기도 한다. 이러한 구조적인 한계를 극복하기란 쉽지 않다. 따라서 제도화 등의 방안에 대해서도 고민이 필요하다. 그리고 지속성은 거버넌스의 발전 방향과도 관련성이 있다. 동일한 구조, 형식과 내용으로 오랜 시간 유지되는 거버넌스는 없다. 새로운 비전과 내용을 제시할 수 있는 역동적인 거버넌스를 실현하기 위한 논의도 필요하다.

세 번째는 정책화 구조에 대한 논의가 필요하다는 점이다. 지속가능발전청소년포럼의 경우 교육과 함께 지속가능발전을 위한 정책 플랫폼으로서의 기능이 필요하다. 지역사회에 대한 문제의식과 해결방안에 대한 논의가 연구의 결과로 정리되는 것이 첫 번째 단계라고 한다면, 연구 결과에 대한 환류, 즉 정책화나 이행계획의 수립 과정이 최종적인 단계라고 할 수 있다. 거버넌스는 프로젝트의 운영을 넘어서 지속가능한 발전을 위한 정책화와 실질적인 이행이 더욱 주요한 기능이기 때문이다. 즉 지속가능발전목표의 공동 이행을 위한 정책 플랫폼으로서 역할을 수행할 수 있도록 하는 거버넌스를 어떻게 체계화할 것인지도 활발한 토론이 필요한 대목이다.

참고문헌

1. 이선경 · 김남수 · 김찬국 · 장미정 · 주형선 · 권혜선. (2010). 유엔 지속가능
   발전교육 10년 (DESD) 중간 평가를 위한 실태 조사 연구. 유네스코한국
   위원회. ESD 연구과제 2010 - 2.
2. 이선경 · 김남수 · 김찬국 · 주형선 · 황세영 · 김이성 · 백승현 · 이재영 · 장미정 · 정
   수정 · 정원영 · 조우진. (2014). 한국의 유엔지속가능발전교육 10년. 서
   울: 유네스코한국위원회.
3. 이선경 · 이재영 · 이순철 · 이유진 · 민경석 · 심숙경. (2005). 유엔 지속가능
   발전교육 10년을 위한 국가 추진 전략 개발 연구. 대통령자문 지속가능발
   전위원회.
4. 이창언 · 오수길 · 유문종 · 신윤관. (2014). 갈등을 넘어 협력사회로. 서울:
   살림터.
5. 전국지속가능발전협의회. (2018). 2018년 지속가능발전대상 공모전 우수
   사례집. 환경부.
6. 조성화 · 안재정 · 이성희 · 최돈형. (2015). 교육과 지속가능발전의 만남.
   서울: 북스힐.
7. ICLEI (2012). 세계 지방의제21 20년사. 서울: 리북.
8. UNESCO. (2005). United Nations Decade of Education for Sustainable
   Development 2005-1014: International Implementation Scheme.
   Paris: UNESCO.
9. UNESCO. (2009). UN DESD Global Monitoring and Evaluation
   Framework (GMEF): Operational Plan. Paris: UNESCO.

10. World Commission on Environment and Development (WCED). (1987). Our Common Future. Oxford University Press.

원주 주택에너지 효율개선 사업

- 취약계층 에너지 문제와 거버넌스 -

제현수(원주지속가능발전협의회)

원주 주택에너지 효율개선 사업

- 취약계층 에너지 문제와 거버넌스 -

제현수(원주지속가능발전협의회)

Ⅰ. 어느 누구도 에너지 빈곤의 고통을 겪지 않도록 한다.

1. 에너지문제와 지속가능발전

1970년대 오일쇼크는 전 세계적으로 에너지 위기에 관한 관심을 증가시켰다. 에너지는 무한하지 않으며, 대체에너지 개발에는 장기적인 시간과 노력이 필요하다는 것을 인식하게 했다. 또 당장에는 에너지 소비 시스템의 전환이 무엇보다 중요하다는 교훈을 남기기도 했다. 에너지 위기로 인한 사회적 충격은 저소득층 가정에 더욱 치명적인 영향을 미치게 되어 이에 대한 대안 마련이 필요하였다. 에너지 위기로 인한 에너지 비용의 증가는 저소득 가정의 빈곤화를 더욱 심화시켜 사회적 자립역량을 약화시키고 빈곤의 악순환 구조를 강화하게 된다. 에너지 위기가 서소득층에 미친 영향은 단지 소비지출비용의 증가에 머물지 않고 생활 수준의 하락에 따른 복지문제의 발생으로 연계된다. 우리나라에서도 냉난방 문제로 인한 노인의 건강 악화와 사망률 증가가 사회적인 문제로 대두되고 있다. 저소득 가구의 부적절한 에너지 사용은 건강과 환경에 새로운 문제가 되고 있으며, 한국사회는 경제위기로 인한 연탄사용가구의 증가가 이러한 현실을 반영하고 있다. 이는 도시의 포용성, 안전성, 회복력 등에 있어 부정적인 요인이 된다.

경제발전과 생활 수준의 향상으로 인해 에너지 소비량이 급증하면서 에너지 가격은 지속적으로 높아져 국가 경제에 많은 부담을 주고 있으며, 이를 해결하기 위해선 에너지 소비 시스템의 근본적인 혁신이 요구되고 있다. 아울러 기후변화 문제가 심각해지면서 온실가스 발생량 감소가 지구적 과제가 되었다. 기후변화는 저소득층 가정에 에너지 비용에 대한 부담 외에 새로운 문제를 발생시키고 있다. 특히 폭염으로 인한 피해는 대단히 심각한 상황이다. 저소득 가정의 열악한 주거환경은 증가하는 폭염 피해에 대하여 무방비 상태에 놓여 있으며 한국사회에서도 폭염으로 인한 사망자와 피해자가 증가하고 있다.

정리해보면 고유가 시대가 초래한 에너지 위기는 에너지 비용의 증가로 이어져 저소득층 가정의 빈곤화를 더욱 더 심화시키고 있다. 이는 저소득층의 사회적 자립 역량을 약화시키고 빈곤의 악순환 구조를 강화하는 결과를 초래한다. 빈곤 문제와 함께 기후변화 등으로 인한 피해가 확대되고 있다. 결국, 저소득 가정의 에너지 문제해결을 위해선 종합적이고 근본적인 대책이 필요하다는 공감이 이루어졌고, 여러 관련 그룹의 협조가 필요하다는 결론에 도달하였다. 그리고 이를 배경으로 저소득층 주택에너지 효율 개선 사업의 중요성이 부각되었다. 원주 주택에너지 효율 개선사업은 이러한 사회적 문제에 대한 인식을 바탕으로 '모든 시민이 소득과 관계없이 에너지 빈곤의 고통을 겪지 않도록 한다'는 에너지 복지의 측면과, 적극적인 기후변화대응의 관점에서 단열 개선 등을 통한 주택에너지 사용량 감소 및 에너지 효율화를 통해 지구온난화 방지에 기여한다는 기후변화 대응 측면을 동시에 고려하는 가운데 추진되기 시작했다. 주택에너지 효율 개선 사업은 기존주택의 창호와 문 교체, 벽체와 바닥, 천장보강 등의 조치를 통해 에너지 성능을 개선해서 건물의 에너지 효율을 높이거나 태양광, 지열 등 대안에너지 장치를 설치하는 사업을 의미한다. 원주에서는 2006년부터 주택에너지 효율 개선 시범사업이 국내 최초로 추진되었다. 2009년 이후 원주지속가능발전협의회 등 7개 기관이 구체적인 협력체계인 '원주주택에너지효율화사업단'을 구축하여 원주지역의 주택에너지 효율 개선 사업을 체계적이고 효과적으로 추진한 바 있다.

특히 이 사업은 세계의 변혁, 2030 지속가능발전 의제가 지향하는 기본 원칙을 잘 반영하고 있다. '모든 국가와 이해당사자들은 협력적 파트너십 정신으로 행동하면서 이 계획을 이행할 것이다. 우리는 빈곤과 결핍의 횡포로부터 인류를 해방시키고, 지구를 치유하며 보호할 것을 결의한다. 우리는 세상이 지속가능하고 회복력 있는 길로 옮겨가는데 시급히 필요하고 담대한 변혁적인 조치를 취할 것이다. 우리는 이런 공동의 여정을 시작하면서, 누구도 뒤쳐져 소외되지 않을 것임을 서약한다.' 이 내용은 2030 지속가능발전 의제 전문 중 일부다. 이에 따라 분석해 보면 원주 저소득층 주택에너지 효율 개선 사업은 지역사회의 이해당사자들이 협력적 파트너십을 기반으로 거버넌스를 구축해 지속가능발전을 위해 행동한 것이다. 그리고 에너지로 인해 심화되고 있는 빈곤 문제와 온실가스 배출 등 지구환경문제에 대해 적극적인 대응을 목표로 하고 있다. 담대하고 변혁적인 조치로서 원주시민이라면 누구도 에너지 빈곤의 고통을 겪지 않도록 한다는 슬로건을 내걸기도 했다. 장기적으로 보면 이 사업의 과정은 지속가능하고 회복력 있는 도시로의 발전이라는 결과로 나타나게 될 것이라는 기대를 해 볼 수 있었다. 본 장에서는 원주 저소득층 주택에너지 효율 개선 사업을 거버넌스 관점으로 이야기해 보고자 한다.

2. 원주 주택에너지 효율화를 위한 거버넌스 구축

원주지역에서는 2006년부터 환경정의, 원주의료생활협동조합 등이 주축이 되어 국내 최초로 저소득층 주택에너지 효율 개선을 위한 시범사업('집 고쳐주는 병원')을 추진했다. 시범사업 이후 2008년부터 지역의 현실과 특성을 고려한 원주형 저소득층 주택에너지 효율 개선 사업의 필요성에 대한 공감대가 형성되면서, 그 추진을 위한 논의가 원주지속가능발전협의회, 원주시, 원주의료생활협동조합 등을 중심으로 본격화되었다. 이듬해인 2009년에는 원주시, 원주에너지기술센터, 원주주거복지센터, 원주사회적경제네트워크, 예비사회적기업 노나메기, 원주지속가능발전협의회가 공동으로 구체적인 사업 추진 방향을 모색하기 위한 '저소득층 주택에너지 효율 개선 사업(Weatherization Assistance Program, WAP) 타당성조사 사업'연구 용역을 추진했다. 이 연구 사업을 통해 원주지역 취약계층 주거문제에 대한 전수조사와 실증 사업이 실시되었다. 그 결과 실제적인 지역 문제에 대한 검토를 토대로 지역 특성에 부합하는 사업 방향이 제시됐다. 구체적으로는 원주지역 취약계층 주거문제 전수조사, 에너지 효율화 사업 대상 가구 실증 사업 등이 실시되고, 원주시 주택에너지 효율 개선 사업 추진 시스템 구축, 원주시 특성에 부합하는 사업 추진 방안 등이 연구·제시됐다.

저소득층 주택에너지 효율 개선 사업 타당성조사사업의 결과를 토대로 한 원주지역 차원의 주택에너지 효율 개선 사업 추진이 합의되고, 본격적으로 민간과 행정, 관련 사회적기업과 자활센터, 전문가 등이 참여한 가운데 사업이 공동 추진되기 시작했다. 먼저, 민간과 행정은 6개월간의 지속적인 논의를 통해 주택에너지 효율 개선 사업의 추진을 위한 주요 정책과제를 선정했다. 2010년 11월 9일 원주시장과 관계 공무원, 관련 시민사회단체, 사회적기업, 전문가 등이 참석한 가운데 '주택에너지 효율화 사업 활성화를 위한 정책토론회'가 원주지속가능발전협의회의 주관하에 개최되었다. 이 자리에서 6개 부문 9개 정책과제를 의제로 채택했다.

이후 원주시와 원주에너지기술센터, 원주주거복지센터, 사회적기업 (주)노나메기, 누리 집수리센터, 원주의료생활협동조합, 원주지속가능발전협의회 등은 주택에너지 효율화사업의 적극적인 추진을 위하여 거버넌스 체계를 확고히 구축하고자 '원주 주택에너지효율화사업단'을 구성하기로 결의했다. 이에 따라 2011년 1월 원주시와 원주지속가능발전협의회 등 7개 기관·단체는 사업의 원활한 추진을 위해 ① 취약계층 등 수혜자 발굴을 위한 체계 구축에 노력하고, ② 체계적인 에너지 효율화 진단과 모니터링 시스템을 개발하여 추진하고 관리 매뉴얼을 마련하며 실질적인 에너지 효율화를 구현하고, ③ 수혜자들의 만족도가 높은 시공을 위해 요구되는 기술 개발과 전문 인력양성 및 관련 산업의 육성을 위해 노력하며, ④ 투명하고 효과적인 사업 추진 및 재정 운용을 도모하고, ⑤ 지역사회의 다양한 구성원들이 참여할 수 있는 조직 구조를 수립하며, ⑥ 원주 주택에너지 효율개선사업의 체계와 추진 과정을 지속적으로 평가하고 환류하여 지역사회에 기여하기 위해 노력한다는 등의 내용을 담은 MOU를 체결했다. 이어서 '원주 주택에너지효율화사업단'을 본격적으로 가동하고, 사업 추진을 위한 실무 체계를 마련하여 단계적으로 다양한 프로그램을 진행했다.

먼저 원주WAP건축학교를 개소하여 원주 주택에너지 효율 개선 사업의 원활한 추진을 위해 시공교육, 에너지 진단 교육, 적정기술에 대한 교육 등을 시행했다. 또한, 기존에 진행해 온 한국에너지재단 및 원주시의 주택에너지 효율화 사업, 각종 집수리 사업 등을 통합하여 효과적인 운영시스템을 구축하고, 대상자 조사, 사전 및 사후 진단, 주택에너지 효율 개선 시공, 모니터링 등의 사업을 추진했다.

　　원주 주택에너지 효율 개선 사업은 2011년 한국에너지재단(약 2억 원), 한국사회복지협의회, 노동부, 각종 복지재단, 원주시(1억 원) 등의 지원 예산을 활용하여 120가구를 대상으로 시행했다. 2012년도에는 원주시의 예산 등이 확대되고 사업 체계가 안정화되어 대략 220가구를 대상으로 사업을 진행했으며, 이후에는 약 300가구를 대상으로 진행하였다. 2015년까지 원주 주택에너지 효율 개선 사업에 참여한 기관은 7개 기관·단체이며, 참여기관별 역할은 아래와 같다.

그림 7-1 원주 주택에너지 효율 개선 사업의 거버넌스 구축

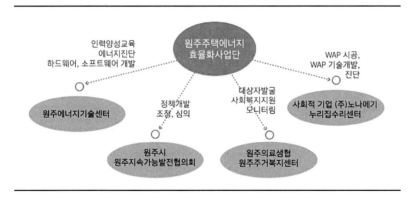

3. 주택에너지 효율화 사업 활성화를 위한 전략

본 사업의 목표는 저소득층 주택에너지 효율화 사업을 보다 체계화하여 대상자선정 – 에너지진단 – 대상자확정 – 시공계획 수립 및 시공 – 모니터링 등 사업의 내용과 범위를 보다 확대하는 데 있다. 아울러 에너지 효율화 사업을 통하여 취약계층에 에너지복지 제도 및 프로그램을 도입하여 혜택을 확대하고, 일자리 창출, 관련 산업의 육성, 온실가스 감축을 통한 기후변화 대응 등에 적극적으로 대처하는 데에도 기여하고자 하였다. 나아가 주택에너지 효율화 사업을 추진하고 있는 행정, 민간, 전문가 그룹의 거버넌스 구축을 통하여 일반 가정에 대한 에너지 효율화 진단시스템 및 컨설팅을 지원함으로써 에너지 효율화 사업의 수혜 범위를 일반 가정으로까지 확대하고, 온실가스 감축을 통한 기후변화 대응에 더 적극적으로 대처하고자 하였다.

이와 관련하여 2010년 11월 9일 주택에너지 효율화 사업 활성화를 위한 정책토론회를 개최하였다. 그리고 토론회의 결과를 정리하여 2010년 12월 '원주 주택에너지 효율 개선사업 활성화를 위한 정책 보고서'를 채택, 배포하고 본격적인 추진 사업 등에 대한 협의 및 추진이 결정되었다. 주요 정책목표는 원주형 주택에너지 효율 개선사업 시스템 구축, 주택에너지 효율 개선 사업의 통합운영체계 마련, 주택에너지 효율 개선사업의 지원체계 마련, 원주시 주택에너지 효율 개선사업 지원조례 제정, 원주시 에너지 효율화를 위한 중장기 계획(에너지 기본계획) 수립, 에너지훈련센터 설립 및 운영, 주택에너지 효율 개선 소재 활용을 위한 인프라 및 정보망 구축, 일자리 사업과의 연계, 관련 지역 기업의 육성 등 9개 과제로 세부적인 내용은 다음과 같다.

1) 원주형 에너지 효율화 사업 시스템 구축

가장 핵심적인 과제는 거버넌스 구축을 통해 체계적으로 주택에너지 효율 개선사업을 추진해야 한다는 것이다. 효과적인 저소득층 주택에너지 효율 개선사업의 추진을 위해서는 지역사회의 다양한 구성원들의 적극적인 참여가 필수적인 과제라 할 수 있다. 미국에서도 정부 기관을 비롯하여 전문가, NPO 등의 협력을 통해 WAP를 추진함으로써 큰 성과를 얻고 있다. 따라서 원주지역에서는 효과적인 저소득층 주택에너지 효율 개선 사업의 추진을 위하여 '원주시 주택에너지 효율화 사업단'을 구성하여 운영해야 할 필요성이 있음을 강조하였다.

2) 주택에너지 효율화 사업의 통합운영체계 마련

원주시에서 추진하고 있는 주택에너지 효율화 사업과 유사한 집수리 사업을 통합적으로 운영하여 사업의 효과를 높이고, 수혜자에게 수준 높은 서비스를 제공할 수 있는 시스템으로 사업 체계를 개선해야 한다는 점이 또 하나의 정책목표였다. 대부분의 집수리 사업은 각 사업별 예산이 가구당 100만 원~150만 원으로 제한되어 있어 실질적인 효율화 사업으로 추진되지 못하는 한계가 명확했다. 따라서 주택에너지 효율화사업의 통합 운영체계를 마련하여 사업효과를 극대화하고 수혜자들의 만족도를 제고하도록 추진해야 한다는 점이 과제 중하나였다.

3) 주택에너지 효율화 사업의 지원체계 마련

효과적인 주택에너지 효율화 사업의 추진을 위해서는 원주시의 행정적, 재정적 지원이 무엇보다 중요한 과제다. 특히 장비보강 및 인력 확충 등을 통한 에너지진단체계 구축 그리고 에너지진단, 대상자 조사, 모니터링과 관련한 운영비 지원 등은 반드시 동반되어야 하는 지원체계라 할 수 있다. 따라서 본 사업에서도 지방 정부가 행·재정적 지원을 원활하게 진행할 수 있도록 민관협력 시스템의 구축을 강조하고 있다.

4) 원주시 주택에너지 효율화 사업지원 조례 제정

주택에너지 효율화 사업이 체계적이고 지속적으로 진행되기 위해서는 제도적 뒷받침 또한 중요한 과제라 할 수 있다. 따라서 (가칭)원주시 주택에너지 효율화 사업지원 조례를 마련하여 운영해야 할 필요성이 있다. 관계법령으로서는 에너지기본법 제4조 제5항, 또는 현재 준비 중인 에너지복지법 등이 상위법이 될 수 있을 것으로 판단했다. 아울러 서울시의 사례를 참조하여 건축물 에너지 효율화 지원제도를 마련하는 방안, 또는 친환경건축물 인증제도 등과의 연계를 통한 제도개선도 검토하도록 하였다.

5) 원주시 에너지 효율화 사업 추진을 위한 중장기 계획 수립

원주시 에너지 효율화 사업과 관련한 중장기 계획을 수립하여 체계적이고 효과적인 사업 추진을 도모하고, 형평성을 원칙으로 모든 시민에게 사업의 성과가 배분될 수 있도록 노력해야 한다는 점도 강조되었다. 실제로 원주시 에너지 효율화 사업 중장기 계획은 에너지 기본계획과 연계하여 작성하는 것이 효과적일 것으로 판단한 바 있었다.

6) 원주 에너지 훈련센터 설립 · 운영

주택에너지 효율화 사업의 적극적인 추진을 위해서는 전문 인력의 양성이 매우 중요한 과제라 할 수 있다. 따라서 에너지 효율화 사업을 위한 운영자, 에너지 진단 인력, 집수리 인력 등을 위한 전문 교육과정을 개설하여 운영하는 에너지 훈련센터의 설립 필요성을 강조하였다. 에너지 훈련센터는 현재 건립되어 운영 중인 한라대학교 내 원주에너지 기술센터, 향후 조성될 원주 기후변화 대응 교육연구센터를 활용하여 운영하는 것이 바람직하다는 방향을 제시하였다. 아울러 주거형에너지 효율 주택 모델하우스 건립 사업을 추진하여 에너지효율화 사업의 실제적인 효과를 확산하도록 제안하였다. 특히 에너지 훈련센터의 설립과 운영은 전국의 주택에너지 효율 개선사업의 관계자들이 교육에 참여할 수 있도록 기회를 제공하여 사업의 전국적 확산과 원주의 위상을 제고하는 등의 다양한 효과를 얻을 수 있을 것으로 판단한 바 있다.

7) WAP 소재 활용을 위한 인프라 및 정보망 구축

주택에너지 효율화사업과 관련해서는 다양한 단열 소재 등의 활용이 중요하다. 따라서 이와 관련한 지역 인프라 구축 및 정보 제공을 위한 시스템을 마련해야 할 필요성이 있다.

8) 일자리 창출사업과의 연계

주택에너지 효율화 사업이 가지고 있는 효과 가운데 가장 핵심적인 부분은 일자리 창출의 효과가 크다는 점이라고 할 수 있다. 특히 주택에너지 효율화 사업과 관련한 에너지 진단분야의 전담인력 발굴과 집수리 인력 확충 등을 통하여 일자리 창출 다각화를 모색해야 할 필요성이 있다.

따라서 관련분야의 사회적기업을 육성하는 등 저소득층과 전문 인력 육성을 위한 체계적인 연계사업을 추진해야 한다.

9) 주택에너지 효율화 사업과 관련한 지역 기업의 육성

일자리 창출과 연계하여 주택에너지 효율화 사업과 관련한 소재 및 기술 개발 기업, 전문적인 시공기업, 관련 사회적기업 등을 육성하기 위한 지역 차원의 전략 마련이 매우 중요하다는 점을 지적하였다. 에너지 효율화 사업 관련, 지역 스타 기업의 육성은 원주 에너지 효율화 사업의 기술적 향상을 제고하고 양질의 일자리를 제공한다는 측면에서 지속적인 관심과 지원 정책이 요구된다고 판단하였다.

II. 원주 주택에너지 효율 개선 사업

1. 원주지역 저소득층의 에너지 문제

원주 주택에너지 효율 개선 사업은 2006년부터 시작된 시범사업을 토대로 2010년부터 본격적으로 진행되었다. 이 과정에서 2009년 원주지역의 저소득층 에너지문제를 제대로 파악해 볼 필요성이 있었고, 관련한 실태조사를 추진하게 되었다. 이 조사는 원주지역 저소득층을 포함한 취약계층(수급자, 차상위계층, 한부모 가정 등)의 주거실태, 주거환경, 주거복지 욕구를 파악하고 주거지원, 통합적 복지 서비스의 지원방안을 모색하며 주거환경을 개선할 수 있도록 실효성 있는 주거복지 근거자료를 마련하기 위한 목적으로 진행되었다. 아울러 조사결과

를 바탕으로 저소득층 주택에너지 효율 개선 사업의 추진 방향을 구체적으로 모색하고자 한 것이었다.[28]

조사 결과 몇 가지의 의미 있는 지역의 특성을 보여주었다. 조사의 표본은 원주시에서 제공한 기초생활보장 수급자 명단이었고, 실제로 응답자의 85.7%가 수급자로서 공공부조 지원을 받고 있었다. 그리고 응답자 가구의 79.2%가 월평균 50만 원 미만의 소득으로 생계를 꾸려나가고 있었는데, 분석된 결과 중에서 난방방식별 동절기 난방요금을 보면, 난방요금을 가장 많이 지출하는 시기인 동절기에 모든 난방방식에서 '10만 원 이상 난방비를 지출한다'라고 답변한 비율이 80% 이상인 것으로 나타났다. 게다가 주택 임대료로 월평균 10~20만 원을 지출한다고 가정했을 때, '난방비 + 임대료'인 주거비가 가구소득의 50% 이상을 차지하는 경우가 발생하고 있다는 사실을 확인하였다.

표 7-1 항목별 결과 분석-동절기 월평균 난방요금

		빈 도	백분율	유효백분율	누적백분율
값	10만 원 미만	24	4.6	7.0	7.0
	10~15만 원	67	12.8	19.5	26.5
	16~20만 원	41	7.8	12.0	38.5
	21~25만 원	15	2.9	4.4	42.9
	25만 원 초과	174	33.3	50.7	93.6
	사용 안 함	22	4.2	6.4	100.0
	합 계	343	65.6	100.0	
Missing	0	180	34.4		
	합 계	523	100.0		

---

28 이 조사는 2009년 8월 10일부터 9월 23일까지 진행되었다. 원주지역 기초생활보장 수급 5,632세대 중 아파트와 연립주택에 거주하는 세대를 제외하고, 읍·면·동별 비율에 따라 536가구를 선정하였다. 모든 조사는 현장 면접 방식으로 조사요원에 의해 진행되었다.

이 정도 비율로 주거비를 지출하게 되면 의료·문화·식생활 등에 지출할 수 있는 돈이 줄어들게 되어 그만큼 생활은 열악해지고, 질 높은 생활과 주거 상향이동을 위한 기회를 잃게 되는 구조적인 한계가 드러나고 있었다.

조사에 따르면 난방비 부담이 가장 큰 것은 기름보일러 방식인데, 조사 응답자 가구의 46.3%가 기름보일러를 실제 난방방식으로 사용하고 있었다. 당시 응답자들도 도시가스나 심야 전기가 더욱 저렴하다는 것을 알고 있지만, 경제적 여건이나 지역적 여건상 난방방식을 바꾸지 못한 채 고비용의 난방방식을 유지할 수밖에 없는 어려운 여건에 놓여 있었다.

표 7-2 저소득층의 실제 난방방식

		빈 도	백분율	유효백분율	누적백분율
값	도시가스	41	7.8	8.6	8.6
	기 름	220	42.1	46.3	54.9
	연 탄	121	23.1	25.5	80.4
	전기판넬	75	14.3	15.8	96.2
	LPG	1	0.2	0.2	96.4
	기타 (나무·석탄 등)	17	3.3	3.6	100.0
	합 계	475	90.8	100.0	
Missing	0	48	9.2		
합 계		523	100.0		

주택의 열 효율성과 난방비 사이에는 반비례의 관계가 있고, 열 효율성은 단열상태와 직접적으로 관련이 있다. 즉 열 효율성이 높아지면 단열성이 높아지고, 이로 인해 난방비가 감소한다는 것이다. 주

택의 열 효율성 및 단열성에 가장 큰 영향을 미치는 요인으로는 단열 시공 상태, 내부균열 상태, 이중창 설치 여부 등을 들 수 있는데, 이번 조사에서 단열시공에서는 71.4%, 내부균열은 41.3%, 이중창 설치 여부는 94%가 현재 거주하는 주택의 각 해당 사항이 불량하거나 시공에 문제가 있는 것으로 드러났다. 특히 주택의 균열 상태는 난방비 뿐만 아니라 거주자의 안전과도 밀접한 관련이 있다. 주택의 균열이 심해지면 붕괴될 위험이 있고, 균열된 틈으로 집 밖의 먼지와 찬바람이 들어와 호흡기질환 등 다양한 질병을 일으켜 거주자의 건강을 악화시킬 수 있다. 따라서 주택 개선을 위한 대책 마련의 시급함을 확인했다.

표 7-3 항목별 결과 분석-단열 상태

		빈 도	백분율	유효백분율	누적백분율
값	양 호	10	1.9	2.1	2.1
	보 통	128	24.5	26.5	28.6
	불 량	345	66.0	71.4	100.0
	합 계	483	92.4	100.0	
Missing	0	40	7.6		
합 계		523	100.0		

주택의 수리 및 교체공사 필요 여부를 묻는 질문에서는 조사 대상의 79%가 조치가 필요하다고 답변하였다. 저소득층 주택의 취약성을 보여주는 대목이라 볼 수 있다. 세부적인 결과를 보면 복합적·전면적 공사를 필요로 하는 경우가 가장 많았는데 그 비율은 33.6%였다. 두 번째로 많은 답변은 천정누수 공사 12.5%였는데, 이중창 12.2%에 비해 근소하게 높은 비율로 나타났다. 그 다음으로 보일러 수리 및 교

체 필요가 11.5%의 비율을 차지했고, 곰팡이 제거와 벽지 및 장판교체가 9%대의 비율을 보였다. 그 외에 벽 누수 개선, 전기배선상태 개선, 출입문과 계단 보수라고 답변한 경우는 각각 6%, 4.4%, 0.3%인 것으로 나타났다. 이 결과를 통해서 조사의 대상자인 저소득층 주거환경의 수준이 열악하다는 것을 충분히 확인할 수 있으며, 이러한 상황임에도 불구하고 그동안 저소득층 주택 개선사업이 벽지나 장판을 교체하는 수준에 머물러 있었다는 점은 매우 아쉬운 대목이다.

표 7-4 주택의 수리 및 교체공사 필요 여부

		빈 도	백분율	유효백분율	누적백분율
값	필 요	387	74.0	79.0	79.0
	불필요	103	19.7	21.0	100.0
	합 계	490	93.7	100.0	
Missing		0	33	6.3	
	합 계		523	100.0	

양질의 주거는 사람이 행복하게 살기 위해 가장 기본적으로 갖추어야 하는 것이다. 특히 저소득층의 경우 이것이 갖춰진 후에야 비로소 더 좋은 직업, 더 높은 소득, 더 나은 주거환경 등으로 진입하기 위한 노력이 이루어질 수 있다. 아울러 실질적 주거복지와 건강한 삶은 단지 물질적 의미인 주택 개량만으로는 이룰 수 없다는 점에도 주목해야 한다. 거주자를 둘러싼 이웃, 마을 환경, 직장, 지역사회 등의 여러 문화적·지리적·경제적·심리적 여건을 고려한 통합적인 접근을 시도할 때 비로소 실실적 주거복지를 이물 수 있는 길이 열리는 것이다. 원주 주택에너지 효율 개선 사업은 이러한 조사과정을 통해 지역사회의 특성과 주민들의 요구를 제대로 이해하고, 진정 주민에게

필요한 통합적 사업으로서의 방향을 찾았다는 부분에서 일단 그 의의를 확인할 수 있다.

2. 원주 주택에너지 효율 개선 사업의 추진 방식

원주 주택에너지 효율 개선 사업은 행정, 민간, 전문가 그룹의 거버넌스 구축을 통해 진행되고, 사업 추진 과정의 효율성과 연속성 등을 유지해 나가기 위해서는 그 목적과 방향을 구체적으로 공유하는 것이 매우 중요하다. 아울러 대상자선정 – 에너지진단 – 대상자확정 – 시공계획 수립 및 시공 – 모니터링 등 사업의 방식과 범위를 보다 구체화, 체계화하는 것도 필요한 과정이다. 원주 주택에너지 효율 개선 사업은 '집 고쳐주는 병원' 시범사업과 타당성조사 연구 사업을 거치면서 그 체계가 갖추어졌다. 기초조사와 현황조사, 사전진단과 사후진단, 모니터링의 구체적인 추진방식을 비롯하여 시행사와 시공사 간의 업무협력, 임차인 및 임대인과의 협의 과정, 거버넌스의 체계와 업무협력 등 추진단계에 따른 사업 방식에 관한 내용을 세부적으로 정리하게 되었다.

그림 7-2 원주 주택에너지 효율 개선 사업 공정 과정

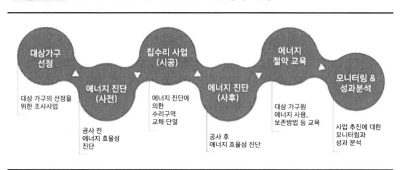

간략하게 사업 추진 방식을 소개해보면, 가장 먼저 매년 2월까지 원주주택에너지효율화사업단은 한국에너지재단, 원주시, 기타 관련 기관 및 단체의 주택에너지 효율 개선 사업과 관련한 주요 프로그램을 파악하여 당해년도의 사업계획을 수립한다. 이어서 원주시의 협조를 통해 최근의 취약계층(기초생활수급자, 차상위계층 등)의 자료를 취합하여 정리하고, 조사대상자 명단을 작성하여 구체적인 조사계획을 수립하여 시행한다. 대상자 조사사업은 원주주거복지센터, 노나메기, 누리집수리센터가 중심으로 현장 조사를 진행하고, 원주시에서 협조한 명단 이외에도 각 읍·면·동 주민센터 및 사회복지기관, 사회복지사 등에게도 공문을 발송하여 사업 대상자를 구체적으로 파악하도록 노력한다. 조사사업은 2단계로 운영된다. 1단계는 신규대상자 발굴을 위해 조사가 필요한 취약계층을 대상으로 전수 현장조사로 실시되며, 2단계는 전수 조사 이후에 실제 대상자를 중심으로 구체적인 주거환경 조사를 병행하여 실시한다. 이 과정에서는 사업의 효율성을 위하여 주거의 현황에 대한 구체적인 파악, 사업 참여를 위한 주택 소유주에 대한 동의서, 시공을 위한 견적서 작성 등이 동시에 진행되어야 한다. 특히 2단계 현황조사에서는 해당 주택에 대한 여건과 거주자의 특성을 구체적으로 파악하여야 하며, 전 과정에 걸쳐 대상자 명부 관리 등 개인정보 관리에 만전을 기해야 한다.

조사가 진행되고 사업 대상가구로서 적합하다고 판단이 될 시에는 즉각적으로 주택소유자의 동의를 확인해야 한다. 대부분 취약계층은 자가를 소유하지 못하고 전세 및 월세로 거주하는 경우가 많기 때문에 주택소유주의 동의는 사업의 원활한 추진과 함께 예기치 않은 법적 분쟁을 피하기 위해서라도 반드시 거쳐야 할 과정이다. 아울러 이 동의서는 사업 시행 후 세입자와의 임대차 계약 기간을 2년 연장하는 합의서의 성격을 가지고 있기 때문에 사업 시행 주체의 입장에서는 물론 취약계층의 주거 안정을 제고하는 효과가 있으므로 반드시 필요한 서면 합의 과정이라는 점을 인식해야 한다. 하지만 여전히 고민스러운 대목은 주택에너지 효율 개선 사업 이후 주택소유주가 세입자에게 임대료 인상을 요구하거나, 퇴거를 요구하는 등의 문제를 방지하여 취약계층의 주거안정을 도모하기 위한 법적, 제도적 보완책을 마련해야 한다는 점이다. 쉽게 풀리지 않는 정책적 과제라고 할 수 있겠다.

사진 7-1 원주 주택에너지 효율 개선 사업 진단 및 시공

다음 단계로 주택소유자로부터 사업 동의서까지 확보를 하고나면 시공사에서는 공사 관련 견적서를 작성하여 원주주택에너지효율화사업단에 제출하여야 한다. 사업단은 제출된 견적서의 적절성, 효율성 등을 검토한 후 대상 가구로 최종확정하게 된다. 이상의 절차가 마무리되면 이후 대상 가구의 주택에너지 효율 개선 시공 일정에 맞추어 시공 전과 후에 각각 1회씩 주택에너지에 대한 진단프로그램을 운영하도록 한다. 물론 시공가구 전체를 대상으로 전수 진단프로그램을 시행하는 것이 가장 바람직하다. 하지만 예산 등 현실적 여건으로 인

해 지난 2015년까지는 전체 사업 대상 가구 수의 20% 정도를 표본으로 추출하여 주택에너지 진단 프로그램을 추진한 바 있다. 진단 프로그램은 주택에너지 진단과 관련한 자격을 가진 자가 진행하도록 하고, 해당 분야의 전문가로부터 감수를 받도록 한다. 원주주택에너지 효율화사업단의 경우 진단 프로그램은 열화상측정용카메라를 활용한 열에너지 진단과 기밀성 진단을 블로어도어테스트(B.D.T: Blower Door

사진 7-2 원주 주택에너지 효율 개선 사업 추진 사례

[조치 전]　　　　　　　　[조치 후]

Test)를 통해 진행하였다. 이 과정을 통해 주택에너지 효율 개선에 대해 면밀히 평가하고 관련 자료를 보고서로 제출해야 한다. 마지막으로 전년도 진행된 사업 대상 가구원을 대상으로 시공 후 체감효과 분석 및 만족도 조사 차원에서 모니터링 프로그램을 추진해야 한다. 대략 연간 100가구를 대상으로 진행하며, 결과는 추후 사업에 반영해야 한다. 사업의 지속적인 개선을 위해서는 평가와 환류가 중요하다. 따라서 사업 이후 대상자를 직접 만나서 모니터링을 진행하는 과정은 매우 중요한 의미를 가진다.

사진 7-3 원주 주택에너지 효율 개선 사업 에너지 진단 결과

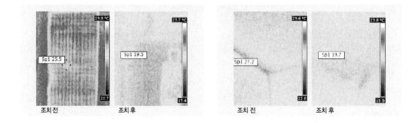

조치 전   조치 후   조치 전   조치 후

3. 삶의 질을 개선하는 거버넌스

원주 주택에너지 효율 개선 사업의 효율성을 도모하기 위해서는 지역 내 전문가 및 이해관계자들의 참여를 기반으로 하는 거버넌스의 구성이 필수적이라 할 수 있다. 특히 이 사업은 에너지 효율 개선, 저소득층 주거복지, 기후변화 대응 등 다양한 내용적 요소를 담고 있으며, 과정에서는 현장조사와 모니터링, 에너지 진단, 주택 수리 및 단열 시공 등 축적된 경험과 기술적 능력을 필요로 하는 부분이 많다는 점에서 거버넌스의 구축이 무엇보다도 중요하였다. 다행스러운 대목

은 원주지역의 경우 소규모이기는 하지만 2004년부터 지속적으로 주택에너지 효율화를 위한 집수리사업이 진행되어 왔으며, 2006년에 시작된 시범사업의 경험 등을 기반으로 부분적으로나마 전문적인 인력이 형성되어 왔기 때문에 파트너십의 구성에는 어려움이 없었다. 아울러 연구사업의 추진을 위하여 각 기관과 단체들이 기본적으로 역할분담을 통하여 충분한 계획 수립을 위한 검토 기간을 가질 수 있도록 유도했기 때문에 보다 효율적 사업 추진이 가능하였다.

표 7-5 원주주택에너지효율화사업단 참여 기관의 역할

기관명	역할분담 내용
원주시	에너지 효율화 사업 운영(행·재정적 지원 등)
원주에너지기술센터	기술개발 및 교육지원 에너지 진단 및 사후관리 시스템 구축
원주지속가능발전협의회	사업 추진을 위한 거버넌스 구축, 에너지 정책 개발 에너지 효율화 사업 컨설팅 및 시스템 구축
원주주거복지센터	취약계층 주거문제 전수조사 및 주거복지 개선사업 추진 취약계층 에너지 효율화 사업 대상 발굴 및 지원
원주의료생협	에너지 효율화 관련 정책 개발 취약계층 주거복지 및 주거환경 개선 지원
사회적기업 노나메기 누리 집수리센터	효율적인 집수리 사업 진행, 사후관리

원주시에너지효율화사업단은 2010년 개최된 '주택에너지 효율화 사업 활성화를 위한 정책토론회'를 통해 대략적인 거버넌스의 틀을 구성하였고, 2011년 원주시청에서 '원주 주택에너지 효율화 사업 추진을 위한 협약'을 체결하면서 공식적으로 출범하였다. 제도적으로 업무협약의 방식을 통해 협력적 파트너십을 구축했다는 점, 부속서를

통해 세부적인 과제와 역할 분담까지 명확히 정리했다는 점에서는 분명히 긍정적인 면이 컸다고 할 수 있겠다.

사진 7-4   원주주택에너지효율화사업단 협약서와 추진과정

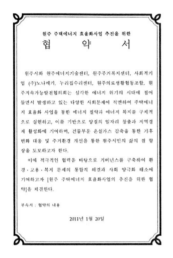

이후 2010년부터 2015년까지 6년 동안, 매년 1년을 주기로 진행되는 원주 주택에너지 효율 개선 사업은 기본적으로 원주주택에너지효율화사업단의 견고한 파트너십을 기반으로 진행해왔다. 무엇보다

참여 기관 및 단체 전체가 사업 주체임을 깊이 인식하고 분담하고 있는 역할을 차질 없이 진행하고자 하는 진정성 있는 노력이 중요했다. 특히 이 사업의 대상은 기초생활수급대상 및 인증 차상위계층 등 경제적 여건이 어려운 원주시민이다. 이른바 전체 소득의 50% 가량을 주거비와 난방비로 사용하는 취약계층인 셈이다. 따라서 취약계층의 주거환경이 개선되어야 한다는 사회적 책임감에서 출발해야 한다. 본 사업의 추진을 통해 예상되는 다양한 효과가 분석 가능하지만 무엇보다도 어려운 여건에 있는 지역주민의 삶의 질이 개선되는 것이 가장 우선되어야 한다는 의미다. 이것이 사업 주체가 놓쳐서는 안 되는 핵심적 과제였다.

원주 주택에너지 효율 개선 사업은 2006년 시범사업의 과정에서부터 민간 차원에서 자발적 협력을 통해 추진되었다. 이후 보다 본격적인 사업을 추진하면서 확대된 형태의 거버넌스로 원주주택에너지효율화사업단을 준비하였기 때문에 민간이 주도하면서 정부기관을 포용하는 형태로 구성되었다고 할 수 있다. 그리고 앞에서도 언급했듯이 업무협약이라고 하는 느슨한 형태의 제도화를 기반으로 협력했다고 할 수 있다. 아울러 거버넌스의 대표를 당시 원주의료생활협동조합 고상백 이사장이 맡았으며, 운영위원장의 역할 역시 민간에서 수행하게 됨으로써 민간이 주도하는 수평적 거버넌스의 구조로 운영되었다고 분석할 수 있다. 민간주도와 수평적 거버넌스의 활성화는 직접민주주의를 강화한다는 측면에서 큰 의미가 있다. 참여하는 기관별로 기능에 따라 역할을 분담하고, 자원과 경험을 공유하는 기능을 중심으로 거버넌스가 구축되었다. 그리고 이 사업의 경우 행·재정적 지원을 담당하는 정부, 지방정부의 기능과 역할이 매우 중요하기 때문에 민간이 주도하느냐 혹은, 정부가 주도하느냐의 역할 중심 보다는 협력의 정도가 더 중요한 의미를 가진다 할 수 있다. 따라서 관계 중심으로 볼 때는 협력의 정도가 높고 강력할 필요가 있다.

모든 거버넌스가 그러하듯이 사업의 지속성을 고려한다면 이해관계자 간의 신뢰와 협업 내용에 대한 이해도가 중요한 척도가 된다. 원주주택에너지효율화사업단의 경우 구성 초기 단계부터 상당한 준비 과정과 공동의 이해를 통해 구성되었지만 아쉽게도 2016년 거버넌스는 제 기능을 수행하지 못하게 되었다. 원주 주택에너지 효율 개선 사업은 다른 행정적 절차를 통해 진행되고 있다. 그나마 사업이 계속되고 있다는 점은 다행이지만 이러한 과정에서 거버넌스를 통해 공동의 목표를 향해 나아간다는 것이 얼마나 어려운 것인가를 다시 한 번 확인하게 된다. 이와 관련한 자세한 내용은 Ⅳ장에서 다루도록 한다.

표 7-6 원주주택에너지효율화사업단 거버넌스 유형

구 분	내 용
기능중심 유형	자원 공유형
역할중심 유형	민간주도 정부기관 포용형
구조중심 유형	수평적 거버넌스
관계중심 유형	높은 협력

Ⅲ. 연대와 협력을 기반으로 하는 에너지 프로그램

1. 통합적 관점의 에너지 프로그램

저소득층을 대상으로 하는 주택에너지 효율 개선 사업의 경우, 관건은 관계 기관 및 이해관계자들과의 거버넌스 구축이다. 저소득층 가

구에 대한 현황조사와 모니터링, 전문화를 위한 기술교육, 정보교류와 예산 확보, 주택에너지 효율 개선 시공 등은 개별 기관이나 단체에서 일괄적으로 진행할 수 있는 영역이 아니다. 따라서 행정은 물론, 전문기관, 교육기관, 사회적기업, 협동조합, 자활기관 등과의 협의를 통해 체계적으로 운영하는 것이 바람직하다. 특히 체계적인 사업 추진을 위해서는 관련 기관과 단체 간의 정보 공유가 반드시 선행되어야 한다. 또한, 기존의 각 부서별 집수리 및 주택에너지 효율 개선 사업의 예산 등을 효과적으로 통합하여 운영하고, 관련 국비, 기금 등의 확보를 통해 예산 확보 및 확대를 도모할 필요가 있다. 이 점에서 사업 수년 전부터 민간차원에서 관련 시범사업을 추진해 온 역량을 십분 활용하고, 시범사업에 관여한 연구기관과 행정 간의 긴밀한 협력체계를 구축하는데 성공함으로써 사업의 효과적 달성을 위한 기반을 마련할 수 있었던 것은 원주 주택에너지 효율 개선 사업의 가장 뚜렷한 성과이다. 명실상부하게 이 사업은 지역사회의 연대와 협력을 기반으로, 통합적 관점을 가지고 진행된 에너지 프로그램이라 할 수 있다.

내용적으로 보면 기본적으로 이 사업은 에너지 프로그램이지만, 동시에 취약계층에 대한 에너지 복지 프로그램의 기능을 수행함으로써 사회적 문제의 해결에도 기여했다. 다시 말해, 원주 주택에너지 효율 개선 사업은 건강도시와 안전도시 둘 다를 지향하는 지역사회의 바람에 부응하는 성격의 사업 사례를 만들어냈다는 점에서 또한 의의가 있다. 아울러 이 사업의 시행은 에너지 효율 개선으로 이어져 온실가스 감축 효과를 가져왔다. 지구온난화로 인한 기후변화 문제는 지속가능성을 저해하는 대표적인 과제다. 지역사회 차원에서 온실가스 감축을 위한 에너지 효율 개선 사업으로서의 가능성도 확인했다고 볼 수 있다. 이 외에도 이 사업은 에너지 효율 평가 및 절약 기술 분야에서 녹색 일자리를 창출 하고 관련 산업을 육성하는 등 기본적으로 복합적 효과를 내재하고 있다. 나아가 사업 실행을 통해 이러한 잠재적 효과를 구현할 가능성을 제시했다는 것이 이 사업의 또 하나의 성과라고 할 수 있다.

2009년 '저소득층 주택에너지 효율 개선 사업(WAP) 타당성조사 사업'을 제목으로 한 연구 용역이 수행됐다. 그 결과 원주지역 취약계층 주거문제에 대한 전수조사와 실증 사업이 수행됐다. 이로써 실제적인 지역 문제를 검토하고 지역특성에 부합하는 사업 방향을 제시할 수 있었고, 그 결과 지역의 현실과 특성을 고려한 원주형 저소득층 주택에너지 효율 개선 사업을 추진할 수 있었다. 이와 같이 주택에너지 효율 개선 사업을 효과적으로 추진하기 위해서는 전략적 접근법을 채택함으로써 지역의 특성에 부합하는 사업 방향을 제시할 수 있어야 한다.

그림 7-3 원주 주택에너지 효율 개선 사업의 효과

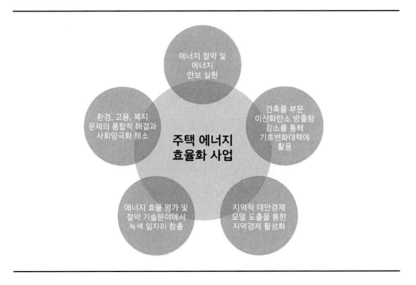

2. 저소득층 주택에너지 효율 개선 사업과 지속가능발전목표

원주에서는 저소득층 주택에너지 효율 개선사업의 원활한 추진을 위해 협력적 파트너십을 구축하였고, 인적·물적 네트워크를 기반으로 통합적 관점의 에너지 나눔 프로젝트를 추진하였다. 그리고 이 사업은 지속가능발전목표에 직접적으로 기여하고 있다.

1) 빈곤 개선

먼저 저소득층 주택에너지 효율 개선사업은 모든 형태의 빈곤을 모든 지역에서 종식시킨다고 하는 첫 번째 지속가능발전목표와 연관성이 깊다. 특히 사회안전망을 포함하여 모두를 위하여 국가별로 적합한 사회적 보호체제 및 조치를 이행하고, 2030년까지 빈곤층과 취약계층에 대한 실질적 보장을 달성한다(1.3). 2030년까지 모든 남성과 여성, 특히 빈곤층과 취약계층이 경제적 자원에 대한 동등한 권리와 더불어 기초 공공서비스, 토지 및 기타 유형의 자산·유산·천연자원·적정 신기술, 소액금융을 포함한 금융서비스에 대한 소유권과 통제권에 대한 접근에 동등한 권리를 가질 것을 보장한다(1.4). 2030년까지 빈곤층과 취약계층의 회복력을 구축하고, 극한 기후에 관련된 사건이나, 기타 경제·사회·환경적 충격 및 재난에 대한 노출과 취약성을 감소한다(1.5). 등 세부목표에서 제시하고 있는 내용과 관련성이 깊다. 에너지 빈곤문제의 해결은 곧 사회안전망에 관한 문제이며, 기초적인 공공서비스의 개선에 관한 내용이다. 이는 모든 시민이 소득과 관계없이 에너지 빈곤의 고통을 겪지 않도록 한다는 에너지 복지문제에 관한 내용이다. 아울러 에너지 빈곤 문제는 폭염과 한파 등 극한 기후현상으로 인한 충격과 재난 노출 시에 큰 사회적 문제가 된다. 이

러한 점에서 취약계층의 회복력 구축과 기후 재난에 대한 취약성의
감소라는 관점에서도 저소득층 주택에너지 효율 개선 사업은 의미가
크다.

2) 지속가능한 청정에너지

다음으로는 모두를 위한 적정 가격의, 신뢰성 있고 지속가능한 현
대적인 에너지에 대한 접근을 보장해야 한다는 일곱 번째 목표 달성
에 기여한다는 점이다. 주택에너지 효율화라는 관점에서 보면 직접적
인 연관성이 가장 높다. 세부목표를 살펴보면 관련성이 더욱 명확해
진다. 2030년까지 적정가격의 신뢰할 수 있는 현대적 에너지서비스에
대한 보편적인 접근을 보장한다(7.1). 2030년까지 전 세계 에너지효율
을 두 배 향상한다(7.3). 2030년까지 재생에너지, 에너지효율, 선진적
이고 보다 청정한 화석연료기술 등을 포함하여 청정에너지 연구와 기
술개발에 대한 접근을 촉진할 수 있는 국제협력을 강화하고, 에너지
기반시설과 청정에너지 기술에 대한 투자를 증진한다(7.a).

그림 7-4 원주 주택에너지 효율 개선 사업과 지속가능발전목표

3) 지속가능한 도시와 공동체

포용적이고 안전하며, 회복력 있고, 지속가능한 도시와 인간 거주지를 조성한다는 열한 번째 목표와의 관련성도 강조가 필요한 대목이다. 2030년까지 모두를 위한 적절하고 안전한 적정가격의 주택 및 기초서비스에 대한 접근을 보장하고 빈민가 환경을 개선한다(11.1). 2030년까지 빈곤층과 취약계층 보호에 주력하면서, 물 관련 재난을 비롯하여 재난으로 인한 사망자 및 피해자 수를 현저히 줄이고, 재난으로 인한 직접적인 경제적 손실을 글로벌 국내총생산 대비 상당히 줄인다(11.5). 2020년까지 포용, 자원 효율성, 기후변화 완화와 적응, 재난 회복력을 위한 통합된 정책 계획을 채택 이행하는 도시와 정주지의 수를 상당히 증대하고, 2015 – 2030 재난위험경감을 위한 센다이 프레임 워크(Sendai Framework for Disaster Risk Reduction 2015-2030)에 따라 모든 수준에서 전체적인 재난위험관리를 개발 이행한다(11.b). 등에서 알 수 있듯이 저소득층 에너지 문제에 대한 공공적 관리는 기초서비스에 대한 접근 보장과 이상기후로 인한 피해를 줄이는데 기여할 뿐만 아니라 안전하고 회복력 있는 도시를 만드는데 주요한 요소가 된다.

4) 회복력 있는 사회기반시설 구축과 기후변화 대응

이외에도 아홉 번째 목표 회복력 있는 사회기반시설을 구축하고, 포용적이고 지속가능한 산업화를 촉진하며, 혁신을 장려한다는 내용과 이에 대한 세부목표로써 2030년까지 사회기반시설을 개선하고 산업을 개편하여 지속가능하게 만들며, 자원 이용 효율성 향상, 청정하고 친환경적 기술 및 산업프로세스의 채택 확장과 더불어 모든 국가가 각국의 역량에 맞춰 행동을 취한다(9.4).는 과제와도 연관성을 가진다. 그것은 주택에너지 효율 개선 사업이 궁극적으로 자원의 효율적 이용과 관련하여 산업 혁신에도 기여할 수 있기 때문이다. 아울러 열세 번째 목표 기후변화와 그 영향에 대처하는 긴급행동을 시행한다는 내용과도 밀접하다. 특히 모든 국가에서 기후 관련 위험과 자연재해에 대한 회복력과 적응력을 강화한다(13.1). 그리고 여성, 청년, 지역사회외 사회적 약자에 주목하여 최빈개도국과 군소도서국가의 기후변화 관련 효과적인 계획과 관리 역량을 향상시키는 메커니즘을 장려한다(13.b). 등의 세부목표와는 이미 관련성 있는 조치들이 이루어지고 있으며, 궁극적으로는 기후변화의 원인이라 할 수 있는 온실가스 감축, 이른바 기후변화 완화에도 기여할 수 있음을 확인할 수 있다. 2006년부터 2015년까지 진행된 원주 저소득층 주택에너지 효율 개선사업은 거버넌스를 기반으로 추진되었다는 점과 지역사회의 지속가능성을 제고한다는 점에서 의의가 있다. 아울러 사업이 보편적이고 통합적인 방식으로 추진됨으로써 다양한 지속가능발전목표와 연계되어 있다는 점에서도 주목해야 한다. 무엇보다도 지역사회, 특히 주민들의 필요에 의해서 추진되었기 때문에 활성화 될 수 있었다고 볼 수 있다.

Ⅳ. 에너지 문제와 거버넌스

1. 더 나은 거버넌스를 위하여

저소득층 가구의 에너지 문제 해결을 위해서는 종합적이고 근본적인 대책이 필요하다. 따라서 정부를 포함한 여러 이해관계자 간의 협력이 필요하다는 공감대는 이미 형성되었다. 일례로 미국에서는 연방정부의 에너지 부처, 주정부의 에너지 관리국, 전국 각지 900여 개의

NGO, 집 주인과 임대업자, 에너지 기업 등으로 이루어진 협력체계를 구축하고, 이를 통해 에너지 비용 절감을 위한 구조개선 공사를 시행하고, 에너지 소비방식에 대한 기초교육을 실시하며, 사후관리 프로그램의 운영과, 나아가 일자리 창출까지 연계하는 저소득층 주택에너지 효율 개선 사업에 대한 기본 구상이 마련된 바 있다. 우리 사회가 필요로 하는 것도 바로 이러한 종합적이고 네트워크에 기반한 사회적 시스템이다. 원주 주택에너지 효율 개선 사업 역시 이러한 시스템을 구현할 것을 목표로 시작되었다. 결과적으로 이 사업은, 원주형 주택에너지 효율 개선 사업 체계를 성공적으로 구축해냄으로써 원주지역에서 추진되고 있는 주택에너지 효율화 관련 사업들을 보다 체계화하고 효율적으로 추진할 수 있었다. 그리고 이를 토대로 에너지 문제로 인한 환경적·사회적·경제적 문제를 협동과 나눔의 원칙에 의거해 개선해 낸 모범 사례가 만들어졌다.

저소득층을 대상으로 하는 주택에너지 효율 개선 사업의 경우, 관건은 관계 기관 및 이해관계자와의 거버넌스 구축에 있다는 사실은 이미 여러 차례 강조한 바 있다. 무엇보다도 관련 기관 및 단체와의 정보 공유가 선행돼야 하는 점, 예산 확보 및 확대, 예산의 효과적 통합과 운영 등이 필수적인 점 등을 고려할 때, 행정은 물론, 전문기관, 교육기관, 사회적 기업, 협동조합, 자활기관 등과의 협의를 통해 체계적으로 운영하는 것이 바람직하다. 나아가 이렇게 구축된 거버넌스 체계는 중장기적으로 해당 지역사회 내 다양한 부문에서 여러 가지 측면으로 더욱 더 큰 시너지 효과를 발생시키게 된다. 아울러 꼭 한 가지 유의해야 할 사항은 시공하는 가구가 저소득층의 자가가 아닌 임대일 경우, 사업 추진 후에 일방적으로 임대 계약을 파기하거나 임대 기간이 종료되는 경우가 생겨 저소득층 가구에 실질적으로 도움이 되지 못하는 경우가 발생할 수 있다. 따라서 시공 전 반드시 임차인과 임대인 간의 합의를 도출할 수 있도록 제도적인 면에서 보완이 이루어져야 하고, 거버넌스의 확장도 필요할 것이다.

온실가스 배출량 감축을 위해서는 무엇보다도 에너지의 절약과 효율화가 우선돼야 한다는 점에서 원주 주택에너지 효율 개선 사업은 현재의 저소득층 대상 사업의 성격을 넘어, 중장기적으로 일반 가정으로까지 확대해 갈 필요가 있다. 이를 위해서는 에너지 효율화 사업을 추진하고 있는 행정과 민간, 전문가 그룹 간의 거버넌스 구축은 물론, 주택에너지 효율화 진단 시스템 및 컨설팅 관련 지원을 일반 가정으로까지 확대하기 위한 정책과 사업이 마련돼야 한다. 또 이 사업을 체계적이고 지속적으로 진행하기 위해서는 제도적 뒷받침이 중요하다. 따라서 (가칭)원주시에너지효율화사업 지원조례를 제정할 필요가 있다. 또한 에너지기본계획 등을 연계하여 작성할 수 있게 됨으로써 지역사회의 통합적 에너지정책 개발에 기여할 것이다. 이 외에도 에너지훈련센터 설립 및 운영, 일자리창출사업과의 연계, 에너지효율화 사업과 관련한 지역 기업의 육성 등을 중장기 과제로 가져갈 필요가 있다. 이를 통해 주택에너지 효율 개선 사업이 가지고 있는 효과를 극대화할 수 있을 것이기 때문이다. 2010년 사업 초기부터 논의되었던 정책과제지만 여전히 해결해야 할 과제로 남아있다. 이제부터라도 다시 더 나은 거버넌스의 구축을 통해 남겨진 숙제를 풀어나갔으면 하는 바람이 있다.

2. 원주주택에너지효율화사업단의 새로운 출발을 위하여

원주주택에너지효율화사업단은 2016년 잠정적으로 해체한 상황이다. 해체를 막기 위한 여러 논의의 과정이 있었음에도 불구하고 거버넌스는 중단되었다. 원주주택에너지효율화사업단은 왜 중단되었을까? 거버넌스가 실패하는 데에는 공통적으로 나타나는 몇 가지 요인이 있다. 첫 번째는 명확한 비전과 목적이 부재하거나 그것이 제대로 공유되지 못한 경우이다. 이 경우는 사전에 충분한 논의와 내용적 준비가 부족했을 때 나타난다. 두 번째는 참여 주체 간 이해관계가 상이해 충돌이 발생하는 경우다. 대체적으로 거버넌스 실패의 가장 큰 원인이 되는 것이 이 경우라 할 수 있다. 참여하는 주체의 이해관계가 상이할 경우, 당장에는 사업적으로 연계할 수 있지만 지속적으로 협력적 파트너십을 유지한다는 것은 애당초 불가능한 일이다. 세 번째는 거버넌스 활동에 대한 행·재정적 지원의 불확실성에 원인이 있다. 거버넌스가 활발하게 운영되기 위해서는 각 주체의 적극적인 참여와 책임 있는 실행 과정이 담보되어야 한다. 이 과정에서 행·재정적 지원은 필수적인 요소다. 하지만 지속적이고 충분한 행·재정적 지원을 확보한다는 것은 참여 주체 간의 강력한 의지가 유지되어야만 가능하다. 네 번째는 실질적인 활동 없이 명목적인 수준에서 거버넌스를 활용하기 때문에 실패하는 경우이다. 거버넌스가 의사결정이나 실행과정에 있어서 제 기능을 수행할 수 없는 구조적 문제가 존재하는 경우로서, 지금도 모든 결정이 이루어진 상황에서 요식적인 절차로서 거버넌스를 활용하는 경우가 여전히 많다. 이것은 거버넌스를 제대로 이해하지 못했거나 형식에만 치우친 경우인데, 실제 가장 일반적으로 나타나는 현상이다. 거버넌스가 강조되는 지금의 시점에서 조속히 개선되어야 할 요인이다. 마지막으로는 참여 주체의 역량 강화를 위한 노력이 전제되어야 한다는 점을 들 수 있다. 거버넌스는 신뢰 형성이 기반이다. 참여 주체가 책임 있는 자세로 각자의 역할을 수행할 수 있어야 하고, 이 과정에서 거버넌스가 힘을 가진다. 따라서 참여 주체가 역량 강화를 위한 노력에 게을러서는 곤란하다. 보다 실질적이고 효과적인 거버넌스를 위해서 지금까지의 경험을 토대로 하는 토론을 계속 이어나가야 할 것이다.

원주주택에너지효율화사업단의 해체는 행정기관의 사업 담당자가 계속 교체되면서 행·재정적 지원이 중단된 것이 가장 큰 원인이었다. 그리고 협업을 통해 진행되던 사업 추진방식이 입찰 방식으로 변경되면서 거버넌스의 역할은 중단되었다. 행정기관 나름대로의 입장과 원칙은 분명히 있었지만 충분한 협의를 통해 해결 방안을 모색하지 못했던 대목은 아쉬움으로 남는다. 아울러 참여 주체들이 사업의 수행과 관련한 역량을 충분히 갖추고 있었는가에 대해서도 고민이 필요하다. 사업의 형식과 내용을 진전시켜 나가야 하는 단계에서는 교육과 토론을 비롯한 다양한 방식의 역량 강화 노력이 필요했음에도 불구하고, 참여 주체들이 충분한 고민과 준비를 해왔는가에 대해서는 자문을 해야만 한다.

여전히 원주주택에너지효율화사업단은 지역사회에 필요한 구조라고 판단된다. 최근 부각되고 있는 도시재생사업 등 주민 참여형 도시사업의 추진에 있어서는 거버넌스가 필수적 요소이며, 더욱 강조될 수밖에 없는 상황이다. 이런 측면에서 보면 도시문제, 에너지 전환, 저소득층의 빈곤문제 등을 통합적으로 관통할 수 있는 원주주택에너지효율화사업단은 반드시 필요하다. 따라서 과거 원주주택에너지효율화사업단 보다 더 확장된 개념의 거버넌스를 준비해야 한다. 이제 다시 논의를 시작해야 할 때다. 실패는 성공보다 더 많은 교훈을 제시하기 마련이다. 보다 나은 거버넌스의 구축과 운영을 위해서 더 많은 사회적 논의와 실험이 필요하다.

참고문헌

1. 김응석. (2009). 저소득층 주택에너지 효율개선사업(WAP) 타당성조사 연구. 원주시.
2. 박기현. (2013). 주택 에너지효율 개선사업 전략. 울산: 에너지경제연구원.
3. 원주지속가능발전협의회. (2010). 주택에너지 효율화사업 활성화를 위한 정책보고서.
4. 원주지속가능발전협의회. (2010). 주택에너지 효율화사업 활성화를 위한 정책토론회 자료집.
5. 제현수. (2013). 이클레이 한국사무소 사례연구 시리즈 NO3. 수원: 이클레이 한국사무소.

Chapter

8

전주지속가능지표운동

강소영(전주지속가능발전협의회)

강소영(전주지속가능발전협의회)

Ⅰ. 무엇이 문제였는가?

"최근 온난화에 의한 재앙이 크게 인류를 위협하고 있다"

2008년 작성된 지속가능지표운동 제안글의 첫 문장이다. 매우 안타깝지만 10여년이 지났어도 여전히 인류가 거스르지 못한 이 흐름에서 지표운동 이야기는 시작된다.

"가깝게는 한반도의 온도가 상승하고 겨울이 짧아지며 한반도 기후가 아열대로 변해가고 있으며 그에 따라 전국의 식생과 근해의 어류가 크게 변하고 있다. 그리고 세계 곳곳에서는 기록적인 태풍과 가뭄이 일어나며 세계의 큰 호수들이 말라 들어가고 있다. 따라서 현재 상태의 발전이 계속된다면 50년 후 북극 빙하가 모두 녹게 되며 그 결과 인류에게 큰 재앙이 닥칠 것이라는 예상이 제시되고 있다"(2008년 지속가능지표운동 중에서)

12년 전, 그때만 해노 소금은 이른 듯했지만, 기후변화의 위험싱과 현세대의 거침없는 질주에 제동을 걸어야 한다는 문제의식이 지역사회에서 나오기 시작했다. 전주는 아직도 경제발전에 대한 목마름이 남아 있었지만 미래와 후손을 생각지 않는 지금과 같은 개발은 인류의 파멸을 가져올 수 있으며 우리들의 자녀들이 더 이상 지구에 살아남지 못 할 수도 있는 이 상황을 두고 볼 수만은 없다는 인식이었다. 유럽과 여러 국가들을 중심으로 후손을 생각하는 지속가능한 발전을 그 사회의 최고의 목표로 삼고 도시를 바꾸고 있는 시점이었다. Sustainability(지속가능성)와 Sustainable development(지속가능한 발전)이라는 용어가 전세계적으로는 광범위하게 사용되고 있었으며 UNCED(환경 및 개발에 관한 유엔회의)에서는 지속가능한 발전을 위해 5가지의 중요한 원칙을 발표하기도 했다.

첫째, 미래 세대의 요구는 현재 세대의 요구 때문에 희생되어서는 안 된다.

둘째, 인류의 경제적 미래는 자연을 온전히 보전하는 것과 밀접한 관련이 있다.

셋째, 현 체제는 많은 사람들 특히 가난한 사람들의 요구를 충족시키지 않기 때문에 지속적이지 못하다.

넷째, 환경보호는 지구상의 가난한 사람들의 요구를 충족시키지 않고서는 불가능하다.

다섯째, 우리는 다음 세대들은 그들 자신을 위해 요구할 수 있는 권리를 가졌기 때문에 그들을 위해 가능한 많은 선택부분을 보존해야 한다.

1992년 6월 브라질 리우에서 열린 회의에서 178개국의 정부 대표들이 이 원칙을 국제협약으로 받아들이면서 우리나라에도 '지속가능한'이라는 용어가 등장했고 1990년대 중반부터 지자체를 중심으로 '지방의제21'이 만들어지기 시작했다. Agenda21은 지구환경 보존을 위한 지방자치단체의 중요성을 강조하면 지속가능한 발전의 행동계획인 지방의제21을 지역주민과 합의하여 작성하도록 권고하였다. 그래서 국내외의 많은 지역들이 지속가능한 발전을 위한 환경선언과 목표, 관련 지표를 만들어 적극적으로 동참하였다. 전주는 2000년 지방의제21추진기구를 만들고 2001년 의제작성을 완료했다. 그러나 전주의 의제보고서는 다른 지역과 다른 특징을 가지고 있었다. 지표와 달성목표, 달성기한을 설정하지 않은 것이다.

지방의제와 '지속가능한발전'이라는 개념은 우리 지역에서 매우 생소한 개념이었다. 지역사회와 충분히 논의되고 공감되어 작성되지 않는 지표와 목표는 다분히 임의적일 뿐이라는 참여위원들의 판단으로 결정되었다. 따라서 전주의 지방의제21은 실천사업을 진행하면서 보다 피부에 와 닿는 지표를 개발한 후, 합의와 근거에 기반한 목표치를 작성하기로 하였던 것이다.

7년의 시간이 흐른 후 지표개발이 시작되었다.

체온과 혈압이 우리 개개인의 건강상태를 알려주듯이, 비행기 계기판의 숫자가 비행기의 상태와 가고 있는 방향을 알려주듯이 지표는 우리 지역사회를 보여주는 수단이다. 따라서 지속가능지표는 전주의 지속가능성이 개선되는 점과 퇴보되는 점을 지역주민들이 알 수 있게 해주며 지역사회가 지속가능한 발전을 위해 가야할 방향을 제시해 주는 수단이라고 할 수 있다. 지표운동의 대표적인 성공사례는 "지속가능한 시애틀(Sustainable Seattle) 지표계획"이다. 이 계획에서는 시애틀의 지속가능한 청사진을 제시하는 40개의 경제, 환경, 사회적 지표를 제시하였다. 특히 '콜롬비아강에 회귀하는 연어의 수'라는 지표는 멸종해가는 야생 연어의 보존과 지역환경개선에 성공적으로 기여했으며 물소비량의 12%를 감소시키고 청소년 범죄수를 감소시켰으며 지역주민의 삶의 쾌적성을 향상시켜 지표의 영향력을 보여주는 대표적인 사례로 손꼽힌다.

　시애틀의 지표를 학습하며 우리는 행복한 꿈을 꾸었다. 지속가능 지표를 통해 전주공동체의 경제, 사회, 환경의 장기적인 건강도와 성장능력에 대한 청사진을 만들고, 지역사회를 지속가능한 발전의 지름길로 인도하고자 했다. 지표는 우리가 원하는 미래로 똑바로 갈 수 있도록 우리를 돕는 것이다. 지표는 우리를 지역사회의 일원으로 인식시키며 지역사회를 위해 행동할 수 있도록 유도하고 고무시킬 뿐 아니라 정책입안자들의 지속가능성에 대한 인식을 높여줄 것이다. 동시에 이러한 과정을 뒤따르려는 사람들에게 도움을 줄 것이다.

II. 사례의 전개과정

　전주의제는 처음 의제보고서 작성 시 3단계 발전전략을 제시하였다. 실천사업을 위주로 하여 시민, 기업, 행정 간에 상호 신뢰와 협조체계를 구축하고 의제에 대한 이해를 확산시키며 장기 지표를 개발하는 1단계를 발판으로 전주의제21의 재정적 독립 및 전문성과 공정성을 확보하는 2단계를 거쳐 전주의제21이 전주시의 지속가능한 발전을 논의하는 핵심 협의체 혹은 환경조정회의로서 자리를 굳히는 3단계로의 발전 전략이다. 2007년 당시 2000년 창립이후 전주의제21은 전주시민, 시민단체, 전주시 행정, 언론, 기업 그리고 대학교수 등의 전문가들이 함께 논의하는 장을 마련하며 각 주체간 신뢰를 구축하고 전문성과 공정성을 어느 정도 확보하는데 성공하였다. 하지만 전주시민에게 충분히 알리지 못함으로서 지방의제21 지원조례안의 확정이나 전주시민들의 대대적인 참여를 이끌어내지 못하였고 장기 지표도 아직 개발되지 못하였다. 즉 1, 2단계 목표를 부분적으로 달성하였으나 3단계로 가기 전에 보완해야 할 점이 많은 실정이었다. 전주의제21은 이러한 문제점을 극복하고 새로운 도약의 발판을 만들기 위해 전주시민의 삶의 질을 향상시키며 지속가능한 전주를 견인할 지표운동을 시작하기로 하였다.

그림 8-1 전주지속가능지표 개발사업 추진과정

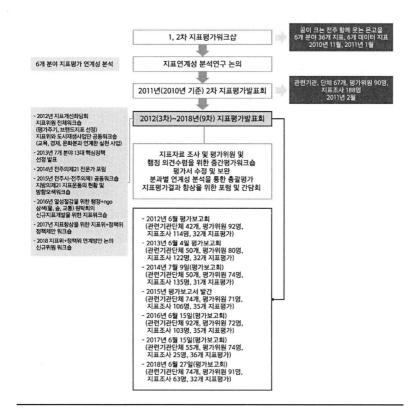

2007년 5월 드디어 지표운동을 시작하기 위해 12명의 전주지속가능지표개발 TF 팀이 구성되었고 10차례의 회의를 통해 국내외 지표운동의 사례와 전주시의 중장기발전계획, 전주의 시민운동, 활용가능한 통계자료 등을 검토하여 전주시의 지속가능발전지표 개발 추진계획을 수립하였다. 추진계획의 핵심은 주민주도형도 관주도형도 전문가주도형도 아닌 민관협력형으로 지표를 개발하는 것이었다. 그 이유는 주민과 관이 모두 주체가 되어야 지표 운동 전개가 매우 유리해지며 주민의 자발적인 참여와 함께 관의 지원 및 정책에의 반영이 가능해 지기 때문이었다. 또한 이러한 과정을 통해 시민, 전문가, 행정 등 각 주체 간의 의견 교환을 통해 더 나은 전주를 향해 함께 나아갈 수 있을 것이라는 기대감 때문이다. TF 팀이 수립한 추진계획에 의해 지표개발 분과위원회와 각 분과를 조정, 통합하는 총괄위원회가 구성되었다. 분과위원회의 구성은 반드시 NGO, 행정, 시의원, 전문가가 참여하도록 했고 시민 눈 높이에 맞는 지표를 개발하기 위해 지역 언론사의 기자들을 각 분과에 참여시켰다. 환경 분야의 분과위원회 구성은 그간 전주의제21 활동에 참여해왔던 위원들이 대거 참여하였다. 그러나 7년여 간 전주의제21은 환경의제를 중심으로 활동해왔기 때문에 사회나 복지, 경제, 특히 문화 분야의 시민 패널을 찾기가 쉽지 않았다. 우선적으로는 민간협력을 통한 지표개발의 행정주체였던 기획예산과가 지역기관과 전문가, 민간단체 등에 공문을 보내고 분과위원 섭외에 힘을 실어주었다.

2008년 6월 26일 시민 패널들이 처음으로 한자리에 모였다. 사회와 복지, 교육, 경제, 생태와 환경, 자원과 에너지, 문화 6개 분야 67명의 위원이 논의를 시작했다. 31명은 NGO 활동가, 18명은 관련 부서, 9명의 전문가, 5명의 시의원, 3명의 언론기관 등으로 구성되었다. 지표개발 TF 팀의 위원들이 각 분과로 들어가 분과회의를 이끌었다. 2년여의 준비 기간이 지나고 드디어 지표가 지역사회 내에서 구체화되기 시작한 역사적인 날이었다.

표 8-1 지표 시민 패널 구성안 2008년

구 분		참여 대상	구 분		참여 대상
사회와 복지	전문 위원	이성호, 국주영은, 조선희	경제	전문 위원	정명운, 이강진 중소기업연합회(1인)
	단 체	주민자치위원회 전북여성단체연합 전주시 자원봉사센터, 전북지역아동센터		단 체	전주경제키우기운동본부 주부클럽소비자정보센터
	기관· 기업	전북통계사무소 전주시 완산경찰서(생 활안전과) 전주시평생학습센터		기관· 기업	전주상공회의소(사무처장) 전북지방중소기업청(조정협 력과)
	전주시	기획예산과, 시민생활 복지과, 시민협력과		전주시	성장산업과, 경제진흥과, 한스타일과
	기 타	이종수, 주영식, 박정원		기 타	정종복
	시의원	(국주영은)		시의원	미정
교 육	전문 위원	김종표, 유혜숙	생태와 환경	전문 위원	김보국
	단 체	전주시학교운영위원 협의회 애들아 하늘밥먹자 청소년활동진흥센터 장애인학부모회 사립문고협의회 전북 협의회 한울생활협동조합 전주생활협동조합 한살림		단 체	시민행동21 전북생명의숲 푸른전주운동본부 만경강민관학협의회 자연보호협의회 완산칠봉을 사랑하는 우리 의모임
	기관· 기업	전라북도교육청(중 등교육과) 전주시교육청(학무 국장)		기관· 기업	전북환경기술개발센터 전주지방환경청
				전주시	생태복원과, 푸른도시과, 상하수도사업소
	전주시	여성청소년과, 창의혁 신과		기 타	변무섭, 양현

	기 타	양근식		시의원	이원택
문 화	시의원	오현숙	자원과 에너지		
	전문위원	김성식		전문위원	이점호, 김금례
	단 체	(사)문화연구 창 숨조형연구소 효자문화의 집 작가회의 창작극회 우진문화공간 전주문화재단		단 체	주부환경감시단 전주환경운동연합 아름다운가게 전주자활후견기관
	기관·기업	전주권 문화정보 114		기관·기업	도로교통안전관리공단 전북지부 에너지관리공단 전북지사 교통안전공단 전북지사
	전주시	전통문화과, 문화관광과, 시립도서관		전주시	자원관리과, 교통과, 환경과, 보건소
	기 타	송민찬		기 타	김형상, 김세훈, 최병윤, 김현홍, 장태연
	시의원	김남규		시의원	장태영

지표개발 TF는 2년간의 연구를 통해 지표개발방식을 두 가지로 정리했다. 첫 번째는 민관협력형 지표개발, 두 번째는 시민참여형 지표개발이다. 2008년부터 본격적으로 시작된 지표개발의 과정에서 가장 많이 등장한 단어 역시 민관협력과 시민참여였으며, 과정을 설계하고 추진하는 내내 이 두 원칙에 충실하고 있는지를 점검하며 나아갔다.

1. 민관협력형(협의회 주도 정부 포용형)

지표개발과정에서의 민관협력은 협의회에 참여하고 있는 시민단체와 선문가들이 주도하고 이를 행정이 지원하는 방식으로 추진되었다. 민간주체들이 주도해서 지표안을 만들면 행정은 그것을 검토하고 의견을 제시하는 정도의 소극적 협력이 이루어졌다. 물론 지표개발의 예산을 지원하고 참여하는 기관을 섭외하는 등 행정절차는 지원을 했지만 지속가능성을 진단하는 활동에서 행정은 아무래도 적극적이지 않았다. 2008년 1년간의 지표개발과정을 통해 5개 분야에서 41개의 지표가 선정되었고(문화분과지표는 첫해 개발에 실패하였다) 2009년부터 현재까지 지속가능지표의 평가결과가 발표되고 있다. 10여 년의 평가과정에서 행정의 역할은 점점 확대되었으며 그 요구가 점점 커지고 있다. 발표되는 지표 데이터의 상당수가 행정을 통해 취합 산출되는 것들이다. 행정의 협조가 없이는 신뢰도 있는 데이터를 만들어 내거나 수집하는 것이 불가능한 것이다. 또한, 평가결과를 토대로 지속가능성을 향상시키기 위한 다양한 전략을 수립하고 추진하는데 있어 행정의 역할이 점점 더 요구되었다. 현재 민관거버넌스는 지표의 개발과 평가에서는 민간의 주도하고, 평가결과를 지역사회에 적용하는 데는 조금 더 높은 수준의 행정 협력을 끌어내는 방식으로 작동되고 있다.

2. 시민참여(지역사회문제 해결형)

2007년 당시 기존 지역발전지표개발 사업들의 가장 큰 문제점은 실천 운동의 주체인 시민들의 참여가 배제된 채 소수의 사람들만의 보고서로 작성되었다는 점이었다. 전문가가 주도하고, NGO나 시민 대상의 형식적 의견수렴 절차를 통해 만들어진 지표는 지표 본연의 생명력을 갖지 못하고 작성과 동시에 캐비넷으로 향하고 있었다. '지표가 얼마나 살아 움직일 수 있느냐' 곧 우리가 만든 지표가 캐비넷으로 들어가지 않고 전주의 지속가능성 향상을 위해 주민들의 자발적이고 적극적인 참여를 얼마나 이끌어 낼 수 있느냐에 지표운동의 성패가 달려있다고 판단했다. 그동안의 제한적으로 이루어졌던 시민참여의 영역을 지표의 개발, 평가, 그리고 적용의 전 과정으로 확대하였다.

지표개발과정에서는 먼저 70여 명의 시민 패널이 지표 시안을 만들어내면 이 시안을 좀 더 확장된 기관, 전문가, NGO 활동가, 행정에 의견을 평가 툴을 통해 수렴하고 공 워크숍을 통해 보다 많은 시민들의 의견을 수렴한 후 최종지표를 선정하였다. 또한, 지표의 성격을 현재상태진단형, 미래목표지향형, 주민실천유도형으로 분류하고 분과별로 2개 이상의 주민실천유도형 지표를 설정하도록 하였다(이후 지표는 현재상태진단형과 주민실천유도형으로 성격구분하고 있음). 이렇게 선정된 주민실천유도형 지표들은 시민조사단들이 직접조사를 통해 지표의 결과를 만들어내고 이후에 지표향상을 위한 정책제안의 과정까지도 함께하고 있다. 마지막으로 지표에 대한 시민들의 관심과 이해를 높이기 위해 시민들의 눈높이 맞춘 평가방식과 지표명을 선정하고자 하였다. 예를 들면 하천의 건강성을 알기 위해서 일반적으로는 BOD, COD와 같은 수질지표를 활용하지만 전주천은 건강성을 알리는 지표는 1급수 지표종인 쉬리가 전주천의 어느 구간까지 살고 있는가를 측정하는 것으로 하였고 지표명도 '쉬리 노는 곳에 배스야 오지마라'라고 정하였다.

표 8-2 2018년 전주지속가능지표_총 49개지표

순서	지표명	발표주기	순서	지표명	발표주기
사회와복지분과			생태환경분과		
1	당해년도 월 1회 이상 자원봉사 참여건 수	1년	25	쉬리 노는 곳에 배스야 오지마라	1년
2	청년층(20~34세) 타도 전출입 인구	1년	26	탄소발자국	1년
3	헌혈인구	1년	27	1인 1일 가정용수 사용량	2년
4	65세 이상 인구 중 기초수급자 비율	2년	28	흰목물떼새, 날자!	2년
5	고혈압, 당뇨병 환자비율	2년	29	삼천은 새(鳥) 마을	2년
6	위기 가능 청소년 수	2년	30	소류지 면적과 개소	3년

7	119출동유형(5분 도착률)	2년	31	생태길백리에 대한 시민만족도	3년
8	연간 평생학습 참여자 수	3년	32	우리동네 공원 만족도	3년
9	교통약자(노인, 어린이)의 교통사고율	1년	33	노거수 현황	3년
10	전주시시내 공원내 장애인 화장실 설치 수	2년	34	도시공원을 지켜라	미정
11	맞벌이 부부 가사노동 공평 분담률	1년	35	삼천 늦반딧불이 개체 수	1년
	교육분과		36	생태도시계획 온도계	1년
12	학교급식 친환경 농산물 구매비율	1년	37	공영(노외)주차장 생태면적률	1년
13	원도심지역 초등학생 수 변화	1년		**생활환경분과**	
14	방과 후 학교 교과과정 문화·예체·교양 비율	1년	38	전력 과소비 가구(세대) 비율	1년
15	전주시 일반예산 중 아동·청소년 교육복지예산 지원 비율	2년	39	시민1인당 연간 음식물 쓰레기발생량	1년
16	전주지역 중학교 학급당 학생 수	1년	40	전주시 생태교통 분담률	1년
17	아동하루 바깥놀이 시간	1년	41	전주시 열섬 및 온도	1년
18	전주지역 중학교 졸업생중 타시군소재 고등학교 진학자 비율	1년	42	전주시 미세먼지 현황 (국제 기준)	1년
	경제분과		43	안전한 보행로(원도심)	1년
19	전주경기전 입장객 수	1년		**문화분과**	
20	동네마트 판매금액	1년	44	문화예술향유, 만족하는 사람의 비율	2년
21	개인서비스 요금 인상률 (외식 및 이·미용 등)	1년	45	판소리 추임새를 넣을 수 있는 사람의 비율	1년
22	전주영상물 촬영 직접 소비금액, 체류 촬영일 수	1년	46	지역문화자원 시민인지도	2년
23	고용률	1년	47	3개월 이내 문화비용 지출한 사람의 비율	2년
24	가계부채 비중	1년	48	한옥마을 대표 프로그램 체험객 수	1년
			49	전주시 문화정책 인지도	1년

일반적으로 지역사회 지표는 전문가나 전문기관들의 용역사업으로 진행되고 전문가들의 분석으로 평가되어왔다. 전주지속가능지표는 지표평가와 분석의 전문성이 다소 결여되더라도 다양한 주체들의 참여로 평가되고 분석결과가 도출된다. 1개 지표당 1명 또는 2명의 위원이 지표평가보고서를 작성하고 이 결과를 분과위원회와 행정, 그리고 위원전체가 교차 평가하는 3단계의 과정을 통해 전문성을 보완하는 형태로 매년 보고서를 만들어내고 있다. 좀 더 쉬운 언어로 시민들의 눈높이에 맞는 보고서를 만들어내고 지역사회의 합의를 통해 지표 결과가 만들어지게 하기 위함이다.

---

* 지표선정의 원칙
 ① 지속가능지표로서 적합성 / 해당 분야에 대한 상징성
 ② 측정가능성 / 비교가능성 / 통제가능성
 ③ 실천사업과의 연계성
 ④ 시민들의 눈높이를 고려, 지역 언론의 관심을 염두
 ⑤ 지역적 특성을 반영한 브랜드 지표가 필요

지표의 개발만큼 중요한 것이 지표의 지속가능한 관리이다. 지표를 개발하는 과정에서 지표개발 이후의 관리에 대한 고민이 함께 되지 않는다면 지표는 그 생명력을 유지하기 어렵다. 지표는 주기적으로 발표되고 그것의 변화추이가 보일 때 영향력 있는 수단으로 활용될 수 있기 때문이다. 지표의 관리는 두 가지 측면으로 고려되어야 하는데 첫 번째는 지표의 데이터를 생성해내고 그것을 분석하여 평가결과를 만들어내는 것이다. 두 번째는 평가결과를 바탕으로 지속가능성을 어떻게 향상시킬것인가 즉 지표를 더 나은 방향으로 향상시키기 위해서 지역사회가 어떤 노력을 할 것인가를 결정하고 추동하는 일이다. 지표관리계획을 수립하는데 있어서도 민관협력과 시민참여의 원

칙이 가장 우선시 되었고 예산과 인력, 평가 시기 등의 현실적 조건
들이 고려되었다.

그림 8-2 전주지속가능지표 평가

2018 전주시기속가능지표 평가결과(2017년 기준)

■ 향상정도: ☺ 좋아짐 ☺ 현상유지 ☻ 나빠짐 ✿ 신규

사회와복지분과

	지표명	기준연도	전년도	당해연도	향상정도
1	당해년도 월 1회 이상 자원봉사 참여건 수	2017	129,705건	144,024건	☺
2	청년층(20~34세) 타도 전·출입 인구	2017	−2,625명	−3,030명	☻
3	헌혈인구	2017	43,012명	44,928명	☺
4	65세 이상 인구 중 기초수급자(생계급여) 비율	2017	6.7%	5.0%	☺
5	고혈압, 당뇨병 환자 비율	2017	고혈압 19.1% 당뇨병 6.4%	고혈압 20.5% 당뇨병 9.3%	☻
6	교통약자(노인, 어린이)의 교통사고율	2017	노인 16.4% 어린이 5.9%	노인 17.9% 어린이 5.6%	☺

교육분과

	지표명	기준연도	전년도	당해연도	향상정도
1	전주지역 중학교 학급당 학생 수	2017	32.9명	31.4명	☺
2	학교급식 친환경 농산물 구매 비율	2017	29.1%	34.7%	☺
3	원도심지역 초등학생 수 변화	2017	4.3% (전년대비)	0.35% (전년대비)	☺
4	전주시 일반예산 중 아동·청소년 교육복지예산 지원 비율(교육지원예산)	2017	18.5% (1.60%)	18.3% (1.68%)	☺
5	아동 하루 바깥놀이 시간	2017	69.7% 1시간 미만 (2017년)	59.9% 1시간 미만 (2018년)	☺

경제분과

	지표명	기준연도	전년도	당해연도	향상정도
1	전주 영상물 촬영 직접 소비금액, 촬영 시 체류하는 스텝 수	2017	1,666,547천원 189,914명	2,358,677천원 181,776명	☺
2	전주 경기전 입장객 수	2017	1,124,476명	1,207,435명	☺
3	동네마트 판매금액	2017	28,760백만원	30,272백만원	☺
4	개인서비스 요금인상률 (외식 및 이·미용 등)	2017	1.1%p 상승 (전년대비)	2.4%p 상승 (전년대비)	☹
5	고용률	2017	53.9%	54.2%	☺

생태환경분과

	지표명	기준연도	전년도	당해연도	향상정도
1	공영(노외)주차장 생태면적률 *신규	2017	–	16.9%	✿
2	쉬리 노는 곳에 배스야 오지 마라	2017	어은골 쌍다리까지 서식	어은골 쌍다리까지 서식	☺
3	탄소발자국	2017	7,657kg CO_2/세대·년	7,686kg CO_2/세대·년	☹
4	흰목물떼새, 날자!	2017	9마리	13마리	☺
5	소류지 면적과 개소	2017	54개소 (몽리면적 356.1ha, 유역면적 1,901.5h) (2014년)	54개소 (몽리면적 351.1ha, 유역면적 1,863.8h) (2017년)	☺
6	삼천 늦반딧불이 개체 수	2017	423마리	1,956마리	☺

생활환경분과

	지표명	기준연도	전년도	당해연도	향상정도
1	1급 발암물질 미세먼지 현황(국제기준)	2018	99일 (2017년)	90일 92018년)	☺
2	전력 과소비 가구 비율	2017	37.2%	34.9%	☺
3	시민 1인당 연간 음식물 쓰레기 발생량	2017	150kg	154kg	☹
4	전주시 생대교통 분담률 *신규	2017	–	시내버스 27.5% 자전거 2.4% 도보 15.2%	✿
5	안전한 보행로(원도심) *신규	2017	–	57.9%	✿

문화분과

	지표명	기준연도	전년도	당해연도	향상정도
1	전주시 문화정책 인지도 *신규	2017	–	17.9%	🏵
2	문화예술향유, 만족하는 사람의 비율	2017	7.0%	11.3%	☺
3	판소리 추임새를 넣을 수 있는 사람의 비율	2017	44.0%	68.7%	☺
4	3개월 이내 문화비용 지출한 사람의 비율	2017	56.4%	54.4%	☹
5	한옥마을 프로그램 체험객 수	2017	37,398명	35,098명	☹

지표평가에서는 지역사회에 이미 발굴된 의제를 지표로 적극적으로 활용하는 방안이 제시되었다. 지역의 NGO 활동과 지자체가 추진하는 주요사업을 지표와 연계시키는 것인데 특히 주민실천유도형 지표의 선정 시 NGO 활동과의 연계성을 우선 고려하였다. 지표가 NGO 활동과 연계되었을 시 지표운동을 주민실천운동으로 확산하는데 매우 유리하며 NGO 측면에서도 단체의 의제가 전주시의 의제로 확장되는 성과를 가질 수가 있어 서로에게 도움이 될 수 있다.

표 8-3   전주구성현황표

항 목	구 분						비 고
분 야	사회/복지	교 육	경 제	생태환경	생활환경	문 화	폐 지
	11	7	6	12	6	7	9
지표 성격	현재상태진단형			주민실천유도형			미래목표지향형 삭제
	37개			12개			
조사 형태	통계자료활용	행정자료조사		설문조사	직접조사		
	5개	24개		7개	13개		

지속가능성 향상을 위해서는 다양한 수단이 동원되고 있다. 가장
먼저 추진한 것은 전주의제21 조직을 개편한 것이다. 기존 전주의제
21은 환경의제 중심의 분과위원회를 골간조직으로 하였으며 실천사
업을 통한 모델화 사업을 추진해 왔다. 지표개발이후 지표를 평가하
고 관리하는 체계로 조직을 개편하였는데 지표를 평가하는 지표위원
회와 지표평가를 토대로 실천전략을 수립하는 정책위원회, 지표를 향
상시키는 실천위원회로 구성되었다. 가장 큰 변화는 환경의제 중심에
서 사회, 경제, 교육, 문화, 환경 등 전반적인 의제를 다루는 조직으로
확대되었으며, 사업의 방식에서도 의제별 거버넌스 기구를 만들어 상
시적 정책협의와 시민참여사업을 추진하는 형태로 전환되었다.

그림 8-3 지표평가 및 관리 구조

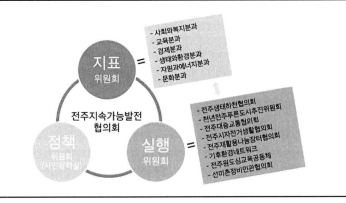

지표위원회는 매년 1월~6월까지 지표를 평가하여 결과를 발표한다. 6월에 지표결과 발표 후 후속 활동들이 진행되는데 지표분과위원회와 정책위원회가 공동으로 지표결과를 지역사회와 공유하고 구체적인 실천전략을 제안하는 활동을 진행한다. 분과위원회에서는 해당 연도 발표되는 지표 중 1개를 올해의 지표로 선정한다. 올해의 지표는 대체로 중요한 현안이거나 지표의 하락이 뚜렷한 문제지표가 선정되는데 이렇게 선정된 지표를 향상시킬 수 있는 전략을 분과위원, 정책위원, 행정, 의회, NGO, 관련 전문가, 관련 기관 등이 모여 협의하는 테이블이 7월~10월 사이에 만들어진다. 이 과정에서 나온 결과물이 다음연도 지자체 정책 또는 민간분야의 사업으로 반영하는 프로세스로 진행된다. 실천전략을 지역사회에 적용하는 데 있어 매우 중요하게 사용되는 것이 민관협력인데 이것이 더욱 활력 있게 작동되게 하기 위해서 시의회의 참여가 매우 중요하다. 그래서 지표향상을 위한 협의 테이블(보통 간담회, 포럼, 워크숍 등의 형태로 진행된다)을 시의회의 상임위원회나 연구회 등과 공동으로 개최하는 방식을 취하고 있다.

　2017년 사회와 복지분과 올해의 지표는 '청년층 타도 전출입 인구'였다. 2017년 전주시에 거주하는 20세~34세 청년층 유출이 3,000명을 넘어섰으며 지속적인 증가추세를 보였기 때문이다. 이 문제를 심각하게 인식한 사회와 복지분과와 경제분과, 정책위원회, 청년당사자단체, 일자리청년정책과, 전주시의회가 포럼을 개최했고 후속 모임을 통해 '전주형 청년수당 청년쉼표 사업'을 발굴하여 전주시가 이 사업을 채택했다. 시의회는 '청년희망도시 구축을 위한 조례'를 제정하여 사업의 추진근거를 마련하였다. 지속적인 청년정책 발굴을 위해 청년위원회도 만들어졌다.

그림 8-4 청년층(20~34세) 타도 전출입 인구 (단위: 명)

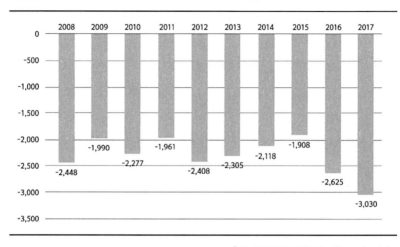

출처: 국가통계 포털 http://www.kosis.kr

한 가지 예를 더 보자면 원도심의 공동화 현상을 측정하기 위해 "원도심 초등학생 수 변화"라는 지표를 평가하고 있다. 2010년 원도심 초등학교의 학생수는 1990년의 10% 수준으로 감소하였으며 그 이후 몇 년간 지속적인 감소추세를 나타내고 있었다. 2012년 이 지표가 올해의 지표로 선정되었고 '학교가 마을을 살린다'라는 목표로 원도심을 도심 속 대안공교육의 메카로 만들자는 실천전략이 수립되었다. 이를 실행하기 위해서 원도심교육공동체라는 실천위원회가 만들어졌고 교육청, 전주시와 공동협약을 맺어 원도심학교살리기 사업이 시작되었다. 전주 원도심의 전통문화자원과 생태적 자원, 시민사회와 마을 주민 등의 인적자원을 연계한 수업혁신은 빠른 성과를 가져왔다. 학생 수 감소추세가 둔화되더니 급기야는 증가하는 학교들이 생겨나기 시작했다. 전주시의 원도심학교살리기 사례는 원도심공동화의 문제로 앓고 있는 전라북도는 물론 전국의 도시학교들로 확산되었다.

그림 8-5 전주 원도심지역 6개 초등학교 학생 수 변화 (단위: 명)

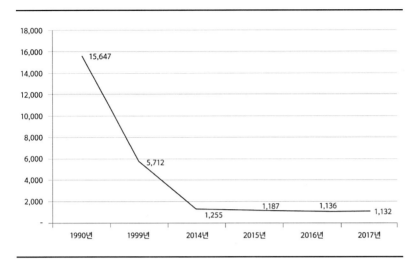

출처: 전라북도교육청.

이처럼 실천위원회를 통해 상시적 거버넌스체계가 유지되고 있는데 구성된 실천위원회는 전주생태하천협의회(하천지표), 천만그루정원도시추진위원회(녹지,공원지표), 전주자전거생활협의회(자전거지표), 전주대중교통협의회(시내버스지표), 원도심교육공동체(교육지표), 선미촌정비민관협의회(복지), 에너지전환시민포럼(에너지지표), 청년위원회(청년정책)가 있다.

지표운동을 지속하기 위해 해결해야 할 문제들도 있었다.

첫 번째는 전주지속가능지표평가사업의 지속성을 담보하는 일이었다. 시장이 바뀌어도 지속할 수 있는 제도적 근거를 마련해야 할 필요가 있었다. 지표개발단계에서부터 함께해왔던 시의원의 발의로 2011년 5월 조례가 제정되었다. 전주시장은 지속가능발전지표를 작성 공표해야 하는 책무를 가지며 전주의제21이 지표의 개발과 평가를 수행하도록 하는 내용이 담겨졌다.

두 번째는 지표평가위원들이 매너리즘에 빠지는 문제였다. 초기에는 지표를 평가 하는 것만으로도 지역사회에 또 하나의 활력이 되었고 우리 내부의 만족도가 매우 높았다. 그러나 지표를 평가하는 작업이 수행된 지 6~7년쯤 되었을 때부터 위원들의 흥미가 다소 감소하였다. 사실 지표의 변화라는 것이 1년 사이에 크게 나타나지 않고 4~5년의 시간을 두고 추세와 경향이 나타난다. 그러다 보니 매년 동일하게 반복되는 데이터를 모으고 분석하는 작업에 관심도가 떨어지게 되었다. 이런 분위기는 평가서를 통해서 여실히 드러났고 위원들 스스로도 감지하고 있었다. 변화가 필요했다. 지표총괄위원회에서 해결방안으로 단기개선지표의 개발을 제안했다. 지속성은 떨어지지만 전주시의 현안문제 중 빠르게 변화를 이끌어낼 수 있는 단기개선지표를 분과별로 추가하기로 했다. 단기개선지표는 문제 해결방법을 찾아내기도 쉽고 행정에서도 큰 노력을 기울이지 않고도 개선할 수 있는 부분이어서 문제의 해결 과정을 쉽게 확인할 수 있다는 장점이 있었다. 지표운동의 성과를 빠르게 확인할 수 있어 이 지표를 통해 분과에 활기를 불어넣을 수 있을 것이라는 판단에서였다. 이런 목표는 일정 부분 효과가 있었다. 단기개선지표를 발굴하는 과정에서 분과지표에 대한 재검토도 이루어져 신규지표들이 생겨났다. 공원 내 장애인 화장실 수, 공영주차장 생태면적률, 가로수관리, 안전한 보행로와 같이 현장성이 명확하고 현실적 대안이 바로 만나는 사안들이 단기개선지표로 선정되었다. 단기개선지표는 담당행정과 분과위원들의 행정협의를 통해 정책 개선 방향을 모색하는 후속 활동으로 이어지면서 분과위원들이 좀 더 역동성을 갖게 되었다.

세 번째는 행정과의 소통의 문제이다. 지표는 행정이 관심을 가지고 그 결과를 정책 결정에 반영할 때 큰 힘을 발휘하게 되기 때문에 행정과 지표를 가지고 소통하는 것이 매우 중요하다. 그런데 행정은 평가사업에 대한 부정적 인식이 있었다. 전주지속가능지표는 전주시의 지속가능성을 평가하고 방향을 제시하는 사업이지 전주시 행정수행능력을 평가하는 수단이 아니다. 그러나 행정의 입장에서는 그간 평가사업이라는 것이 늘 행정력을 평가하여 상을 주거나 비판을 받는 형태로 진행되었던 것에 익숙했기 때문에 '평가'라는 용어에서부터 태생적 거부반응이 있었다. 이것을 깨기 위해 매년 평가서가 작성되면 위원 간 교차검토와 행정의 검토를 거쳐 분석내용에 대한 의견수렴을 반드시 거치고 있다. 그럼에도 불구하고 행정은 여전히 지표가 불편하다. 지표평가결과 총괄표에 시민들의 이해를 돕기 위해 사람의 표정을 표기해주는데 향상은 웃음, 현상유지는 무표정, 하락했을 때 울음표시로 표현하고 있다. 몇 년 전 교육 관련 지표 중 2개 지표의 얼굴 표정의 표기가 왜 울음표시이냐며 담당과장이 지표결과 발표장에 올라와 항의하는 일도 있었다. 하지만 지표평가결과를 가지고 행정을 비판하기보다는 정책대안을 만들고 민관의 협력방안을 지속적으로 찾아가다 보니 행정의 정서적 불편함은 해소할 수 있었고 간담회와 공동협의의 테이블이 늘어나고 있다.

III. 성과: 지표는 문제은행이자 의제은행이다

2019년 올해는 열 번째 지표보고서가 나오는 해이다. 10년쯤 후엔 지표운동이 일정한 성과를 가져올 것이라고 평가했던 그 시기가 온 것이다. 지속가능지표가 전주를 얼마나 지속가능한 도시로 변화시켰는가?

첫 번째는 성과는 그간 환경문제 안에 갇혀 있던 지속가능한 의제를 사회, 경제 전반으로 확장시켰다는 것이다. UN에서는 2015년 SDGs를 발표하면서 사회, 환경, 경제 전반의 17개 목표를 정하여 국제사회의 동참을 강조하고 있다. SDG와 전주지속가능발전목표의 연계성을 분석해 보니 17개 목표 중 9번과 14번을 제외하고는 모든 분야의 지표가 연계성을 가지고 있었다.

두 번째는 지표는 지역사회 문제은행이자 의제은행이다. 지역사회가 에너지를 모아야 하는 의제가 매년 발굴되는데 시민사회가 별도의 논의테이블을 마련하는 절차와 시간을 들이지 않아도 지표평가와 분석을 통해 자연스럽게 중요 의제가 선정된다. 각 분야별로 볼 때는 시기마다 중요하다가 생각되는 문제들을 신규지표로 선정함으로써 지역사회 관심을 불러일으킬 수 있다. 지역사회 전체로 볼 때는 당해연도 가장 큰 이슈가 되는 사안이 올해의 지표로 선정되기 때문에 시민사회의 자원과 예산을 절감하면서 함께 해야 할 집중의제를 도출할 수 있게 되는 것이다.

세 번째는 거버넌스와 시민참여기반이 구축되었다는 것이다. 모두가 동의하든 안하든 성과가 크든 작든 지난 10년간 지표를 매개로 민관협의의 장이 매년 만들어졌다. 지표발표회가 끝나면 매년 7월~11월이 되면 행정과 협의회(민간), 의회 3 주체가 만나는 자리가 만들어진다. 이 과정에서 민관협력의 과제들이 도출되었고 중요 의제는 상시적 거버넌스 구조로 만들어졌다. 민관협력과 시민참여의 성공 경험이 축적되면서 전주시는 이런 경험을 행정 전반으로 확대해 나가고 있다. 다울마당이라고 하는 민간의 시혜를 빌리는 위원회를 제도화했고, 시민원탁회의를 정기적으로 열어 시민 의견을 반영하고 있으며, 생태도시종합계획, 지역에너지계획 등 시 주요계획 수립에 있어서도

시민참여를 기반으로 하였다.

네 번째는 전문성의 강화이다. 지표평가와 반복되는 정책협의의 과정을 통해 시민사회의 전문역량이 점차 강화되었다. 행정의 담당자들은 2~3년에 한 번씩 바뀌는 반면 시민사회의 전문역량은 점점 축적되었다. 상시적 거버넌스 구조가 만들어진 경우 전문가들의 전문역량을 안정적으로 지원하면서 민간의 전문역량은 더욱 켜졌다. 이 결과 행정의 정책결정과 사업추진 시 민간과의 협업이 더욱 빛을 발하게 된 것이다.

Ⅳ. 성공요인

지표운동의 성과는 협의회의 성장으로도 자연스럽게 연결되었다. 3명의 실무자가 일하던 협의회는 현재 9명의 실무자가 활동하고 있다. 지표운동이 정착될 수 있었던 성공요인은 무엇이었을까?

첫 번째 성공요인은 지역사회 내에서 지표사업의 필요성과 추진방식에 대한 충분한 합의가 이루어졌다는 것이다. 지표사업 논의가 시작된 것은 2006년 하반기였다. 협의회의 핵심위원들이 동의가 되었고, 외부위원을 포함한 TF가 구성되어 1년이 넘는 기간 동안 전주에 적합한 방식을 설계해냈고 다시 이 결과를 가지고 시민사회와 전문가 집단으로 논의를 확장시켰다. 그리고 최종지표 선정을 위해 논의 대상을 더 많은 전문가와 시민활동가들을 포함하여 다시 확장시켰다. 확장된 단계의 결정을 우선순위에 두고 전 단계에서 논의되었던 것은 더 많은 시민이 참여하는 다음 단계에서 모두 뒤집어질 수 있다는 것을 전제하고 단계를 확장해갔다. 2년이 넘는 시간을 들여 지속가능지표에 합의를 이끌어냈다. 많은 사람의 손때가 묻은 만큼 지표에 대한 지역사회의 애정도 클 수밖에 없다. 그리고 지표선정 시 지역의 NGO나 행정에서 추진했던 의제들이 적극적으로 포함됐다. 이것은 지표사업이 우리 협의회만의 사업이 아니라 참여하는 모든 기구들의 사업과 연계가 됨으로써 지역사회 공동의 사업으로 활용될 수 있다.

두 번째는 파트너십과 민관협력의 경험이다. 파트너십이 잘 구현되기 위해서는 각 참여 주체들의 책임 있는 활동과 각자의 특성을 존중하는 문화가 있어야 한다. 문제를 바라보는 서로의 차이가 분명히 존재하는 가운데 협력할 수 있는 부분을 찾아내야 한다. 그간의 협의회 활동에서 축적된 파트너십의 경험이 지표사업 과정에서 충분히 활용되었다. NGO의 직접조사, 전문가들의 자원봉사, 의회 제도개선, 언론의 이슈화, 행정의 수용성 등이 톱니바퀴처럼 돌아갈 수 있었다.

세 번째는 지역사회 전체를 조망할 수 있는 학습의 기회가 만들어진 것이다. 그동안도 지역사회를 조망하는 정보가 생산되기는 하였으나 그 정보가 제한적으로 유통되었다고 볼 수 있다. 물론 시민들이 요구하면 언제든지 제공받을 수 있지만, 절차가 필요했다. 그런데 지속가능지표를 통해 전주 전체를 진단할 수 있는 정보가 만들어지고 누구나 쉽게 얻을 수 있게 된 것이다. 지표평가결과가 발표되는 날이면 2시간 남짓한 그 시간 동안에 전주시의 여러 가지를 학습하는 기회가 열린다. 지역사회 문제를 고민하는 사람들에게는 지역사회를 바라보는 시각을 넓힐 수 있는 좋은 기회이며 사회문제를 다양한 시각에서 바라볼 수 있도록 해주는 자리가 되는 것이다. 지표 변화의 원인을 찾아보는 것과 다른 분야의 지표와의 연계성을 발견하는 것은 지표평가사업에서 느낄 수 있는 소소한 재미이자 지역사회 역량이 강화되는 순간이기도 하다.

전주는 정말 지속가능해지고 있는가?

10년간의 경향을 볼 때 사회(복지)와 교육지표는 약간향상, 생태환경과 문화는 향상에 가까운 현상유지, 경제는 하향에 가까운 현상유지를 보이고 있다. 안타까운 것은 생활환경인데 지속적인 하향세를 보이고 있다. 기후변화와 에너지의 과소비, 자동차의 증가, 생활물자의 소비증가는 대기, 열섬, 보행환경, 폐기물 등 도시문제를 지속적으로 증가시키고 있다. 따라서 전주시는 생활환경의 개선을 통해 삶의 질을 높이고 지속가능한 도시를 만들기 위해 다양한 시도들을 하고 있다. 그 과정에 민관협력과 실질적 시민참여 수단을 활용하여 시민지성으로 도시를 바꾸는 실험이 전주에서는 지속될 것이다.

시민의 말이 씨가 된다.
전주시 지속가능한 생태도시 종합계획

강소영(전주지속가능발전협의회)

시민의 말이 씨가 된다.
전주시 지속가능한 생태도시 종합계획

강소영(전주지속가능발전협의회)

Ⅰ. 무엇이 문제였는가?

산업화와 함께 많은 사람이 도시로 집중되었다. 도시는 더 많은 사람을 수용하기 위해 아파트를 지었고 신도시가 빠른 속도로 확장되었다. 도시민들은 자동차산업이 발전하며 확장된 도시에서 이동하는 수단으로 개인 자동차를 선택했다. 그리고 자동차 사용의 편리를 위해 도로를 지속적으로 확장했다. 결국, 도시는 건물과 자동차로 가득차게 되었다. 이러한 확장 중심의 도시계획이 진행되는 동안 많은 녹지와 농토가 사라지고 하천은 복개되었다. 습지가 없어지며 빗물이 땅속으로 스며들지 못하여 지하수와 하천 수량이 줄어들었고 대기 환경도 나빠졌다. 생태계의 파괴가 심각해졌으며 도시 안에서 건물과 자동차에 우선권을 주면서 인간이 아닌 건물과 자동차가 주인이 되었다. 사람들이 모이고 아이들이 뛰노는 공간이 사라지고 사회적 약자들의 이동이 어려워지자 이웃 간의 만남노 크게 삼소되었다. 노시의 공기를 포함한 자연환경이 도시민의 건강을 위협하고, 도시민들의 행복감은 크게 상실되어가고 있으며, 도시 안의 사람들은 점점 더 고립되어가고 있다.

이러한 도시개발을 포함한 인간의 활동이 지구온난화를 유발시켜 전 세계에 기상이변이 일어나고 인류의 미래 그리고 도시의 미래가 위협받고 있다. 이러한 문제를 해결하기 위한 도시정책의 전환과 실천이 선진국을 중심으로 활발해지고 있다. 한국의 몇몇 도시에서도 이러한 필요성을 인식하고는 있으나 개발위주의 도시운영 패러다임을 바꾸지는 못하고 보완적 수단으로 활용되고 있는 수준이다.

전주시도 앞에서 언급되었던 도시의 문제점을 모두 안고 있다. 전주 도시계획이 도심 확장 위주로 진행되어 왔으며 그 결과 과거의 문화와 역사가 보존된 도심 중앙부에 인구가 급격히 줄어들고 원도심 공동화 문제가 발생하고 있다. 도시성장에 대한 관리가 필요한 상황이다. 몇 년간 자동차가 급속도로 늘어나고 있으며 도시 외곽에 아파트가 많아짐에 따라 도로가 계속 확장되고 있고, 대부분의 골목과 보도에 자동차가 주차되어 있어 아이들의 등굣길과 휠체어, 노인, 유모차, 어린이들의 이동이 위험한 곳이 많고 자전거 타기도 매우 위험한 상황이다. 대중교통 문제가 수년간 지속되고 있으나 이를 근본적으로 해결하지 못한 상태이며 버스를 타기보다는 자동차를 타고 이동하기가 더 편한 도시가 되어버렸다. 따라서 전주는 약자의 안전한 이동과 보행, 자전거 타기 그리고 버스 타기가 편리해진 생태교통의 확대가 필요하다.

한편 성장 위주의 도시개발로 많은 농지, 녹지가 사라지고 도심부의 소하천도 대부분 복개되었다. 도심에 시민들이 모일 수 있는 광장이 없을 뿐 아니라 동네마다 만들어진 공원 또한 제 역할을 하지 못하여 사람들이 모이고 아이들이 뛰놀 수 있는 장소는 사라지고 있다. 따라서 전주시에는 녹지를 포함한 환경을 보존하는 것이 필요하다.

그리고 몇 년 전부터 도심 열섬에 의해 전주가 국내에서 가장 더운 도시 중 하나가 되었다. 따라서 이에 대처할 수 있는 탄소를 줄이는 정책이 필요하다.

수십 년간 유지된 도시개발의 방식과 정반대의 가치를 지향하는 그런 도시로 우리는 어떻게 하면 갈 수 있을까? 우리 도시들은 '도시기본계획'을 통해 도시개발 방향을 결정한다. 이 계획은 5개년 단위로 수립하는 법정계획이다. 모든 도시공간활용 사업은 이 계획 하위에 있으며 이 계획의 수준을 넘어서면 안 된다는 것이 도시개발의 약속이자 원칙이다. 대한민국 도시개발의 교과서였던 도시기본계획은 지금까지 전문가들과 행정가들에 의해 만들어져왔다(그리고 소위 환경하는 사람들에게 그 교과서는 마치 개발가능지들을 찾아내는 연구처럼 해석되기도 했다). 도시의 주인인 시민들은 만들어지는 도시의 소비자에 지나지 않았고 개발위주 도시계획으로 인한 환경, 인간소외, 에너지, 식량, 폐기물, 교통 등의 문제로 힘겨워하고 있다. 더 이상 개발 위주의 이익집단과 일부 전문가들에게 도시계획의 전권을 맡겨둘 수는 없다. 시민들이 원하는 도시계획, 시민들이 도시의 미래를 직접 결정하는 도시계획이 필요하다.

민선 6기 새로운 시장이 취임하면서 우리의 꿈이 현실로 다가왔다. 전주시가 생태도시를 시정의 중요방침으로 정하고 '지속가능한 생태도시종합계획'을 수립할 것을 결정했다. 전주지속가능발전협의회(이하 협의회)의 전문가들과 활동가들로 TF가 꾸려졌고 시민참여를 통해 생태도시를 목표로 하는 최상위 도시계획을 수립하는 미션이 확정되었다.

II. 사례의 전개과정

전주는 인구 65만의 작지 않은 규모의 도시이다. 인구 10만이 넘는 완주군이 전주시를 둘러싸고 있고 같은 생활권을 유지하고 있어 시군통합을 통해 광역도시를 구축하자는 개발 욕구가 지속적으로 제기되고 있는 지역이기도 하다. 2015년 당시 시군통합을 통해 경제 규모를 키우자는 개발의견과 현재의 규모를 유지하며, 삶의 질이 높은 도시를 만들어 가자는 생태도시 지향 의견의 논쟁을 지속하고 있었다.

도시환경적으로 보면 전주시는 앞에 언급한 현대도시가 갖는 여러 문제점도 있지만 다행스럽게도 생태도시를 구축할 수 있는 많은 잠재력을 가진 도시이다.

첫째, 상대적으로 다른 도시에 비해 양호한 자연환경을 보존하고 있다. 특히 전주천은 전국에서 가장 성공한 도심내 자연형 하천으로 쉬리가 살고 있고, 삼천 상류에는 반딧불이가 나타나고 있었다. 전주시 내부와 외부를 잇는 각각의 녹지축도 존재하고 있다. 둘째, 원도심 역사와 문화자원이 풍부하며 이를 바탕으로 한 한옥마을이 전국적으로 유명한 관광명소가 되었으며 구도심을 살리고자 하는 민관협력이 활발히 일어나고 있다. 셋째, 전주지속가능발전협의회, 생태하천협의회 등 전국적으로 모범적인 민관협력의 경험이 축적되어 있는 도시이다. 넷째, 서울 등 광역도시와 달리 규모가 너무 크지 않고, 개발이 너무 많이 진행되어 있지 않기 때문에 생태도시 구축이 용이하다. 다섯째, 지자체장의 생태도시에 대한 의지가 높다. 이러한 전주시의 장점을 잘 살리면 전국의 어떤 도시보다 우수한 생태도시를 만들어 낼 수 있을 것이라는 기대감을 안고 생태도시 사업이 시작되었다.

그림 9-1 지속가능한생태도시종합계획 추진과정

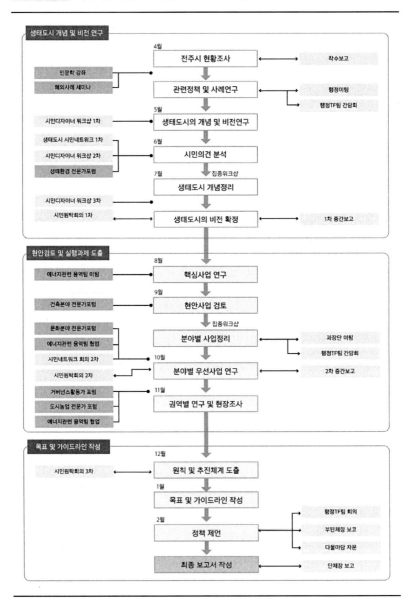

‘지속가능한 생태도시 종합계획 수립’이라는 과업이 정해지고 전문가 집단에 의해 만들어지는 종합계획이 아닌 지역사회의 다양한 주체들과 시민참여를 통해 계획을 수립한다는 대원칙을 민관이 합의하고 사업의 과정을 함께 설계하기 시작했다. 담당 부서인 기획예산과와 전주지속가능발전협의회, 그리고 도시계획, 교통, 녹지, 환경분야 전문가들이 각각 1명씩 참여하여 과업의 방향을 설정하였다. 이 과업은 학술용역형태로 진행하기로 합의하고 전주지속가능발전협의회(이하 협의회)와 그간 협의회의 사업에 참여하여 왔던 우리 지역의 전문가들이 연구진으로 꾸려졌다. 시민참여를 통해 도시계획을 수립했던 경험이 어디에도 없었기 때문에 전문가나 활동가, 공무원 모두에게 이것은 새롭고 생소한 도전이었다. 협의회가 시민참여의 과정을 추진하고 각 분야의 연구진들이 시민들의 의견을 정리하여 종합계획으로 정리해내는 방식으로 역할을 나눴다. 추진체계는 시민 의견수렴을 전담하는 시민소통팀, 4개의 전문분야(도시계획, 에너지, 녹지, 교통)로 구성된 연구팀, 시민소통팀과 연구팀, 행정 TF팀 간의 조율을 통해 전체연구를 지원하는 총괄기획팀으로 구성하였고 총 14명의 연구진이 참여하였다.

그림 9-2 연구진 구성체계도

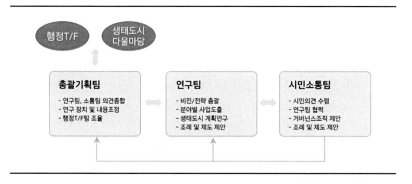

사진 9-1 시민디자이너 모집 홍보물

"시민의 말이 씨가 된다"는 이 연구의 슬로건이자 목표가 담긴 말이다. 덴마크의 건축가이자 대학교수인 "얀겔의 위대한 실험"이라는 도시연구방식을 보고 모든 연구진들이 시민참여의 중요성을 공감하게 되었다. 도시를 재건하거나 도시공간을 변화시키는 과정에서 시민들이 주체적으로 참여토록 하여 자본주의적 사고가 아닌 인간의 활동과 소통을 이끌어내는 도시계획으로 도시에 건강성을 증진시킨 방식이었다.

따라서 우리의 첫 번째 과제도 시민들의 의견을 수렴하는 것이었다. 기존의 연구는 시민설문조사를 통해 시민들의 의견을 파악하는 수준으로 진행되어 왔다. 우리의 목표는 시민들이 도시의 디자이너가

되어 이 연구에 보다 직접 참여하도록 하는 것이었다. 시민들의 참여
는 다양한 방식으로 이루어졌고 다양한 주체들이 참여하였다. 이동권
약자들과 청소년과 청년들의 참여를 높이기 위해 별도의 찾아가는 워
크숍도 진행하였다. 745명의 시민디자이너가 참여했고 56개 민간단체
(시민모임)가 참여했으며, 12번의 찾아가는 시민설명회를 열었고 3,011개
의 시민의 목소리를 들었다.

그림 9-3 시민의견 수렴과정

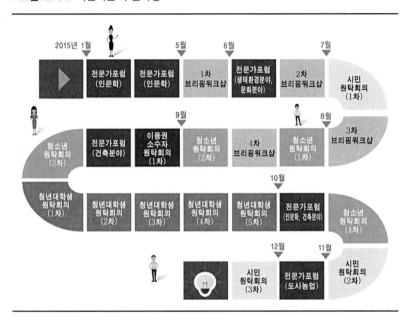

시민참여는 3단계로 진행이 되었는데 시민 의견수렴, 전문가 및
시민단체 의견수렴, 시민원탁회의 순으로 진행되었다. 시민들에게 주
어진 첫 번째 미션은 시민이 원하는 생태도시의 상을 찾아내는 것이
었다. 시민소통팀에서는 생태도시 연구와 얀겔의 도시계획 사례를 브

리핑하고 전주시민이 원하는 생태도시는 어떤 모습인지를 묻는 브리핑 워크숍과 찾아가는 시민설명회를 10여 차례 진행하여 시민들의 의견을 모았다. 이 과정에서 얻어진 의견을 정리하여 1차 시민원탁회의를 열었다. 160여명의 시민이 참여한 시민원탁회의에서는 시민들이 원하는 전주 생태도시의 비전을 선정했다. 사전 워크숍을 통해 나왔던 시민의견을 연구팀에서 18개의 비전으로 정리하였고 시민원탁회의에서 그중 우선순위를 선정하였다. 1순위는 "자연과 어우러진 도심 공원이 곳곳에 있는 도시(17.9%)"가 선정되었다. 18개 항목 중 생태교통 관련 항목인 "자동차보다 사람이 중심되는 도시, 자전거가 편리한 도시, 대중교통이 편리한 도시" 세 항목이 37.4%나 차지하였다. 연구진들은 1차 원탁회의의 결과를 반영하여 생태도시연구의 비전을 정리해냈다.

두 번째 미션은 생태도시에 대한 보다 구체적인 요구들을 찾아내는 것이었는데 이 과정에서 찾아가는 워크숍이 진행되었다. 구체적인 의견을 수렴하는 대상은 청소년과 청년 – 대학생, 이동권소수자, 여성이었다. 그 결과를 살펴보면 다음과 같았다.청소년들이 꿈꾸는 생태도시는 생태교통이 발달한 도시로 나타났다.

그림 9-4 청소년이 꿈꾸는 생태도시 전주

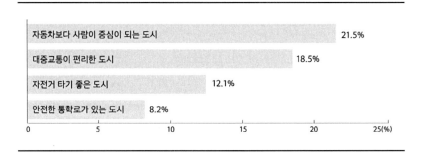

청년들이 꿈꾸는 생태도시는 보다 다양한 모습이었다.

그림 9-5　청년대학생이 10년 후 가족과 함께 살고 싶은 마을

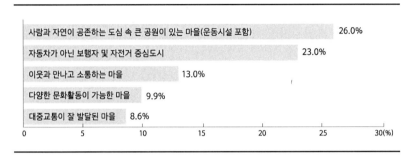

이동권소수자들이 원하는 생태도시는 이동권이 보장되는 도시였다.

그림 9-6　이동권소수자로서 전주시에서 살기 불편한 점

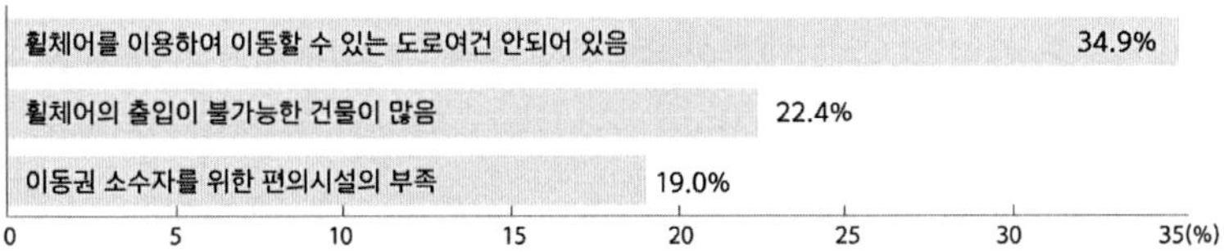

전문가들이 꿈꾸는 생태도시를 알아보기 위해 전문가들과 연구진의 다양한 만남도 진행되었다. 연구진을 위한 인문학과 문화 전문가 특강이 있었고 생태환경 분야 전문가포럼, 문화 분야 전문가포럼, 도시농업 전문가포럼, 여성건축가회의, 조경학과 학생들의 생태조경 설계 Studio 과정이 진행되었다. 생태도시계획은 도시민이 행복한 문화를 만들어내는 환경을 조성하는 일이므로 사람의 관계성을 높이는 도시계획으로 사람을 바꿔 수준 높은 도시가 만들어지는 선순환 구조를

만들어야 한다는 것이 전문가들의 공통적 의견이었다. 그리고 시민에게 모은 3,011개의 포스트잇 의견과 시민단체들의 의견을 종합하여 2차 시민원탁회의를 열었다. 2차 원탁회의에서는 연구팀이 제안한 생태도시의 6대 비전을 확정하고 각 비전에 따른 연구팀 제안사업에 대한 시민평가가 이루어졌다.

표 9-1 6대 비전별 사업제안에 대한 시민만족도

비전명	평가결과(10점만점)
시민이 존중받으면서 이동하는 도시	7.9
사람과 자연의 다양성이 공존하는 도시	8.2
문화와 역사가 있는 독창적 도시	7.5
소통과 포용의 시민문화 도시	7.4
미래 위협으로부터 안전한 도시	7.6
생태도시 관련 산업을 바탕으로 경제가 활성화 된 도시	7.5

세 번째 미션은 1년간의 의견수렴결과를 정리하여 도시계획의 원칙을 정하는 자리였다. 시민디자이너들의 의견을 최종적으로 수렴하는 과정으로서 연구진에서 5개 분야의 13개 원칙을 제시하고 이것에 대한 시민의견을 들었다. 13개 원칙 중 12개의 원칙은 원안대로 수용되었으나 한 가지 원칙은 시민디자이너들에 의해 수정되었다. 연구팀이 제시한 안은 "교통의 우선순위를 보행, 자전거, 대중교통, 승용차 이용자 순으로 결정한다" 이었으나 시민디자이너들은 '자동차보다 보행 및 자전거 대중교통을 우선으로 한다'라고 수정에 합의했다. 대중교통을 우선으로 해야 한다는 의견이 반영된 결과였다. 13개 원칙 중 3대 우선순위 원칙도 선정하였고 이후 전문가 의견을 수렴하여 총 15개의 원칙을 선정하였다.

3대 우선순위 원칙

1순위: 대중교통 중심의 도시교통체계를 수립하여 저탄소 에너지 절약형 도시를 조성한다

2순위: 도시의 공공공간은 인간관계와 공동체성을 회복하는 디자인을 적용한다.

3순위: 교통약자의 통행권을 보장하는 안전도시를 조성한다.

8개월여의 시민활동 과정이 끝나고 연구팀과 총괄팀은 지속가능한 생태도시종합계획의 최종정리 작업에 들어갔다. 우리가 수립한 생태도시계획은 결국 행정 즉 공무원들에 의해 실행되어질 것이다. 전주시의 재정상황은 전국적으로 볼 때 좋은 편이 아니었다. 따라서 제한된 재정으로 효율적인 생태도시 추진전략이 필요했다. 시민의 말을 행정의 정책으로 적용할 수 있는 가장 좋은 방법은 무엇일까? 연구팀은 발상을 전환하여 시민들의 의견을 다시 정리하기로 했다. 그동안 시민들과 소통해 만든 결과물을 행정의 언어 그리고 정책적으로 연결을 높일 수 있는 방식으로 전환하는 것이었다. 기존의 생각했던 도시계획의 원칙과 중요사업을 제안하는 방식으로는 생태도시 계획의 실현을 담보할 수 없었다. 각각의 사업을 통해 도시의 부분 부분을 생태도시로 바꿔나가는 방식이기 때문에 전주시 전체에 적용하는데 한계가 있을 수 있고 이마저도 사업예산이 수립되지 않는다면 이 계획서는 쓸모가 없어지는 것이고 캐비넷으로 들어갈 것이 분명했다.

그림 9-7 생태도시 6대 비전

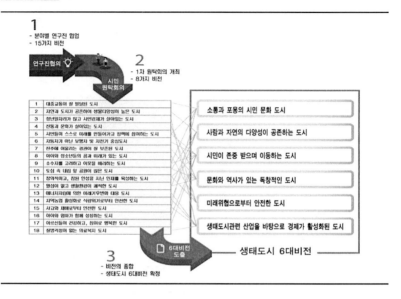

생태도시 전주의 6대 비전을 제시하고 비전을 실현할 수 있는 5대 목표를 수립했다. 5대 목표 하위에 가이드라인을 제공함으로써 전주시의 각 사업들이 자동적으로 전주시 생태도시 구축으로 서로 연결되도록 하였다. 시민들과 결정했던 원칙과 비전은 목표와 가이드라인으로 변신했다. 전주시가 추진하는 어떤 사업이든지 생태도시 가이드라인을 검토하고 적용하여야 한다. 그렇게 된다면 전주시의 모든 사업은 생태도시에 맞게 진행될 것이고, 이 과정이 쌓여 자연스럽게 우리의 목표인 생태도시가 달성되는 것이다.

5대 목표는 전주시 생태도시가 나아갈 길을 간결하고 명확하게 보여주는 상징적 목표이며 시민소통, 도시계획, 에너지, 녹지, 교통 등 각 분야에서 수행되는 사업들이 서로 융합되어 수행되어야 하는 방향을 보여주는 것이다. 생태도시 5대 목표는 다음과 같다.

그림 9-8 생태도시 5대 목표

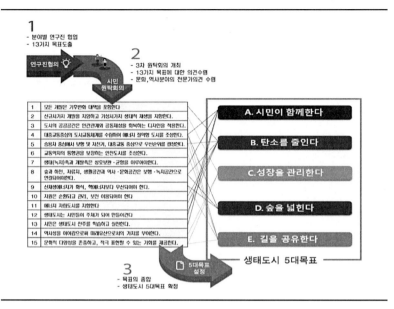

Ⓐ 시민이 함께 한다

시민이 참여하여 만들어가는 도시가 생태도시이다.

생태도시가 성공적으로 추진되기 위해서는 시민들이 생태도시에 대해 이해하고 적극적으로 참여하여야 하며 이를 위해 시민들 대상의 생태도시 학습, 시민리더 육성 및 조직 구성, 시민활동 지원 프로그램 개발이 필요하다.

Ⓑ 탄소를 줄인다

탄소를 줄여 미래위협으로부터 탄력적으로 대응하는 도시이다.

기후변화 위기에 대처하기 위한 온실가스 감축과 미래의 자원 및 에너지 위기에 대비하기 위한 도시의 자원순환 체계, 에너지 자립 시스템 구축 및 지속가능한 사회를 위한 신재생에너지 확대가 필요하다.

Ⓒ 성장을 관리한다

양적확장보다 질적인 성장을 중요시하는 도시이다.

전주의 자연과 문화 및 역사 유산을 파괴시키는 개발지향적 신도시 확대를 지양하고, 기존 도심의 문화와 역사를 보존하며 재생시켜 전주의 특성을 살리면서 원도심을 살리고, 기존 신도시의 문제점을 해결하기 위한 체계적 관리를 통한 효율적 도시 관리가 필요하다.

Ⓓ 숲을 넓힌다

단절되고 훼손된 자연환경을 복원하는 도시이다.

현재 다른 도시에 비해 우수한 생태축인 녹지축과 하천축을 잘 보존하고 이러한 생태축이 개발축과 잘 어우러지게 하여, 생태축이 지역의 생활, 문화 및 역사 공간과 연결되는 보행로를 구축해 시민들의 행복감과 쾌적함을 향상시키고, 소외된 인간관계 및 공동체 정신을 회복하여 다양한 문화 활동이 가능한 녹지화 된 도시공간의 조성이 필요하다.

Ⓔ 길을 공유한다

자동차보다 사람이 중요시되는 도시이다.

시민들에게 편리한 대중교통 시스템을 구축하고 자전거 타기와 보행하기가 편한 생태교통이 활성화되고 에너지가 절약되는 도시를 만들며 특히 노약자와 장애인들의 동행권 보장이 필요하다.

5대 목표의 하위로 61개의 가이드라인이 제시되었다.

표 9-2 생태도시 가이드라인

목 표		가이드라인		세부내용
A. 시민이 함께 한다	A-1	시민역량을 강화한다.	가	생태도시 시민교육센터를 운영한다.
			나	생태도시 시민디자이너를 양성한다.
	A-2	시민거버넌스를 구축한다.	가	생태도시 시민정책네트워크를 운영한다.
			나	생태도시 시민사회단체네트워크를 운영한다.
	A-3	시민참여 기반을 만든다.	가	생태도시 관련 사업은 계획수립 과정에 주민이 참여한다.
			나	생태도시 관련 사업은 대상지 주민과 함께 추진한다.
	A-4	시민참여 분위기를 확산한다.	가	생태도시를 만들어 가는데 사업비의 3%는 시민들이 참여하여 만든다.
			나	주요도로를 전면통제하는 생태도시축제를 개최한다.
			다	주민주도 생태마을 축제를 지원한다.
B. 탄소를 줄인다	B-1	화석에너지 사용을 최소화한다.	가	건축물 신축시 신재생에너지 시설의 설치에 의하여 일정부분의 에너지를 보급한다.
			나	건축물을 리모델링 및 신축시에는 저에너지 소비 건축물로 시공한다.
			다	공간정비 및 택지 개발시 공적공간은 에너지 자립화한다.
			라	에너지 다소비 중소업체의 에너지 절감을 유도한다.
	B-2	저영향 개발을 한다.	가	저영향개발(LID) 기법 적용지역을 확대한다.
	B-3	저탄소 교통수단을 확대한다.	가	친환경 자동차 보급 및 이용활성화를 위한 기반을 마련한다.
			나	전기자전거 보급 확대 및 공공대여시스템을 구축한다.
	B-4	재활용을 생활화한다.	가	생활 폐기물 분리수거를 위한 재활용 시설을 설치한다.
			나	음식물 쓰레기를 줄인다.
	B-5	탄소 흡수원을 확보한다.	가	활용 가능한 공간에 녹지를 확대한다.

목 표		가이드라인		세부내용
C. 성장을 관리한다	C-1	도시에서 행해지는 새로운 개발을 관리한다.	가	생활권계획을 중심으로 토지이용을 관리한다.
			나	신규 도시개발 사업을 인구현황에 따라 개발시기와 규모를 관리한다.
			다	신규 시가지를 대상으로 관리목표를 수립한다.
			라	녹지지역내 개발행위기준을 조정한다.
			마	신규 시가지 지구단위계획 수립시 생태적 측면을 고려한다.
	C-2	기존시가지의 재생을 유도한다.	가	도시재생 사업에 있어서 지역별 특성, 문화적 가치를 우선 고려한다.
			나	도심 내 공공기관의 외곽 이전을 지양한다.

목 표		가이드라인		세부내용
D. 숲을 넓힌다	D-1	생물다양성을 확보한다.	가	숲길, 물길과 비오톱 공간을 조성한다.
			나	보호수와 노거수를 보호·확충한다.
			다	자생식물서식처 등 특화된 녹지·습지공간을 조성한다.
			라	자연과 도심사이의 완충공간을 도입한다.
			마	생태통로를 도입한다.
			바	수공간(습지, 하천, 연못 등)을 복원·조성하고 LID를 도입한다.
	D-2	보행·녹지 특화공간을 조성한다.	가	도심생태축형성을 위한 녹지공간을 확충한다.
			나	간선도로 중앙분리대 확폭을 통해 녹지공간을 확충한다.
			다	가로 교차로에 특화공간 및 오픈스페이스를 마련한다.
			라	가로공간특화를 위한 가로수를 식재한다.
			마	녹지형 보행자, 자전거 특화가로, 통학로 도입한다.
			바	어린이 공원을 재생하고, 근린공원을 관리한다.
			사	도시에 대규모 테마형 시민공원을 조성해 나간다.
			아	기타 특화가로 및 공원연결로 도입한다.
			자	원도심 내 시민활동과 만남을 위한 공간을 마련한다.

			차	역사경관자원에 대한 순환탐방이 가능하도록 조성한다.
			카	환경기초시설과 dead space의 녹지특화를 통해 인식을 개선한다.
	D-3	공원·도시숲·하천주변 경관을 관리한다.	가	삼천과 전주천의 생태환경 보호 및 경관 조성을 위하여 하천 주변지역에 고도지구 또는 경관지구를 지정한다.
			나	어린이공원의 이용상의 안전과 환경개선 및 공원주변 경관형성을 위한 관리를 강화한다.
			다	도시공원 일몰제 대비를 위한 전략을 마련한다.
	D-4	도시농업을 육성한다.	가	도시농업공원 조성한다.
			나	도시근교에 주말농장을 운영한다.
			다	커뮤니티 가든을 조성한다.
E. 길을 공유한다	E-1	누구나에게 안전하고 편안한 보행이 되도록 한다.	가	도로위계별 / 보행특성에 따른 보도설치 기준을 설정한다.
			나	지역유형에 따른 보도설치 기준을 설정한다.
			다	미관지구내 공개공지를 관리·개선한다.
			라	안심하고 걸을 수 있는 보행환경을 조성한다.
			마	교통약자의 안전한 보행환경을 조성한다.
	E-2	자전거를 쉽고 안전하게 탈 수 있어야 한다.	가	자전거도로 설치기준을 설정한다.
			나	자전거도로망 계획시 노선선정 기준을 설정한다.
			다	자전거 이용편의시설 설치기준을 설정한다.
	E-3	누구나 편리하게 대중교통을 이용할 수 있어야 한다.	가	간선노선과 지선노선의 분리를 명확히 한다.
			나	이용자 편의중심의 대중교통시설을 조성한다.
	E-4	불법주차를 방지한다.	가	주택밀집지역은 쾌적한 주차환경을 조성한다.
			나	부설주차장 설치기준을 강화한다.

새로운 도전은 녹록하지만은 않았다. 그래서 우리는 이 사업을 '전주시의 위대한 실험'이라는 또 다른 이름으로 부르기도 했었다. 국내 어느 도시에서도 사례가 없었기 때문에 모든 과정이 연구진들에 의해 창조되어야 했다. 기존 도시계획과정과는 다른 과정을 도전하면서 가장 큰 어려움은 다양한 분야 간의 융합을 이끌어내는 것이었다.

첫 번째는 분야가 다른 연구진들 간의 융합이었고, 두 번째는 전문가와 시민의 융합이었다. 각 분야에서 최고의 권위를 가진 교수진과 전문가들이 참여하고 있었기 때문에 어느 한 분야가 더 중요하다고 할 수 없었고 각 분야 별로 연구와 현장적용 방식이 달랐기 때문에 동일한 언어로 이것을 정리해내는 것은 애시당초 불가능해 보였다. 생태도시는 일반 도시계획처럼 공간구획을 하면 끝나는 문제가 아니었기 때문에 각 분야가 필연적으로 만나고 조정되어야 했다. 토론과 합의, 그리고 합의를 번복했다가 다시 합의하는 과정이 지겹도록 진행됐다. 15개월의 연구기간동안 14명의 연구진이 총 41회의 회의를 진행했다. 15년간 거버넌스 경험을 가진 총괄기획팀이 있어 연구진의 이런 열정과 헌신을 이끌어 내는 것이 가능했다. 두 번째는 전문가들과 시민의 융합이다. 시민소통팀이 오로지 시민 의견을 수렴하는 것에 집중해 있는 사이 연구팀 내에서 도대체 시민들의 의견을 저렇게 받아서 어쩌겠다는 것이냐는 반응이 튀어나왔다. 시민이 도시의 주인이 되어야 한다는 기치를 높이며 시민소통팀이 물량 공세로 연구팀을 더 압박하는 분위기가 만들어지자 총괄팀에서 이것을 조정하느라 애를 먹기도 했다. 그러나 원탁회의를 통해 시민들이 생각하는 생태도시에 대한 상과 도시에 대한 인식이 전문가들과 크게 다르지 않고 때로 더 높은 수준의 합의를 이끌어내는 과정을 경험하며 전문가들의 불안이 없어졌고 목표와 비전을 합의하는 시민의 역할과 그

것을 구체화하고 행정의 언어로 정리해내는 전문가들의 역할이 자연스럽게 구분되어졌다. 1억 5천의 용역비로 20여 차례가 넘는 시민워크숍과 41차례의 연구진회의를 진행한 것은 지나고 보니 참 기적 같은 과정이었다. 연구진들이 보고서 작성과정을 제외하고 거의 매주 1회 5~6시간의 전투 같은 회의를 참고 견디며 결과를 만들어냈다.

2016년 3월 지속가능한 생태도시 종합계획의 최종시민보고를 마지막으로 사업이 종료되었다. 이제 행정이 이것을 어떻게 실행하느냐는 과제가 남은 것이다. 보고서가 마무리되고 우리가 꿈꾸던 생태도시가 금방이라도 눈앞에 나타날 것 같았다. 그러나 행정조직은 민간의 속도로 움직이는 조직이 아니었다. 절차와 제도가 뒷받침 될 때 비로소 움직일 수 있는 조직이 바로 행정이었다.

그림 9-9 생태도시계획 추진조직

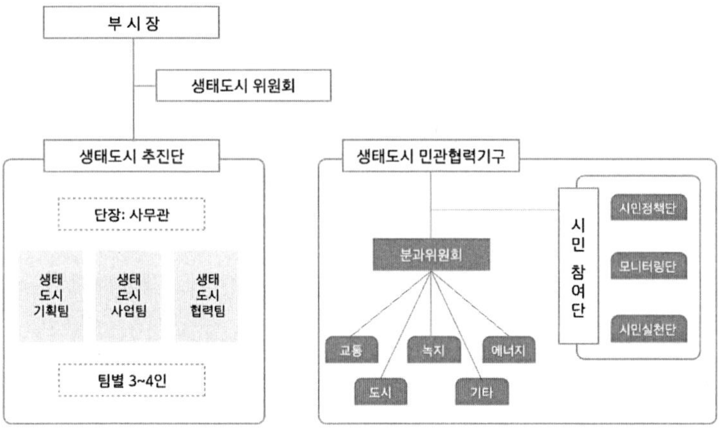

행정의 속도로 절차가 진행되었다. 먼저 2016년 하반기에 조직개편이 이루어졌다. 생태도시계획에서는 이 계획의 실행을 위해서 행정조직과 이를 뒷받침하는 시민조직을 만들도록 하였고 이 계획의 추진을 위해 조례를 만들도록 하였다. 여기서 권고한 행정조직은 부시장 직속의 생태도시추진단을 구성하는 것인데 규모는 행정의 1개과 수준의 조직이다. 아쉽게도 부서를 만드는 것은 합의되지 못했고 도시계획과를 생태도시계획과로 변경하고 생태도시사업을 전담하는 생태도시조성계가 만들어졌다. 이 계에서 생태도시종합계획의 적용을 하는 것이다. 조직이 만들어지고 나서야 조례제정이 진행되었다. 연구진들이 다시 모여 행정과 협의를 통해 조례를 제정하고 운영규칙을 만드는데 2017년 상반기가 다 갔다. 민관협력기구는 당장 만들지는 못하고 시민디자이너의 운영을 전주지속협이 대행하는 것으로 했다. 생태도시위원회와 시민디자이너단 구성을 하는 데까지 2017년을 보냈다. 2018년 드디어 생태도시위원회가 운영되기 시작했다. 시민다지이너단도 워밍업을 해보았다. 전주시가 추진하는 사업중 생태도시와 관련된 중요사업을 생태도시위원회가 검토하고 그 외 사업들의 가이드라인 적용은 담당부서가 체크하는 방식으로 2018년 한해를 운영했다. 아쉬움이 많은 한해였다. 기존의 법정위원회들과의 관계 속에서 생태도시위원회는 일개 자문위원회 역할을 넘어서지 못했고 위원회의 검토를 통한 성과를 찾기 힘들었다. 시민디자이너도 마찬가지였다. 계획수립의 단계를 경험한 시민디자이너들은 더 이상 아이디어 논의 수준의 시민참여에 만족하지 못했다. 시민디자이너들이 재미를 잃고 떨어져 나갔다. 2018년에 대한 평가가 필요했다. 전담행성부서와 선남 민관협력기구가 없으니 느슨하게 운영될 수밖에 없었다. 2019년 초 생태도시사업에 대한 평가가 진행됐고 2019년부터는 추진방식을 수정했다.

생태도시위원회의 위상과 역할의 문제이다. 기존의 운영방식은 기존 위원회들과 동일하게 행정에서 올리는 사안에 대한 협의수준 정도였다. 생태도시개념을 보다 공격적으로 행정에 도입해야 했다. 우선 생태도시위원회의 검토대상 사업 선정방식을 변경했다. 연말에 담당부서에서 다음연도 전주시 전체 추진사업 목록을 생태도시위원회에 올린다. 생태도시위원회에서는 그 사업들 중 생태도시 추진에 중요사업을 선정하고 그 사업에 대하여 사업 초기 사업의 방향설정시기에 생태도시 개념을 적용하는 방식으로 전환하여 사업의 생태도시를 덧칠하는 방식이 아닌 생태도시 개념에 기반하여 계획을 수립하도록 하는 것이다. 시민참여 분야인 시민디자이너 사업 역시 연말에 생태도시추진위원회가 시민디자이너들이 참여할 사업을 선정하고 시민디자이너 운영에 대한 사업비가 반영되도록 하여 시민디자이너의 활동이 정책이나 사업으로 직접 반영될 수 있도록 개선했다.

III. 성과가 무엇인가?

우리가 추진한 생태도시 종합계획은 여러 관점에서 기존 도시계획과는 차별되게 수행되었다.

첫째, 전문가와 시민활동가가 함께 계획을 세운 점이며,

둘째, 시민, 시민단체, 약자, 청소년, 전주시와 소통하며 계획을 세운 점이며,

셋째, 인간의 행복한 삶에 중점을 두며 세계적인 문제인 기후온난화에 대비하는 점이며,

넷째, 도시개발, 교통, 녹지, 에너지 등 전문분야별 계획이 아닌 전주시의 목표에 맞추어 이 분야가 종합된 도시계획을 제시하였으며,

다섯째 이러한 도시계획과 함께 이를 추진할 추진기구와 이러한 추진기구를 뒷받침할 수 있는 55단체로 구성된 시민네트워크를 구성하였다.

시민과 지역사회가 도시의 미래를 결정하는 경험을 통해 시민들이 우리 도시를 다시 바라보게 되었고 전주시에 대한 애정이 더 생겨나게 되었다. 시민이 진정한 전주시의 주인이 되는 경험이었다. 이 위대한 실험은 시민, 전문가, 행정, 의회 모두에게 값진 경험과 교훈을 주었다. 전주시는 생태도시 사업계획 이후에 시민참여와 거버넌스가 한층 더 성숙해졌다. 전문가와 활동가 중심의 거버넌스 시스템이 시민으로 확대되었으며, 2016년 이후 추진되는 전주시의 각종 계획의 수립 과정에 시민참여가 확산되었다. 또한, 도시계획이 공학적 접근만이 아니라 도시민의 삶 전반의 이해가 필요하며 시민들이 서로 만나고 소통하는 공동체적 접근을 가능하게 하는 생태도시를 담아내야 한다는 것을 지역사회가 공유하게 되었다.

IV. 성공 요인이 무엇인가?

지속가능한 생태도시종합계획은 시민과 시민사회, 지역 최고의 연구진들이 참여하여 만들어졌다. 오롯이 전주라는 지역이 가진 역량을 가지고 만들어진 계획이다. 설문소사 수준의 시민참여가 아닌 시민들이 직접 시간과 애정을 담아 참여한 사업계획은 어떤 정책가도 무시할 수 없는 힘을 지니게 된다. 또한, 이 과정에 참여한 시민들에 의해

어느 때보다 빠른 공론화와 시민여론이 만들어졌다. 지역의 시민사회와 전문가들이 참여하여 만들어졌기 때문에 계획 수립 이후 사업을 실행하는 과정이 보다 힘을 가지고 추진될 수 있었다. 생태도시계획에 참여했던 연구진이 그대로 지역에 남아있기 때문에 그 적용과정에도 애정을 가지고 참여하게 되고 생태도시 계획이 사장되지 않고 진화할 수 있는 에너지가 지속적으로 만들어질 수 있었다. 마지막으로 새로운 과정을 신뢰하고 지원한 행정의 역할이다. 전주시는 이 사업의 추진에 있어 연구진의 의견을 최대한 존중하면서도 필요한 행정적 지원을 감각적으로 해주었다. 시민활동을 기다리고 뒷받침해주는 행정의 태도는 시민참여 사업 성공의 중요한 열쇠이기도 하다.

V. 결론 및 토의주제

지속가능한 생태도시종합계획은 아직 완성되지 못한 사업이다. 준비의 기간이 약 2.5년이 걸렸고, 1년간 적용을 해보았고, 2019년 올해는 가이드라인을 다시 수정하고 운영방식도 전환해보고 있다. 행정조직을 조금 더 확대하고 민간협력기구도 구성해야 하는 숙제가 여전히 남아있다. 그러나 아직 끝나지 않은 전주시의 이 위대한 실험은 반드시 성공할 것이다. 시민들이 도시의 주인이고 주인이라면 어떻게 도시운영에 참여해야 하는지 실험이 지속되고 있고 그 경험에 참여한 에너지가 지역사회를 돌고 돌아 점점 커지고 있기 때문이다.

Chapter 10

지속가능관광의 거버넌스 사례

- 화성시 시티투어 착한여행 '하루' -

정선미 · 남길현(화성시지속가능발전협의회)

10 │ 지속가능관광의 거버넌스 사례

- 화성시 시티투어 착한여행 '하루' -

정선미 · 남길현(화성시지속가능발전협의회)

Ⅰ. 들어가며

새로운 도시나 지역을 가게 될 때 우리는 그 지역을 만나는 손쉬운 방법으로 시티투어를 떠올리게 된다. 시티투어 코스 안에는 유명한 문화재나 유적지, 랜드마크 등 그 지역을 대표하는 관광자원이 포함되어 있는 경우가 많고, 비교적 저렴한 비용에 짧은 시간 동안 한 도시 또는 지역을 둘러볼 수 있다는 이점 때문일 것이다. 물론 방문자가 별도의 노력을 들이지 않더라도 시티투어 버스에 올라타면 준비된 해설을 들으며 짜인 코스를 따라가기면 하면 된다는 편리함도 시티투어의 매력요인이 될 수 있다.

시티투어는 관광객이 거주지에서 목적지까지 자발적으로 이동한 후 현지에서 마련한 순환목적 관광버스를 타고 도시 및 주변지역의 다수 관광지를 저렴한 가격으로 방문할 수 있는 하나의 관광방식을 뜻한다. 일정 시간과 간격으로 노선버스를 운영하는 것을 '순환형', 지역의 관광자원을 해설자와 함께 경험하는 것을 '테마형'시티투어라 할 수 있다.

시티투어는 개인여행자에게 인기 있는 관광의 한 유형으로서 관광자의 여행욕구에 능동적으로 대처할 수 있는 국내여행의 대안으로 주목받고 있다(서울시정개발연구원, 1995). 또한 외지인에게 도시의 사회문화나 역사적 배경의 특성을 이해시키는 좋은 수단이며, 시민들에게는 건전한 여가활동과 향토의 정체성을 확립시켜 애향심을 갖도록 하는 기회를 제공한다는 의의도 있다(김원인·임소현, 2004).

문체부에 따르면 2016년 기준으로 전국 75개 지자체, 총 303개 노선의 시티투어가 운영되고 있고, 지자체마다 지역주민의 여가선용 및 복지차원에서 시티투어의 중요성이 인식되기 시작하면서 양적으로 증가하는 추세이다. 하지만 대다수의 시티투어가 단순 관람이 반복되는 등 많은 지자체의 운영 형태가 크게 다르지 않고, 지역 관광소재를 살린 체험 등과 같은 차별성이 부족하다는 점이 과제로 지적되어 왔다.

화성시지속가능발전협의회에서 운영하는 시티투어 착한여행 '하루'는 '지역성'에 초점을 맞추고 있다. 시티투어를 단순히 보는 관광, 이동수단을 제공하는 도시 홍보정책으로만 바라보는 것이 아니라 지역의 다양한 인적·물적 자원을 연계하여 방문객들이 지역의 정체성을 오감으로 만나는 체험적 관광을 제공하는 방식이다.

화성시 시티투어가 처음부터 테마형, 체험형 투어로 운영된 것은 아니다. 2000년대 초기 운영되었던 화성의 시티투어는 여타의 도시들과 큰 차이 없이 기존의 관광지 관광, 버스 투어 등을 기본으로 운영되었다. 그러나 2007년 화성시지속가능발전협의회에서 사업을 맡게 되면서 사업의 목적과 목표, 내용에 대한 근본적인 변화를 꾀하게 되었다. 도시의 지속가능한 발전이라는 상위의 목표아래 시티투어를 지속가능관광의 관점에서 새롭게 바라보고, 주제와 콘텐츠를 새롭게 구성하려는 논의와 시도가 시작된 것이다.

화성시 시티투어는 화성시의 정체성과 문화, 역사를 제대로 알리고, 자연자원을 보전하는 것 뿐 아니라 화성시민의 지역에 대한 이해도를 높이고, 정주의식을 높이는 것을 목표로 하고 있다. 또한, 투어를 위한 관광자원의 발굴과 연계뿐 아니라 지역의 인적자원 간의 유기적인 연결에도 힘쓰고 있다. 문화관광해설사, 시민사회단체, 시민소모임, 지역활동가, 화성시, 시의회 등 여러 주체가 시티투어와 연계하여 의논하고, 활동하는 로컬거버넌스가 시티투어의 중요한 요소로 성장동력이 되고 있다고 할 수 있다.

이 글에서는 화성시지속가능발전협의회가 운영하고 있는 시티투어 착한여행 '하루'의 진행 과정과 앞으로의 과제를 살펴보려고 한다. 아울러 협력적 관계망을 근간으로 하는 화성형 시티투어 사례를 통해 관광에서의 로컬거버넌스 구축의 필요성과 중요성을 담아보고자 한다. 본 사례는 화성이라는 지역, 특히 관광분야에 국한된 것으로 여전히 많은 과제를 가지고 진행 중인 사례이다. 그럼에도 불구하고 '지역성'에 초점을 두고 지속가능관광, 로컬관광거버넌스라는 전략을 풀어가는 새로운 시도라는 점에서 의미가 있을 것이다.

II. 지속가능한 도시 그리고 공정여행

1. 지속가능발전과 지속가능관광

1992년의 리우데자네이루에서 열린 지구정상회의에서 처음으로 경제적 성장과 사회적 발전, 환경보호가 통합된 개념의 '지속가능발전'이라는 새로운 패러다임이 등장하였다. 이후 정책결정이나 이행에 있어서 많은 이해당사자가 참여하는 접근방법이 강조되고, 시민과 지방자치단체의 역할이 새롭게 조명되었다. 10년이 지난 2002년, 요하네스버그에서 열린 UN 지속가능발전 세계정상회의(WSSD)에서 리우회의보다 한 걸음 더 나아간 "이행계획"이 채택되었고, 우리나라를 포함하여 참여한 나라들은 국가지속가능발전전략을 수립하고 실행하기로 합의하였다.

2002년 리우환경협약에서는 부대행사였던 RTD(Responsible Tourism in Destinations)에서 관광분야 지속가능성이 논의되었는데, RTD에서는 기존 관광의 부작용을 완화할 대안으로 공정여행을 포함한 지속가능관광의 필요성을 역설하였다(오수진, 2013).

관광은 장소가 가진 물리적, 문화적 특성이 관광행위를 통해 드러나는 과정이다. 즉 장소는 지역의 정체성으로 여행자를 해당지역으로 끌어들이는 구심력이 되고, 여행지와 여행자는 특정장소에서 관광을 매개로 새로운 관계를 형성하게 된다. 기존의 관광은 관광지와 해당지역 주민들을 관광사업의 자원으로 보고, 자원과 서비스를 제공하는 측면에서만 고려되는 경향이었다.

지속가능한 관광은 공정관광, 녹색관광, 생태관광, 모험관광, 학습관광, 신관광, 연성관광 등 다양한 형태의 대안적 방법으로 드러난다. 대안관광은 대중관광의 시대에서 제기된 많은 부정적인 영향과 관광경험을 최소화하며, 자연환경의 보호·보존과 관광활동을 통해 야기될 수 있는 문제 및 상충되는 관계를 적절히 조화시켜 보다 합리적이며 효율적으로 대처하기 위한 것이다(김남조, 2005).

관광지는 이미 그곳에서 오래도록 살아온 지역주민들의 삶의 공간이며 지역이 가진 고유의 가치와 생활방식이 존재하는 하나의 사회이다. 이는 일련의 관광행위로 위협받거나 관광자원으로만 소비되어서는 안 되는 지역의 정체성을 구성하는 중요한 요소이기도 하다. 화성시지속가능발전협의회에서 운영하는 시티투어는 바로 이 '지역성'에 초점을 맞추고 있다.

그림 10-1 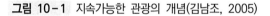 지속가능한 관광의 개념(김남조, 2005)

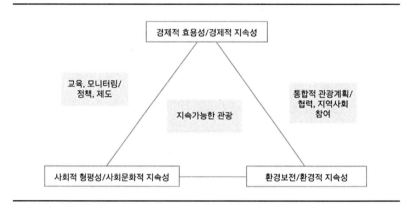

지속가능한 개발 개념에서 지속가능한 관광은 관광분야에 있어 경제, 사회·문화, 환경적인 측면의 지속가능성을 보장하기 위한 새로운 패러다임으로 이해당사자가 공동의 목표를 위해 서로 긴밀한 협력관계를 유지할 필요가 있음(김남조·조광익, 1998)이 강조되어 왔다. 그러나 오늘날 지속가능한 관광에 대한 전반적인 관심고조와 이념적 동의에 비해 이의 실천을 위한 일련의 관광관련 정책과 행정체계는 아직 초보단계에 있다고 할 수 있다(김남조, 2005).

2. 화성시 시티투어와 공정여행

화성시지속가능발전협의회의 시티투어는 공정여행의 철학과 방식으로 운영되고 있는 국내 지자체 최초의 관광정책 사례라 할 수 있다.

공정여행은 지속가능한 관광으로써 경제적, 환경적, 사회문화적 지속성을 포함하며, 책임관광(responsible tourism)의 한 갈래를 차지한다(WTO, 세계관광윤리강령). 지역의 무분별한 개발을 부추기고 환경을 훼손하고 주민을 소비하는 관광에 대한 대안으로 자연생태와 지역의 고유한 문화를 보존하면서도 주민의 삶이 보장되는 관광으로 지역의 지속가능성을 담보하는 주요한 의제인 것이다.

공정여행에 대해 Goodwin(2001)은 '그곳에 사는 사람들과 그곳을 찾아온 사람들을 위해 좀 더 좋은 장소를 만드는 것'이 공정여행이라 정의한 바 있으며(Goodwin, 2001), 임영신·이혜영(2009)은 공정여행을 '관광객이 지출하는 돈이 지역주민들에게 직접 전달되고, 자연과 동물을 보호하며, 서로의 문화를 존중하고 경험함으로써 지역주민과 관광객이 서로를 성장하게 하는 관계적 여행'으로 정의하였다(임영신·이혜영, 2009). 또한 오익근(2011)은 공정여행은 관광주체간의 상호이해와 존중을 바탕으로 나눔과 상생발전을 실천하는 관광문화라고 정의하기도 하였다(오익근, 2011). 결국, 공정여행은 지역자원과 지역주민, 관광객이 상호성을 기반으로 관계를 맺는 여행이라 할 수 있다.

그림 10-2 공정여행의 개념

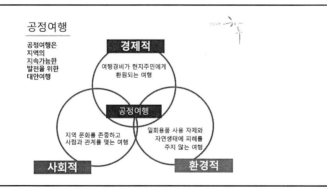

기존 개발방식의 부작용을 완화할 대안적 개발이 주목받기 시작하면서, RTD(Responsible Tourism in Destinations)가 정의한 공정여행의 특징은 다음과 같다(Town, 2002).

- 관광개발이 경제적 발전을 위한 만능열쇠가 아니라는 것을 인식한다.
- 지역사회의 경제활동 참여를 장려하여 수익창출의 기회를 확대하고 역외 누출을 감소시킨다.
- 지역에서 생산·유통되는 상품을 장려한다.
- 관광개발의 의사결정과정에서 지역사회의 적극적인 참여를 장려한다.
- 지역주민의 부당한 노동력착취와 인권침해를 방지한다.
- 지역사회의 문화를 존중하고 사회문화적 다양성을 인정한다.
- 관광 개발가들의 환경의식을 일깨우고 관련분야 전문가들의 조언을 수렴한다.

이러한 특징은 공정여행을 이해하는데 도움이 되며, 관광정책을 수립하고 운영하는 기초적인 기준으로도 유용하다. 그러나 지역마다의 특수성이 존재하고, 정책을 고려하는 경우에는 관련한 제반의 과정을 거치게 되므로 지역의 환경과 여건에 따라 수정과 보완이 필연적이다.

또한 공정여행이라는 대안의 관광방식은 기존의 대량관광에 익숙한 사람들에게 낯선 경험일 뿐 아니라 지역주민과 관광객 모두가 지속가능관광과 공정여행에 대해 동일한 수준의 인식을 갖기는 현실적으로 불가능하다. 따라서 목적과 취지를 보다 쉽게 이해하고 공감할 수 있도록 하는 노력이 필요하다.

화성시 시티투어는 지속가능한 사회로 나아가기 위한 환경, 사회, 경제적 목표와 실천사항을 참가자들이 쉽게 이해하고, 경험할 수 있도록 투어프로그램에 담고 있다. 각 목표는 저탄소여행, 지역경제 활성화여행, 소통여행이라는 키워드로 의미를 전달하고, 참여를 위한 구체적인 실천 활동을 제시하고 있다.

그림 10-3 화성시 시티투어 착한여행 '하루' 실천사항

투어는 지역의 생태환경자원, 문화역사자원 등을 관광하는 것뿐 아니라 이를 보전하기 위한 활동으로 참가자는 일회용품 사용 줄이기, 쓰레기 되가져가기, 개인 컵 쓰기, 1시간 이상 걷기 등 실천 활동에 참여할 수 있다. 아울러 화성의 역사와 문화를 만나고, 지역의 농어촌 체험을 통해 도시와 농어촌이 교류하고, 전통시장 등을 방문하여 지역경제 활성화에 기여하는 과정을 경험하게 된다. 또한, 참가비의 1% 기부하는 것도 투어에 포함되어 있다. 시티투어에 참가하는 사람들은 화성을 여행함으로써 지역과 국제적 연대, 지원에 기여하는 과정에 자연스럽게 참여하게 되는 것이다.

Ⅲ. 화성시 지속가능관광의 전개

1. 지역적 특성

화성(華城)은 정조가 장자(莊子)의 화인축성(華人祝聖)이라는 고사를 생각하며 붙인 이름에서 유래한다. 고사에서 강조하는 부(富)나 장수(長壽), 다자(多子) 등의 바람을 여민동락(與民同樂)한다는 뜻으로 화성(華城)은 풍요의 고을이 되라는 의미를 담고 있다고 볼 수 있다.

화성시는 인근 7개시를 접하고, 바다로는 서해의 평택항으로 충청남도와 경계를 이루고, 서쪽의 옹진군과 접하여 선감도, 대부도를 마주하고 있다. 육지의 경계는 동으로 용인시 남사면, 이동면과 접하고 남으로는 오산시와 평택시의 진위면, 서탄면, 청북면, 포승면과 연하고 있으며 북쪽으로는 수원시, 안산시, 시흥시의 수암동 및 용인시 기흥구가 각기 접하고 있다.

그림 10-4 화성시 위치

그림 10-5 화성시 행정구역

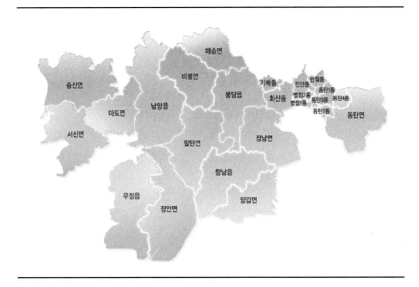

화성시는 경기도 내 자치단체 중 다섯 번째로 넓은 면적을 가진 곳으로 도시, 농촌, 어촌, 공업지역, 산간지역 등 다양한 공간구조와 사회구성을 가지고 있다. 수도권에 위치하여 각종 산업시설과 택지개발 등 대규모 개발사업이 진행되어 급속한 도시 변화가 이루어져 왔고, 서해안에 접한 시화지구, 화옹지구의 경우에는 대규모 간척사업이 진행되어 수질오염 등 환경문제로 몸살을 앓기도 하였다.

화성시는 2017년 기준 인구증가율 전국 1위, 평균연령 36.2세로 젊은 연령층의 인구유입이 활발하게 이루어지고 있다. 전체 면적의 약 2/3 지역이 농어촌지역이나 동탄신도시, 봉담지구, 향남지구의 개발로 신규 유입되는 인구가 급격히 증가하여 2019년 현재 75만 명을 넘어서고 있고 향후 더 증가할 것으로 보인다. 따라서 급격히 성장하는 화성시는 동부와 서부, 도시지역과 농촌지역, 이주민과 선주민의 이해와 소통이 절실한 도시이기도 하다.

화성시 시티투어의 중요한 목표 중 하나는 화성시 거주민과 새롭게 입주한 화성시민에게 화성시의 현황 및 문화관광유적지를 알림으로써 화성시민으로서의 자부심과 정체성을 느끼게 하는 것이다. 화성시는 다양한 관광자원을 가지고 있는데 세계문화유산이자 사도세자와 정조대왕이 모셔져 있는 융건릉, 사도세자를 기리기 위한 효의 원찰, 용주사, 일제 강점기의 아픔이 서려있는 제암리 3.1운동 순국기념과, 통일신라시대의 군사적 요충지이자 중국과의 해상교통요지인 당성 등 역사문화자원이 풍부하다.

그림 10-6 화성시의 지역 특성

경기만 최대의 바다와 갯벌을 가지고 있고, 딸기와 포도 등 다양한 농어촌 체험활동과 목장체험, 해양요트체험 등 생태관광자원도 풍부하다. 국화도, 제부도를 비롯한 섬 생태탐방도 화성시의 중요한 매력요소이다.

그러나 2014년 한국관광공사의 자료에 따르면 화성시에 대한 부정적인 견해는 '어둡다', '두렵다' 등으로 68%에 달하고, '긍정적', '활기차다' 등의 긍정적인 견해는 32%에 불과한 것으로 나타났다. 화성시는 빠른 속도의 변화를 나타나는 도시이자 관광분야의 인적·물적 자원이 풍부함에도 불구하고, 과거의 부정적인 이미지를 벗어나지 못하는 한계를 가지고 있다.

그림 10-7 화성시의 지역 특성

화성시의 부정적 이미지

어둡다 20.1%	긍정적 8.4%
두렵다 19.2%	활기차다 6.2%
부정적이다 16.6%	밝다 3.6%
암울하다 12.6%	즐겁다 1.5%
(부정적 견해 68%)	(긍정적 견해 32%)

2014 화성시 관광마케팅전략수립(한국관광공사)

때문에 기존의 부정적인 화성시 이미지를 새롭게 하고, 화성이 가진 지역정체성과 매력이 제대로 드러나도록 관광전략을 마련하는 것은 화성시가 당면한 매우 중요한 과제였다고 볼 수 있다. 이러한 지역의 과제를 행정과 시민사회, 관련분야 이해당사자들이 함께 고민하여 시작된 것이 바로 공정여행 방식의 도시관광이었다.

2. 화성시 시티투어 착한여행 '하루'의 시작

화성시지속가능발전협의회(당시 화성의제21)는 화성지역의 특성을 살린 관광자원을 제대로 알리고, 경험할 수 있도록 행정의 정책과 시민사회의 실천이 함께 어우러질 수 있는 새로운 대안을 모색하였다. 착한여행 '하루'의 전신인 'Fine Tour'를 운영했던 2007년에는 화성시의 역사와 문화를 알리는데 중점을 두었던 기존의 내용을 유지하면서 화성시 생태자원을 관광콘텐츠로 하는 생태관광을 도입하였다. 2010년부터는 시티투어 운영의 방향을 정하고, 주요한 관광의 콘텐츠, 추진 방식을 논의하는 의사결정구조로 운영위원회가 구성되어 운영되었다.

화성시에서 시티투어를 시작하여 진행했던 초기에는 행정에서 계획을 수립하고, 민간이 위탁받아 운영하는 방식이었다면 화성지속협이 사업을 운영한 이후에는 시민사회와 행정, 전문가, 시의회 등이 운영위원회에서 운영의 방향을 논의하고, 결정하는 민관거버넌스를 형성하는 방향으로 전환된 것이다. 운영위원회에서는 화성이라는 지역을 고려하는 데에 중점에 두고, 시티투어를 단일 사업으로 바라보기보다는 도시의 지속가능한 발전을 견인하는 관광분야의 한 축으로 보고, 관광자원을 어떻게 구성하고, 시민들과 나눌 것인가를 논의하는 과정이었다고 볼 수 있다.

그림 10-8 화성시 시티투어 운영방식의 변화

2009년부터는 '화성시 City Tour'로 공식적인 명칭을 변경하면서 내용면에서도 조금 더 나아가 화성시의 지속가능한 발선을 노모하기 위한 적극적인 노력과 함께 관광의 공공성을 어떻게 제고할 것인가, 지속가능한 미래를 위해 탄소배출과 환경부하를 최소화하려는 공정여행을

시민들에게 알리고, 참여하기 쉽게 만드는데 방점을 두었다. 기존의 투어콘텐츠를 기반으로 문화와 역사, 자연 등의 자원을 체험 등과 연계하는 관광지 구성 뿐 아니라 여행을 하는 방식을 시민들이 주체로 직접 참여할 수 있도록 하는 구체적인 방안을 마련하기 시작하였다.

앞서 언급한 바와 같이 화성시는 매우 다양한 자연환경을 가지고 있고, 관광자원 역시 풍부한 편이다. 그러나 개별 관광자원이 뚜렷한 개성을 가지고 있거나 관광자원으로서의 경쟁력이 강한 편은 아니다. 다만 수도권 내에 위치하고 있고, 인접도시가 많은 점 등이 주요인으로 작용하여 화성시민과 근거리 여행자들이 당일치기 여행으로 방문하는 경우가 많은 편이다.

화성시 시티투어는 이러한 점에 착안하여 2011년 착한여행 '하루'라는 브랜드를 만들고 생태관광, 공정여행을 대표 프로그램으로 화성시 지속가능발전을 위한 관광을 진행하였다. 지역의 특성을 살려 갯벌체험과 바다체험, 농사체험, 문화 행사 등 관광객이 직접 체험할 수 있는 특색 있는 체험지를 발굴하고, 기존의 관광지와 연결시키는 네

그림 10-9 착한여행 '하루'의 구조와 비전

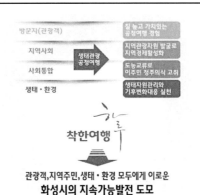

트워킹을 더욱 강화하였다. 화성시 시티투어는 다양한 논의와 실험을 거쳐 2011년에야 비로소 현재의 원형을 갖추게 되었다.

3. 착한여행 '하루'의 전략 특성

1) 관계망, 시티투어에 대한 새로운 접근

화성시 시티투어는 관광객과 지역주민, 생태환경, 지역사회와 문화 모두에게 이로운 화성시의 지속가능발전을 도모하고 있다. 일반적인 시티투어와는 다른 내용과 형태이다. 화성의 다양한 관광자원 갯벌, 농촌, 목장, 바다, 섬, 문화재 등을 어떻게 구성하고, 운영하느냐에 따라 색다른 관광자원으로 재탄생하기 때문이다.

그림 10-10 화성시 관광자원의 특성과 한계

경쟁력 뒤지는 관광자원 그러나 없는 것도 없는 관광자원		
갯벌체험	태안, 안면도 ⇒	제부도, 백미리, 매화리 염전
농촌체험	진안, 완주 ⇒	장안뜰, 송산포도, 배, 딸기
목장체험	임실 ⇒	또나따목장, 진주목장, 승마장
해양체험	부산, 통영, 남해안 ⇒	전곡리 마이나항
섬 체험	전라남도 ⇒	제부도, 국화도, 입파도, 도리도
문화재	경주, 서울, 수원 ⇒	융건릉(세계문화유산), 용주사, 당성

착한여행 '하루'는 평면적이었던 기존의 관광에 화성에서만 경험할 수 있는 체험지를 지역주민을 통해 만날 수 있도록 프로그램을 구성하여 생명력을 불어넣는 방식이다. 이러한 과정은 공정여행, 생태관광, 지속가능발전이라는 가치가 더해져 새로운 투어 콘텐츠로 재탄생

한다. 화성시의 작지만 다양한 체험지와 마을이 자립의 힘이 없는 지역관광자원과 연결되어 지역을 잘 이해하지 못하는 참가자와 연결되는 것이다. 결국, 사회자본, 연결망이 관건이다.

그림 10-11 화성시 시티투어 착한여행 하루의 특징

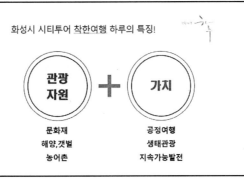

현재 착한여행 '하루'는 다음에 제시된 표에서 볼 수 있듯이 6개의 주제별 숨결코스와 테마투어로 구성되어 있다. 6개의 숨결은 화성의 대표적인 자연자원과 문화역사자원을 범주화한 것이다.

이중에서도 테마투어는 화성시에 있는 50여개의 관광지, 농어촌마을, 체험지 등이 참여하고 있다. 이는 지역의 체험지를 특색 있는 관광자원으로 인식할 수 있도록 홍보하는 기능을 하고 있으며 지속협에서는 기존의 자원 외에 지역의 새로운 체험지를 발굴하는 과정이 꾸준히 진행해오고 있다. 신규 관광자원 발굴은 다양한 화성을 만날 수 있는 기회가 된다. 기존의 관광자원을 새롭게 해석하는 것뿐 아니라 화성시의 변화를 담은 새로운 콘텐츠로 사회적 경제, 마을공동체가 활발하게 펼쳐지는 영역, 공정무역과 같은 시민사회활동, 에코센터, 에코스쿨, 미디어센터 등 새롭게 조성된 기관을 소개하고 시민들이

쉽게 즐길 수 있도록 기회를 만드는 것이다.

이처럼 테마투어의 강점은 장소 간 연결을 달리하고, 사람이라는 매개를 두어 투어의 주제와 내용을 변주하는 것이 가능하기 때문에 오랜 기간 노출되어 신기성이 낮아진 관광자원이라 할지라도 새로운 스토리로 조명하여 지역경쟁력을 높일 수 있다는 점에서 그 의미가 크다.

표 10-1 화성시 시티투어 착한여행 '하루' 주요 내용

구 분		투어 내용
생태문화투어	바다의숨결	화성호 철새탐조, 궁평사구, 매화리염전, 고렴지구 등
	파도의숨결	입파도, 국화도 섬 생태탐방
	공룡의숨결	공룡알화석산지, 우음도지층, 형도습지 등 시화호유역 등
	문화의숨결	용주사, 융건릉, 당성 등 문화 탐방 등
	자연의숨결	우리꽃식물원, 남양성모성지, 서봉산, 삼봉산 숲 생태 체험 등
	평화의숨결	매향리역사관, 제암리3.1운동순국기념관, 화성호, 제부도 등
테마투어	농어촌 체험	청미르농장, 창문문화농촌체험마을, 어천리 행복텃밭, 쌍정리 고은염색, 증거리 향기농원, 백미리갯벌체험, 제부리갯벌체험, 양감 꿀딸기농장, 연꽃농원, 꽃마루농원, 배혜정도가, 공생염전, 은성관광농원, 지화리 애니랜드, 금당엄나무마을, 어천리다정마을, 다올다육농원 등
	해양생태체험	화성요트체험, 경기도종합사격장, 비봉습지공원 등
	문화예술체험	예랑도예원, 창문아트센터, 민들레연극마을, 소다미술관, 아트센터 움, 엄미술관, 남양향교, 향토박물관, 아토공방
	목장등 체험	진주목장, 또나따목장, 궁평승마장, 돌샘터체험농장 등
	지역축제투어	민들레연극마을(봄-심기축제, 여름-품앗이축제, 가을-걷이축제), 송산포도축제, 봉신축제, 정조효문화제, 매향리평화예술제, 융건릉제향
착한여행 하루夜 축제		1년간 착한여행하루 참가자, 시티투어 체험지, 지역 주민이 함께 만드는 축제

사진 10-1 착한여행 '하루' 투어 현장 사진

2) 서로를 존중하는 협력적 운영과 공정한 거래

독일의 대문호 괴테는 '사람이 여행을 하는 것은 도착하기 위함이 아니라 여행하기 위해서이다.'라고 말했다. 어디를 방문하는가도 물론 중요하지만 여행을 계획하는 순간부터 이미 여행자의 설렘은 시작된다. 그리고 여행이 끝난 이후에도 여행을 통해 얻은 경험은 여행자의 삶에 영향을 미친다. 화성지속협은 여행자의 이러한 호흡을 존중하고, 지속적인 관계 속에서 서로의 삶에 보다 긍정적으로 작용할 수 있어야 한다고 보고 있다.

때문에 착한여행 '하루'는 기획에서부터 운영, 평가에 이르기까지 투어의 전 과정이 서로 유기적으로 협력하는 시스템을 추구한다. 수동적으로 관광객을 기다리는 방식이 아니라 능동적으로 수요자에 맞춤서비스를 제공하는 방식이자 지역공동체를 만드는 상호호혜적인 협동의 방식이다. 단순히 보는 관광이 아니라 가는 곳마다 화성 사람들이 서로의 체온을 느끼고, 숨결을 만나는 여정을 만드는 것이 핵심이다.

이는 착한여행 '하루'의 모든 투어가 사전예약으로 진행되기 때문에 가능하다. 사전에 참가자들의 수요와 특성을 파악하여 투어에 결합된 관광지, 체험지, 지역식당 등을 공유하고, 맞춤형으로 참가자를 맞이할 준비를 하는 구조이다.

사전협의를 통해 준비된 여행프로그램은 해당 투어 날이 되면 시티투어 안내자가 투어전체를 인솔하고, 프로그램에 따라 지역의 문화관광해설사 또는 마을해설사 등이 해설자로 결합하게 된다. 물론 체험지에서는 지역주민이 체험을 책임을 지는 구조이다. 안내자일지나 만족도 조사, 체험지 평가 등 피드백 과정에서 제기된 문제점이나 잘된 점은 회의나 협의를 거쳐 다음 투어에 반영되는 흐름을 가지고 있다. 참여하는 모든 주체가 관계를 맺고 소통하는 반응형 솔루션을 구현하려는 과정이다.

한국관광공사(2011)에 따르면 관광개발의 절차 및 관광과정의 공정성, 이해주체 간 동등한 권리보장, 편익 분배 공정성 등이 공정관광의 구성요건이다. 관광객은 단순한 소비자가 아니므로 관광객 공정성뿐만 아니라 지역주민 공정성, 인간과 생태가치의 존중이라는 공정성, 관광산업의 공정한 거래와 공정한 성과 등 관광을 둘러싼 다양한 내용을 포함하는 것이다(한국관광공사, 2011).

화성 역시 비용을 책정하고, 지불하는 경제행위 측면에서 공정성을 우선 기준으로 하고 있다. 체험이나 해설, 식사 등 투어를 운영하는데 들어가는 비용은 각 주체가 적정한 수준을 제안하고, 사무국은 관광객이 공통으로 지불하게 되는 안내자 인건비, 1% 기부금 등 공통비용에 개별 체험비, 식대 등을 합산하여 참가비를 산출하게 된다. 대량관광에서 흔히 볼 수 있는 단가 낮추기, 부가프로그램 끼워 넣기, 불필요한 상품구매 등은 찾아볼 수 없다.

시티투어에서 일어나는 경제활동은 지역사회와 주민을 만나 관계를 맺게 된 참가자들의 의지와 정서가 반영된 개인 선택의 문제이다. 다만 경제활동을 둘러싼 정보를 충실하게 제공하는 것이 투어를 운영하는 측의 책임이고, 이는 가격정보뿐 아니라 여행을 통해 공정한 거래가 이루어지도록 충분한 기회와 정보를 제공하는 것을 포함한다. 정보의 투명한 공개, 공정한 거래, 지역자원의 보호, 시민참여의 보장 등 관광의 공공성을 확보하는 노력은 신뢰할 수 있는 관계를 화성에 남기게 된다. 이는 관광을 통한 사회적 자본의 축적과정으로 방문객들은 화성이라는 지역에 대한 이해와 애정을 가지게 되고, 그들의 경험은 관계망을 통해 확장될 수 있다.

3) 공정여행 하는 사람들 그리고 장소 애착

기존의 관광은 산업의 측면에서 접근되어 관광객은 소비자로 관광지와 관광행위는 상품으로 인식되는 경향이었다. 그러나 관광지는 관광활동의 목적지이기 전에 지역사회 및 그 지역의 주민들의 생활이 이루어지는 삶의 터전이자 공동체 사회이다(고동완, 1998). 그러므로 일시적으로 그 영역에 들어가는 관광객들에게는 그 지역과 주민들의 가치의 중요성을 인식하고 존중해야 할 사회적 책임과 도덕성이 요구된다.

Cohen(1972)은 관광객의 여행 동기에는 장소의 신기성뿐 아니라 친숙함을 추구하는 욕구가 있다고 하였다. 관광객이 신기성을 추구하는 욕구가 낮을수록 지역을 재방문하고자 하는 의도가 높은데, 이는 과거의 경험이 선택의 불확실성을 줄여주고 관성적 선택을 유도하여 보다 안전하고 편리한 의사결정을 가능하도록 만들기 때문이다. 장소애착은 이런 친숙함과 관련된 심리 현상이다(오수진, 2013).

많은 연구자들이 장소에 대해 친숙함을 강하게 느끼는 관광객일수록 더욱 감성적인 평가를 한다고 말한다. 지역을 반복적, 심층적으로 경험한 관광객이 지역적 고유성을 지각하고 친숙함을 느낌으로써 감성적인 애착을 갖게 된다는 것이다. 이를 장소정체성이라 한다. 장소정체성을 강하게 느끼는 방문객일수록 관광지의 유료프로그램에 대해 긍정적인 태도를 보이며 높은 지불의사를 보이는 등 지역의 발전에 더욱 적극적으로 협력하는 경향을 나타낸다고 한다(오수진, 2013). 따라서 관광지의 경쟁력을 유지하고 장기적인 발전을 도모하기 위해서는 지역에 대한 관광색의 장소정체성을 강화할 필요가 있는 것이다.

공정여행을 추구하는 사람들 즉, 공정여행객은 고생과 불편을 감수하더라도 지역 고유의 특성을 직접 체험하고 느끼는 경험을 통해 새로운 가치를 만들고 싶어 한다. 여행의 경험이 다양하고 많을수록 또 고유성을 추구하는 관광객일수록 자연환경에 대한 관심이 많고, 사회참여 등 직접적인 경험을 통한 자기개발에 가치를 두는 경향을 보인다. 이는 공정여행객이 지역의 지속가능한 발전에 관심과 협력을 보이는 이유가 된다. 지역사회와 환경에 대한 의식이 높은 관광객일 수록 지역의 가치와 지속적인 성장의 필요성을 높게 인식하고 자원을 소중하게 여기는 경향이 있기 때문이다(여호근 외, 2012).

공정여행객들이 이처럼 지역사회의 발전에 적극적으로 협력하는 동기로 지역주민과의 교류가 중요한 작용을 한다. 지역주민과 다양하게 상호작용하여 긍정적인 관계감정이 생길수록 해당 장소에 대한 감성적인 애착을 갖게 될 가능성이 커지기 때문이다. 이러한 장소에 대한 애착은 지역사회에 대한 태도 역시 긍정적으로 변화시킬 수 있다. 장소애착은 지역에 대한 신뢰 형성에 기여하며, 신뢰는 사회적 자본의 핵심요소로써 관광경험의 만족에 기여하는 선순환구조를 낳는다.

때문에 공정여행자들이 만족하는 여행지는 지역주민의 삶의 만족도가 높은 곳이 될 가능성이 높다고 볼 수 있다. 방문객과 지역주민 등 여행의 주체들이 지역의 자원을 공공재로 여기고, 이를 소중히 여기고 보전하기 위해 협력하는 것은 장소에 대한 소속감, 책임감, 자긍심이 지역의 보편적인 문화로 자리 잡는다는 것을 의미하고, 이는 지역주민의 삶에 긍정적으로 영향을 미칠 수 있다. 결국, 공정여행은 신뢰와 협력이라는 사회자본을 지역사회에 쌓아 가는 과정이 되어 지역을 살만한 곳 혹은 살고 싶은 곳으로 만들어 갈 수 있다.

착한여행 '하루'는 방문자뿐 아니라 관광정책을 입안하고 집행하는 행정과 실행주체 모두에게 지역의 자원을 관광으로 소비하는 것이 아니라 도시의 지속가능성을 높일 수 있는 방향으로 여행하고 싶은 도시, 살고 싶은 도시를 함께 만들자는 제안이었다. 그리고 지난 10여 년의 시간 동안 공정여행에 동참해 온 사람들은 서로의 부족한 이해를 돕고, 지역 스스로 힘으로 성장 동력을 만들어 왔다고 할 수 있다.

4) 네트워크와 파트너십으로 구축하는 로컬관광거버넌스

지방자치제도가 실시되고 거의 모든 지방정부에서는 관광에 관심을 가지고, 개발계획을 수립·집행해 왔다. 그러나 이 과정에서 지역주민이나 이해관계자들의 참여와 협력의 사례는 매우 드물었으며 이로 인한 이해의 충돌이나 지역갈등, 환경파괴 등 지역의 지속가능성을 저해하는 문제를 발생시키기도 하였다. 참여가 이루어진다 하더라도 단순한 의견수렴과정이나 아이디어 수집 정도의 형식적인 절차에 그치는 경우가 많아 이해당사자들의 실질적인 참여가 정책수립 및 집행에 반영되기 어려웠다.

지속가능관광은 경제, 사회·문화, 환경의 지속성을 패러다임으로 하고 있으며, 그 기준과 원칙, 지표 등에서 협력 및 지역사회의 다양한 이해주체들의 적극적 참여를 강조하고 있다. 이는 지속가능한 관광을 실현시키는 중요한 작동원리이기 때문이다. 지역사회와 주민의 참여는 방문객을 위한 인프라와 서비스를 제공하고, 매력적인 관광자원을 개발하며, 문화적 상호작용을 통해 관광에 결정적인 역할을 한다. 관광정책에 이러한 지역주민의 참여를 보장하는 것은 관광 파트너십을 형성하는 것이며, 이는 사회적으로 지속가능한 관광의 전제조건이라고 할 수 있다.

관광파트너십은 제도적, 구조적 지원체계가 어떻게 마련되고 운영되는지에 따라 그 실효성이 달라진다. 이를 위한 민관협력체계로 로컬거버넌스가 필요하다. 로컬거버넌스(local governance)란 거버넌스가 지역을 기반으로 한 지방자치단체에서 나타날 때를 말하며, 지역주민과 함께 다스림이라고 볼 수 있는데, 거버넌스에 비해 한정된 지역을 대상으로 하며, 이해관계집단의 규모가 보다 한정적이고, 주민이나 NGO 단체와의 접촉이 비교적 높은 것이 그 특징이다(최병대, 2003).

로컬거버넌스 형성은 주민요구와 지방정부의 필요에 의한 것으로 민관 관계가 어떤 경우든 명령과 통제, 규제 중심의 관계가 아닌 지역의 공동이익을 위한 협력적 관계라는 인식에서 출발해야 한다(김남조, 2005). 화성지속협에서 시티투어를 통해 만들어 네트워크와 관광 파트너십은 다양한 이해관계자 즉, 생산자, 소비자, 행정, 의회, 시민사회 등 관광관련 각 주체들이 서로 의논하고, 협력을 통해 공동의 이익을 산출하는 경험을 꾸준히 해온 결과물이다.

착한여행 '하루'투어 구성의 핵심이라고 할 수 있는 관광자원과 지역사회의 결합과정에서 화성형 관광파트너십의 모습을 엿볼 수 있다. 시티투어에서는 지역 내에 있는 관광자원과 체험마을의 프로그램을 연결할 때 이를 관통하는 테마를 선정하고, 각 이해관계자와 상의하여 구체적인 기획의도와 방향, 프로그램의 내용을 정하게 된다. 관광자원을 입체적으로 만나고, 심화할 수 있도록 체험프로그램이 마련되고, 지역 주민은 스토리텔링을 준비하여 문화관광해설자, 마을해설자로 참가자와 만나게 된다. 관광을 매개로 하나의 장소를 단위로 하는 협력적 관계망이 새롭게 구축되는 것이다.

화성시 시티투어의 파트너십을 구성하고 있는 각 주체를 살펴보면 화성시민은 참가자로 동참하는 것뿐 아니라 시티투어의 안내자와 생태해설사, 마을해설사로 역할을 하며 화성의 지속가능한 미래를 위해 공정여행을 안내하고, 관광자원과 지역사회를 해설한다. 기업은 체험마을과 사회적경제조직, 관광관련 일반 기업으로 구성되며 관광지로서 공정여행의 가치를 실천하는데 기능하고 있다. 행정은 이를 뒷받침하는 정책을 수립하고, 집행한다.

그림 10-12 화성시 로컬관광거버넌스 구성

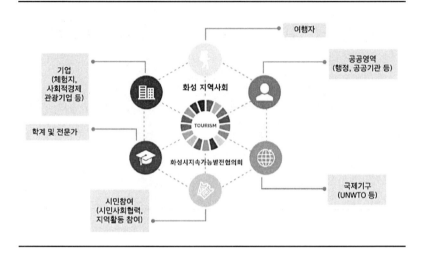

무엇보다 이들이 파트너십을 발휘하기 위한 그릇으로 화성시지속가능발전협의회가 크고 작은 경험과 논의의 장을 만들고 있다. 화성지속협은 공정여행으로 시티투어를 기획하고 운영하며 각 주체의 네트워크를 활성화하는 사업을 진행하고 있으며, 학계 및 전문가, 시민사회와 함께 정책간담회, 포럼 등을 통해 도시 대안관광의 담론을 만들고, 과제와 해결방안을 논의하는 과정이 대내외로 공론화될 수 있도록 역할하고 있다.

화성시속협은 지난 10여년의 시간 동안 시티투어라는 관광콘텐츠로부터 네트워크 구축과 관광파트너십의 형성이라는 로컬관광거버넌스의 기반을 마련해왔다. 그리고 2019년 현재 화성의 로컬관광거버넌스는 여전히 진행형이다. 지속가능한 관광은 환경적 지속성, 경제적 지속성, 사회문화적 지속성을 추구하는 것이며, 이러한 세 가지 지속성의 기본 틀 안에서 교육과 모니터링, 정책 및 제도, 통합적 관광계획, 의견교환과 협력, 지역사회의 참여 등이 제대로 작동되도록 하는 것이 계속되는 과제이다.

이를 위해 화성지속협에서는 지역 내부의 역량강화를 위해 교육과 연수프로그램 등 각 주체의 필요에 맞춘 사업을 지속적으로 진행할 계획이다. 화성시 공정여행에 관한 모든 정보와 네트워크를 나눌 수 있도록 플랫폼 역할을 강화해가는 것도 온라인과 오프라인에서 펼쳐 갈 예정이다. 무엇보다 화성시 관광정책에 대해 각 주체가 의견을 내고, 정책의 변화를 만드는 과정에 참여할 수 있도록 하는 제도화의 과제도 머리를 맞대고 함께 고민하며, 해답을 찾아가는 과정을 만들어 가려고 한다.

Ⅳ. 나가며

과거의 여행이 개인의 만족을 충족시키는 것이라면 앞으로의 여행은 참가자는 물론 여행지 지역주민들의 삶에도 기여할 수 있는 여행이어야 한다. 더 나아가 지역사회와 지구공동체에도 기여하는 것이 고려되어야 한다. 화성지속협의 착한여행 '하루'는 지방자치단체 최초의 공정여행의 철학과 방식을 채택하여 지구를 고려하며 지역을 살리는 지속가능관광을 구현하고 있는 사례이다. 참가자들은 저탄소여행 참여를 통해 범지구적 기후 변화 대응에 동참하는 기회를 가진다. 여행을 즐기는 것 뿐 아니라 참가비 1%를 공익에 헌신하는 지역단체가 뜻있게 쓸 수 있도록 기부하고 있고, 제3세계를 지원하는 역할도 아울러 하고 있다.

화성지속협의 공정여행은 화성시의 다양한 생태·문화 체험을 통해 화성시에 대해 긍정적인 인식을 높이고, 확산시키는 역할을 하고 있다. 또한, 농어촌체험 등을 통해 지역 간 교류와 소통을 만드는 동서 화합의 장이 되기도 하고, 투어에 참가하는 사람들의 참가비를 지역사회로 순환되도록 하고, 농산물 홍보·구매를 통해 지역경제 활성화를 촉진하는 역할도 해왔다. 무엇보다 기존 관광지를 재구성하고, 신규프로그램을 개발하는 등 지역관광의 질적 전환을 꾀하고, 관광주체들의 관계망과 협력체계를 통해 실질적인 협력과 참여가 가능한 로컬거버넌스를 구축해가고 있다.

2015년 9월 제70회 유엔총회에서 '지속가능발전을 위한 2030의제(SDGs)'가 참가국 만장일치로 채택되었고, 정부뿐 아니라, 시민사회, 기업 등 다양한 이해관계자들이 모여 국제사회와 해당 지역의 당면한 문제를 공동으로 인식하고, 해결하려는 노력을 모색하도록 권고하고 있다. 지역의 공동이익을 위한 로컬관광거버넌스는 화성시 관광정책 전면에서 고려되어야 한다. 그리고 지역사회와 주민, 체험지, 시민들이 함께 협력과 네트워킹을 통해 화성의 관광생태계를 건강하게 만들어 나갈 때 더욱 실효성 있게 전개될 수 있을 것이다. 관광은 사회적 자본이자 공공재이다. 그래서 이와 관련한 일련의 행위들은 공공성을 기반으로 진행되어야 한다.

다양한 관광 주체들이 참여하는 강력한 '네트워크 및 파트너십 체제'는 신뢰와 상호성 및 협동과 같은 사회자본을 창출해 낼 수 있다. 그리고 이것은 UN이 권고하는 지속가능발전의 목표(SDGs)의 기본 원칙인 포용성의 원칙 '누구도 배제하지 않는다(No One Left Behind)'를 현실에 뿌리내릴 수 있도록 할 것이다.

'잃어버린 시간을 찾아서'의 작가 마르셀 프루스트는 '진정한 여행은 새로운 풍경을 보는 것이 아니라 새로운 눈을 갖는 데 있다.'라고 하였다. 화성이라는 도시에서 지속가능발전협의회가 만들어가고 있는 착한여행 '하루'는 여행자에게 지속가능성이라는 새로운 눈을 제안하고, 지속가능한 화성을 만들어가자고 말하고 있다. 2007년 시작한 화성지속협의 공정여행은 지역을 함께 고민하는 기회를 마련하고, 자연과 사람을 잇고, 지역과 사람, 사람과 사람을 만나게 하는 연결고리가 되고자 한다. 바로 이런 출발선을 잊지 않는 것, 근본적인 목적과 목표를 놓치지 않으려고 노력하는 과정이 화성지속협이 오늘도 만들어가고 있는 착한여행 '하루'이다.

참고문헌

1. 고동완. (1998). 지역주민의 지각된 관광영향과 지역사회에 대한 태도. 성균관대학교 대학원 박사학위 논문.
2. 김남조. (2005). 지역관광개발에 있어 관광거버넌스 형성에 관한 연구. 한양대학교 대학원 박사학위 논문.
3. 김남조 · 조광익. (1998). 지속가능한 관광개발과 지역주민참여. 한국관광연구원 정책연구보고서 98 – 04.
4. 김원인 · 임소현. (2004). 대구시티투어 참여동기와 만족. 숙명대학교 산업경영연구소. 경영경제. 3(1). 59 – 71.
5. 남길현. (2015). 공정한 여행의 실험들. 마을과 도시 열린컨퍼런스 화성 Fair city를 꿈꾸다 자료집.
6. 서울시정개발연구원. (1995). 서울시 관광개발 기본계획 방향연구.
7. 세계관광기구 홈페이지. URL: http://www2.unwto.org/
8. 송금희 · 한범수 (2015). 관광해설 유형별 시티투어이용객 만족도비교: 고양시티투어 이용객을 중심으로. <여가관광연구>. 24.
9. 여호근 · 박봉근 · 이정은. (2012). 공정관광인식과 태도 및 행동의도 간의 관계. <동북아관광연구>. 8(1). 1 – 21.
10. 오수진. (2013). 공정여행객의 장소애착과 지역사회 협력태도. 경기대학교 대학원 석사학위 논문.
11. 오익근. (2011). 공정관광으로 가는 정책. <한국관광개발정책>. 43.
12. 임영신. (2009). 대안의 여행, 공정여행을 찾아서. <환경과생명>. 61: 124 – 143.

13. 임영신·이혜영. (2009). 희망을 여행하라. 소나무 출판사.

14. 최병대. (2003). 함께 다스림(Governance)의 재조명-LocalGovernance 의 의미와 서울시 시정참여사업을 중심으로-로컬거버넌스와 지방정부의 개혁. <한국지방정부학회 춘계학술대회 발표집>.

15. 한국관광공사. (1997). 환경적으로 지속가능한 관광개발.

16. 한국관광공사. (2011). 모두가 행복한 서울관광만들기; 공정관광.

17. 화성시 시티투어 홈페이지. URL: https://hscitytour.co.kr/

18. 화성시지속가능발전협의회. (2018). 모두를 위한 화성, 공정여행을 통한 지속가능도시로의 전환. 화성지속가능관광포럼 자료집.

19. 화성시청 홈페이지. URL: http://www.hscity.go.kr/

20. Goodwin,H.,& Roe,D. (2001). Tourism, Livelihoods and Protected Areas: Opportunities for Fair-trade Tourism in and around National Parks. International Journal of Tourism Research, 3(5): 377−391.

21. Town, C. (2002). The Cape Town Declaration of Responsible Tourism in Destinations, August 2002.

거버넌스로 이루어지는 생물다양성 '화성시 도시숲 바이오블리츠'

윤흥준 · 남길현(화성시지속가능발전협의회)

11 | 거버넌스로 이루어지는 생물다양성 '화성시 도시숲 바이오블리츠'

윤흥준 · 남길현(화성시지속가능발전협의회)

I. 거버넌스로 이루는 화성시 생물다양성 보존과 대안 찾기

경기 서남부에 위치한 화성시는 넓은 농지의 농촌과 서해가 인접해 있어 어업이 발달되어 농어촌의 성격이 강한 곳이었다. 2000년도에 들어서 인구 50만을 상회하는 도시로 성장했는데, 서울 남부에 위치한 화성시는 크고 작은 규모의 신도시로 봉담, 향남, 동탄 지역이 개발되는 시기였다. 화성의 도시화는 서울 대도시권이 심화되는 과정에서 서울을 둘러싸고 있는 경기도와 인천 근교지역의 새로운 도시계획으로 신도시가 개발되는 영향과 맞닿아 있다.

도시화를 이룬다는 것은 주택과 병원, 산업을 비롯한 문화·여가·쇼핑 중심지를 집단으로 확보해서 대도시로부터 인구를 끌어들이는 기능을 수행한다. 대부분 도시공간을 확보하기 위해서는 대규모 미개발지에 조성되며, 도시화를 이루는 과정에서 수많은 환경의 변화와 문제를 야기한다.

화성의 대표적 신도시인 동탄의 경우 수도권 집중억제 및 국토균형발전과 생태도시 건설, 친환경 주거단지, 첨단산업 중심의 성장거

점을 목표로, 2001년 12월부터 조성되었다. 개발 이전에는 낮은 산지와 구릉지, 농경지로 이루어진 곳에서 2015년 대비 녹지면적은 50% 이상 감소되었으며, 해발 122M의 작은 반석산만이 도심 내, 외로운 섬처럼 남아있을 뿐이다.

사진 11-1 화성동탄 1기 신도시 사업 전(2000년)·후(2015년) 녹지 현황 비교

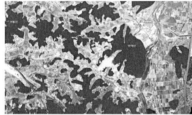 

2000년도 반석산 주변지역 산림녹지 현황　　2015년도 반석산 주변지역 산림녹지 현황

농촌적 성격이 강한 도농복합형태에서 출발한 화성시는 신도시가 조성된 지역을 중심으로 꾸준한 발전과 인구증가로 2017년 전국 인구증가율 1위일 정도로 하루가 다르게 변화하고 있으며, 동쪽의 신도

그림 11-1 2018 화성시 인구비율

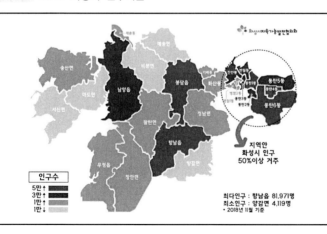

시를 중심으로 전체 인구의 밀집 현상은 두드러지게 나타나 동서로 나뉜 지역발전은 점차 심화되고 있었다.

도심녹지(이하 도시숲)의 기능은 홍수, 오염, 기후변화 조절과 함께 생물을 보존하며, 다양한 사회·문화적 기능과 서비스를 제공하는 중요한 공간이다. 그러나 동탄을 비롯한 대부분의 도시지역의 산림감소율은 연평균 3.5%로 전국산림 감소율 0.1%에 35배에 달하며, 도심 내 생활권의 녹색공간은 점차 사라지고 도시숲의 필요성과 생물들이 함께 살고 있다는 인식이 시민들에게 전달되기는 어려운 상황이다.

소음, 바람, 열섬 저감 등 도시 환경문제 및 환경조절의 기능과 휴양공간을 제공하고 생물서식처 확보로 생물다양성을 유지하는 생태환경 보전 및 보호기능으로써 도시숲의 중요성과 역할은 그 무엇보다 크다고 할 수 있다. 도시에 남아있는 도시숲을 보존하고 생물다양성을 시민들에게 인식시키기 위한 대안이 지역사회에서 요구되고 있었다.

생물다양성을 비롯한 화성시의 산적한 환경문제와 현안을 해결하기 위해 교육, 캠페인, 정책제안 및 실천활동으로 시민환경단체의 건강한 운동이 활발히 진행되던 시기에, 함께 모여 환경네트워크 거버넌스를 구성하고, 지역의 환경단체와 행정, 전문가를 비롯한 지역 구성원들이 모여 수평적이고 자발적인 협력으로 지역의 환경문제를 해결하는 구조가 가능하게 만들었다. 도심 내 녹지의 사라짐으로 생물다양성을 확보되기 어려운 상황을 인식하고, 보존하기 위한 노력이 필요하다는 것을 함께 공감했으며, 실천하기 위한 활동으로 바이오블리츠를 발견했다. 2015년부터 2017년까지 거버넌스를 이뤄 진행된 도시숲 바이오블리츠로 생물다양싱 인식 진달의 과정과 화성시의 지속가능한 생물다양성 확보를 위한 정책까지 이어진 사례를 알아보고자 한다.

II. 생물다양성 확보와 지속가능한 화성시를 꿈꾸다

1. 도시숲 발전을 위한 지역활동가들의 고민을 모으다

1) 화성시 도시숲 보존과 중요성

화성시는 급격한 도시화를 이루고 산림 감소율이 심화되고 있는 상황에서 도심 내 도시숲의 중요성을 인식하고 생물다양성 보전에 대해 고민하는 시기를 맞이했다. 개발 중심에서 잊혀지기 쉬운 것은 화성시에는 수많은 생물들이 살고 있고, 인간도 그 생물 중의 하나인 것이다. 이전에는 생물의 소중함을 깨닫지 못하고 다른 생물을 이용하거나 멸종시키는 것에서, 인류의 지식이 발전하면서 다른 생물들이 살지 못하고 멸종된다면, 결국 인간도 살 수 없다는 것을 깨닫고 있다. 다양한 생물을 보존하고 지속가능하도록 만드는 것은 인간의 의무이자 책무임을 자각해야만 한다. 그러기 위해서는 생물다양성과 지속가능성을 고려한 지역단위 개발과 정책을 발굴하고 시민사회 그룹에서 실천할 수 있는 방법을 찾아야하는 시점이 왔다.

2) 화성시 지속가능한 생물종 확보를 위한 거버넌스 체계 구축

화성시는 자연환경 자원이 산재되어 있고 환경교육 단체들이 사회환경교육 활동을 진행하고 있다. 대표적으로 생태계보존과 현안대응을 위한 화성환경운동연합을 비롯한 다양한 단체와 소모임이 구성되어 있는데, 화성시지속가능발전협의회(이하 화성지속협의회)에서는 2004년부터 현재까지, 지역의 환경 현안을 살피고 지속가능발전을 실천하는 시민지도자 양성과 역량강화를 위한 환경교육을 매년 진행하고 있으며, 교육으로 조직된 활동가들의 자치적 조직이 될 수 있도록 지원하고 있다.

화성의 환경운동 그룹들이 모여 개별적 활동들을 모으고, 환경보호의 비전과 현안을 공유하고 공감대를 이루는 화성환경교육네트워크(이하 화성환교넷)가 2014년 출범하게 되었다. 건강한 환경운동을 추진할 수 있도록 매월 1회, 자유로운 대화모임으로 진행되며, 이론과 토론, 다양한 학습과 실천 활동을 함께하고 있다.

네트워크에서 화성의 환경생태계를 보존하는 공동의 노력을 모색하던 중, 급격히 사라지는 생물다양성을 보존하고 가치를 실현하는 장으로 각광을 받고 있던 바이오블리츠를 접하게 되었고, 도심 내 녹지의 중요성과 생물다양성을 보존하고 지역에 확산시키는 물음에 그 해답을 만날 수 있었다.

2. 바이오블리츠(BioBlitz) "생물다양성번개"란?

바이오블리츠(BioBlitz)는 생물을 뜻하는 'Bio'와 독일어로 번개를 의미하는 'Blitz'의 합성어로, 정해진 짧은 시간 내에 생물전문가와 일반인들이 함께 탐사 지역의 모든 생물종을 찾아 목록을 만드는 과학 참여 활동이다. 최초의 바이오블리츠는 1996년 미국 워싱턴DC의 캐닐워스 연방수생식물원(Kenilworth aquatic garden)에서 미국 지리 조사국(USGS)의 Sam Droege와 미국 국립공원(NPS)의 Dan Roddy에 의해 최초로 조직되었고, 당시 1,000종의 생물종이 확인되어 이후 전 세계에 같은 조직이 생겨나도록 크게 영향을 주었다. 현재는 미국, 호주, 캐나다, 스페인, 대만 등 세계 주요 국립공원과 도시에서 매년 개최되는 성공적인 행사로 자리매김하고 있다.

우리나라에서는 세계 생물다양성의 날을 기념하는 행사로 국립수목원과 (사)한국식물원수목원협회 주최로 2010년 국내 최초 경상북도 봉화, 백두대간 산림생태계에서 Bioblitz Korea 2010으로 처음 시작되었으며, 경기도(가평 연인산), 강원도(대관령, 청태산, 양구군 DMZ펀치볼둘레길), 서울시(서울숲), 울산시(태화강대공원), 전라북도(고창 선운산생태숲), 대전시(만인산)를 지나 2019년 10회를 맞이하고 있다. 이 밖에도 부산, 제주, 안산, 성남 등 전국 각 지역 특색에 맞게 바이오블리츠를 진행하고 있다.

3. 바이오블리츠를 만나다

1) 시화호에서 만나는 바이오블리츠

바이오블리츠가 각 지역에서 활발히 진행되던 중, 생물다양성 인식확산과 시민참여 활동으로 각광 받는 바이오블리츠를 경험하기 위해 2014년 ICLEI한국사무소, 푸른경기21실천협의회(현 경기도지속가능발전협의회), 깨끗하고 살기좋은 안산21실천협의회(현 안산지속가능발전협의회), 화성의제21실천협의회(현 화성시지속가능발전협의회), 한국해양과학기술원 등이 모여 '시화호 시민 과학자의 날' 운영 매뉴얼 작성 내용을 포함하고 화성과 안산, 시흥 등 환경교육을 진행하는 생태보전활동가들이 참여하는 시화호 바이오블리츠 시범운영이 제안되었다.

경기, 화성, 안산, 부천, 하남 등 바이오블리츠에 관심있는 활동가들과 전문가 70여명을 중심으로, 시화호 바이오블리츠는 2014년 6월 21일(토)부터 22일(일)까지 시화호 일대에서 바이오블리츠 기본 진행과정인 관찰과 탐사, 연구동 운영, 전문가와의 만남, 평가 워크숍으로 진행됐다. 기존 바이오블리츠에서 흔히 볼 수 없는 저서를 포함, 조류, 곤충, 식물의 생물다양성 조사활동과 목록화 과정은, 짧은 시간이지만 전문가와 관찰하고 생물종 탐사 방식을 경험함으로써 지역 활동가들에게는 지식 전달과 함께 지속가능한 생물종을 위한 조사 과정임을 깨닫게 되는 중요한 활동이 되었다.

사진 11-2 2014년 6월 21일~22일 시화호 바이오블리츠

4. 거버넌스로 이루어지는 생물다양성, 화성 도시숲 바이오블리츠

1) 거버넌스를 통한 화성 바이오블리츠 네트워크 구성

2014년 시화호 바이오블리츠 학습은 과학적인 방법으로 전문가와 함께 생물을 모니터링하고 목록을 만들며, 생물다양성을 경험하는 계기를 마련해주었다. 화성 지역에서 지속가능한 생물다양성의 보존과 도시숲의 중요성을 전파하기 위한 공동의 노력으로 2015년 바이오블리츠를 화성에서 진행하는 것이 제안되었고, 네트워크 모임에서 생물종 모니터링과 환경교육 경험을 가진 화성환경운동연합, 동탄수수꽃다리, 시화호에코피플, 산마루자연교실, 화성지속협의회가 모여 협력적 네드워크 그룹(이하 화성바이오블리츠넷)이 구성되었고, 생물다양성 보전과 인식증진을 위한 바이오블리츠를 기획하게 되었다.

2) 환경활동가 · 전문가 · 행정이 함께 만드는 화성시 도시숲 바이오블리츠

2014년 바이오블리츠를 접하고 네트워크와 소통 후, 화성지속협의회의 생물다양성 인식증진 사업으로 2015년 예산(27,500천원)이 편성되었다. 바이오블리츠 준비와 출발은 쉽지만은 않았다. 2014년 시화호 바이오블리츠로 전문가와 함께 생물종을 관찰하고 탐사의 경험은 화성지속협의회와 시화호에코피플 활동가들만 있었으며, 생소한 바이오블리츠의 의미와 목적을 참여하는 모든 단체와 공유하는 것이 우선 과제였다. 화성지속협의회를 비롯한 참여 그룹의 대표님과 주요 활동가들 전체가 모여 새롭게 생물종을 만나 바이오블리츠를 기획하는 모든 분들의 눈이 반짝반짝 빛나며, 열띤 논의로 진행되었다.

사진 11-3 2015년 7월 14일 화성바이오블리츠 네트워크 회의

시화호 바이오블리츠는 가장 기본적인 전체 프로그램의 흐름을 알

수 있는 소중한 경험이었다. 그 경험을 살려 다음과 같이 화성에서 바이오블리츠의 기본 계획을 합의하게 되었다.

첫째, 바이오블리츠의 목적성과 대상이었다. 일반인들에게 바이오블리츠를 통해서 전문가와 함께 생물종을 탐사하고, 중요성을 인식시키는 것과 더불어 지역 환경을 위해 운동을 펼치는 단체 활동가들에게는 전문가의 지식 습득과 역량을 강화하는 기회로 보았다. 생태환경을 고려하고 탐사의 효과를 높이기 위해 종별 참가자는 20명이 넘지 않도록 했다.

둘째, 생물종을 확인하는 장소 선정이었다. 방조제로 바닷물이 오가지 못해 죽음의 호수에서 생명이 돌아온 시화호 갯벌과 공룡알화석지, 세계적으로 멸종위기에 처한 철새들이 날아오는 화성호 등 다양한 곳이 제안되었지만 개발로 인해 점차 사라져, 도심 내 얼마 남지 않은 녹지를 대표하는 동탄 반석산과, 바로 옆에 흐르는 지방하천인 오산천을 선정했다.

셋째, 생물종의 선택과 역할 나눔을 진행했다. 선정된 장소에서 찾아볼 수 있는 생물종으로 곤충, 식물, 조류, 어류로 결정됐다. 화성지속협의회에서는 협의된 전체 그룹과의 거버넌스 체계 구축과 각 주체별 협업 지원의 역할을, 참여 시민단체는 전문가와 결합해서 모니터링과 탐사의 지원 역할을, 전문가는 생물종 모니터링과 연구활동, 행정을 통해서는 전반적인 행정지원을 받는 것으로 역할을 나누었다.

화성의 명칭은 화성시 도시숲 바이오블리츠로 정하고 2015년 10월 3일(토)에서 4일(일)까지 24시간 생태탐사를 목표로 순차적으로 진행할 목표와 진행과정을 기획하고 추진했다. 생물다양성을 담사하는 반석산은 근린공원으로 지정되어 있으며, 산으로 불리지만 정상까지 30분이면 올라갈 정도로 작은 공간이다. 이런 반석산과 오산천을 하루에도 몇 번씩 오르내리며 현장을 확인했다. 메인 무대는 반석산과 맞닿아 있는 동탄복합문화센터를 이용하기로 했다. 문화공연과 전시장, 스포츠시설 및 도서관으로 이루어져 동탄신도시의 많은 사람이 이용하는 대표적인 복합문화공간이다.

표 11-1 화성시 도시숲 바이오블리츠 진행과정

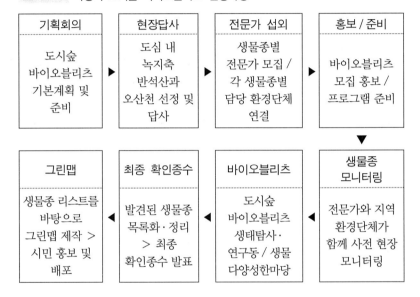

바이오블리츠를 준비하면서 중요한 과정에는 생물종 사전 모니터링이 있다. 화성바이오블리츠넷에서 함께 추천과 논의로 섭외된 각 생물종별 전문가는 화성바이오블리츠넷의 환경단체와 연결했다. 연결된 전문가와 단체는 사전에 협의한 날짜에 반석산과 오산천의 생물들이 어떻게 분포되어 있고, 일반시민들이 함께하는 탐사의 방법과 코스를 기획하기 위한 사전 모니터링으로 진행됐다.

표 11-2 2015-17 참여 전문가·단체

분 야	참여 전문가	참여 화성환경단체
곤 충	(2015-17) 한영식 곤충생태교육 연구소 소장	화성환경운동연합 (너나들이) 동탄수수꽃다리 산마루자연교실 시화호에코피플
식 물	(2015-17) 김호준 한국수자원공사 수자원연구원	
어 류	(2015-17) 이학영 한국생태환경 연구원 원장 (2016) 최한수 에코이엔지 대표	
조 류	(2015) 서정화 야생조류교육센터 대표 (2016) 주용기 전북대학교 전임연구원 (2017) 조성식 한국야생조류협회 이사	

전문가와 담당단체가 함께 반석산과 오산천의 사전 모니터링으로 도시숲의 현장을 합의한 시간에 만나 생물종을 발견하고 목록화하였으며, 전문가는 지역 생태정보 제공을, 참여 환경단체는 생물학습과 역량강화의 기회를 가질 수 있었다.

사진 11-4 2017년 5월 30일, 어류(이학영 한국생태환경연구원 원장, 동탄수수꽃다리) 모니터링

생물다양성을 전파하고 더욱 풍성한 프로그램으로 발전시키기 위해, 반석산과 센터를 찾는 일반 시민들은 바이오블리츠 탐사를 신청하지 않아도 도심 속 작은 녹지에 많은 생물들이 살고 있음을 알리는 부스를 마련했다. 다양한 환경체험으로 이루어지는 열린 공간으로 생물다양성한마당 부스를 운영하기로 결정하고 바이오블리츠 취지를 안내하며, 화성환경교육네트워크의 여러 환경단체와 기관 참여를 확인했다.

준비를 마친 후 참가자를 모집하기 위한 홍보는 화성시청과 화성지속협의회 홈페이지, 주요 지점에 안내 현수막 설치, 맘카페를 이용해 프로그램 내용을 시민들에게 홍보를 진행했다. 약 100여명의 신청을 받아야 하고 일반 시민들에게 생소한 바이오블리츠가 지역에 처음 소개되었기에, 처음에는 원활히 모집되지 않았다. 목표한 전체 인원이 참석할 수 있도록 환경네트워크의 단체의 노력과 지속적인 홍보 노출로 모든 참가자가 모집 완료되었다.

3) 화성시 도시숲 바이오블리츠

2015년 10월 3일 토요일, 동탄복합문화센터 앞 무대에는 신청한 가족단위 시민들과 행사를 기획하고 준비한 화성시지속협의회를 비롯한 환경단체, 각 생물종 전문가와 행정 등 130여명이 모여 2015 화성시 도시숲 바이오블리츠를 한자리에 모인 모든 이와 함께 박수와 환호성으로 시작했다. 반석산과 오산천에 서식하는 다양한 생물을 관찰, 탐사하였고 이후 연구동 활동으로 식별된 생물종 리스트 정리와 목록화 과정을 거쳐, 발견된 모든 생물 개체수를 공개하고 다양한 생물이 우리와 함께 살고 있다는 인식과 생물다양성을 공유하는 자리가 됐다.

도시숲 바이오블리츠는 하나의 탐사로 끝나는 것이 아닌 탐사 신청자와 더불어 신청하지 않은 일반 시민들도 다양한 생물다양성을 쉽

게 접하고 자유롭게 참여하는 생태체험 부스를 운영했으며 10여개의
지역 환경단체와 기관이 참여했다. 2017년부터는 환경을 넘어 물건의
재사용과 순환, 로컬푸드가 결합해 폐건전지, 폐의약품 수거, 아름다
운가게에 안 쓰는 물품을 기증하고 로컬푸드매장을 운영하며 지역 먹
거리를 알리는 등 공익적 개념으로 사회가치를 함께 실현했다.

사진 11-5 2017년 6월 10일, 식물 탐사

사진 11-6 2016년 10월 8일, 야간곤충 탐사

바이오블리츠로 발견된 도시숲의 생태적 가치와 생물종을 지역에 알리고 확산시키고자 세계적으로 통용되는 아이콘을 활용한 누구나 이해하기 쉽도록 그린맵 형태로 표현했다. 매년 반석산과 오산천의 생물종 정보를 담아 파일폴더(2015)와 지도와 수첩(2016), 공책(2017)으로 제작하고 지역의 학생들과 생태활동가, 기관 및 시민들에게 전달하고 도시숲의 생물다양성 정보를 제공했다.

사진 11-7 2017년 6월 10일, 조류(조성식 한국야생조류협회 이사) 연구동 활동

2015년 화성 지역에서 처음 진행된 바이오블리츠는 참여한 모든 시민과 환경 활동가, 전문가들에게 반석산의 생물다양성을 실제 모니터링하고 탐사하며 눈으로 보고 손으로 기록하며 마음으로는 우리 바로 옆에 다양한 생물들이 함께하고 있음에 감동 받는 시간이 되었다. 이후 2015년과 같이 2016년 바이오블리츠를 진행하고 2017년에는 1박 2일에서 12시간으로 화성 도시숲 바이오블리츠는 반석산과 오산천 같은 장소, 참여하는 네트워크 그룹과 함께 지역에 도시숲의 생물

다양성을 알리기 위한 바이오블리츠를 진행했다.

　3년 동안 도시숲과 생물다양성의 가치와 중요성을 확산시키기 위해 지역 네트워크를 구성하고 자연환경 모니터링과 생물다양성 탐사 활동, 시민참여 체험 부스운영, 그린맵을 활용한 지역 전파까지 생물다양성이 보전되는 기틀을 마련했다. 지역에 제공된 생물다양성 정보는 오산천에 분포된 외래종을 확인한 행정과 단체를 통한 제거활동 등 지속가능한 화성시의 생물다양성 정책으로 점차 확대되었다.

사진 11-8 2017년 6월 10일, 전문가와 활동가와의 만남

사진 11-9 2015년 10월 22일, 화성 도시숲 바이오블리츠

사진 11-10 2016년 10월 8일, 생물다양성 체험부스

5. 생물다양성 인식증진과 환경정책으로 확산

1) 거버넌스를 통한 협력적 네트워크로 지역 공감대 형성

화성시 행정, 기관 및 환경단체, 활동가들의 거버넌스를 통한 협력적 네트워크 강화로 도시숲과 생물다양성에 대한 중요성과 공감대를 지역에 확대하고 공유하게 되었고 도심 내 중요한 녹지축인 도시숲의 가치와 중요성에 대해 시민인식 증진과 지속가능하고 생물다양성이 보전되는 기틀을 마련했다.

2) 지속가능한 화성시 생물다양성 환경정책으로 확산

도시숲 바이오블리츠로 시민들에게 생물다양성 인식증진 향상, 지역 활동가들의 역량강화와 행정의 관심이 어우러져 2018년 도시숲에서 화성시 해안 지역인 화성호로 탐사지역이 확산되었다. 새만금 갯

벌이 사라지면서 대한민국 최고의 물새 서식지인 화성호에서 바이오블리츠를 진행하고 조류를 비롯한 야생동물, 식물, 곤충, 저서생물을 탐사한다.

생물종을 모니터링하고 시민이 참여한 화성호 바이오블리츠의 생물다양성을 위한 활동은 화성호의 생태·환경적 가치와 습지보호구역 지정을 위한 공감대를 형성하는 화성호 국제 심포지엄에서 조명되고 발표될 예정이다.

바이오블리츠는 지역에 생물다양성을 인식시키는 활동으로 지역에 전파되어 2018년 3월에 발표된 '화성시 동서간 발전전략 수립 보고서'에서 2040년까지 화성시의 중장기 대표적 자연환경 보전 정책으로 결정되어 앞으로 추진될 계획이다.

III. 마치며 - 도시숲 바이오블리츠로 화성시 생물다양성 인식 확산

도시숲과 생물다양성에 대한 중요성과 공감대를 지역에 확대하고 공유하는 바이오블리츠를 이루기 위해 화성시의 행정, 기관, 단체, 활동가들의 거버넌스로 이루는 협력적 네트워크의 힘이 없었다면 불가능했을 것이다.

바이오블리츠는 도시숲과 화성호(해안)로 확대되었고, 모니터링과 탐사로 발견된 생물종은 보고서 작성과 국가생물종 목록에 제공해서 생물다양성 증진에 기여하고자 한다. 하지만 무엇보다 중요한 것은 활동으로 그치는 것이 아닌 지역의 생물다양성의 지속적인 이행·평가를 위해서는 조례가 필요하다. 생물다양성 전략의 작성과 보완, 조사연구 및 보전활동을 위한 내용을 담아 조례 제정 추진을 계획하고 있다.

짧은 시간 급성장한 화성시의 도심 내 녹지와 자연 생태계 관리는 개발에 밀려 있었다. 아파트에 둘러쌓인 동탄의 반석산을 찾는 시민들은 이곳에 다양한 생물들이 함께 살아가고 있다는 것을 인식하지 못한 채 가볍게 산책하는 장소로서의 의미가 크다. 바이오블리츠는 이러한 시민들에게 도시숲의 가치와 중요성을 함께 경험하고 인식시키는 데 큰 역할을 가졌다.

바이오블리츠는 도시숲에서 해안으로 확대되었고 동·서간을 연결하는 중요한 자연환경 전략이 됐다. 화성시에 구성된 행정과 기관, 단체의 네트워크를 활용하고 생물다양성 보전과 공간 복원, 자연환경을 전문적으로 학습하는 바이오블리츠를 앞으로 화성시의 자연환경 및 보전·복원을 위한 환경정책으로 결정되었다. 도시숲에서 시작한 생물다양성 인식 확산을 위한 바이오블리츠는 앞으로도 계속될 것이다.

연세빈곤문제사례총서3

우리 지역은 SDGs 이행을 어떻게 했는가

새로운 협력적 거버넌스를 찾아서

초판발행	2019년 8월 30일
중판발행	2021년 9월 10일
지은이	정무권 · Odkhuu Khaltar · 강소영 · 남길현 · 박종아 · 윤홍준 · 윤희철 · 정선미 · 제현수
펴낸이	안종만 · 안상준
편 집	장유나
기획/마케팅	손준호
표지디자인	조아라
제 작	고철민 · 조영환
펴낸곳	(주) **박영사**
	서울특별시 금천구 가산디지털2로 53, 210호(가산동, 한라시그마밸리)
	등록 1959. 3. 11. 제300-1959-1호(倫)
전 화	02)733-6771
f a x	02)736-4818
e-mail	pys@pybook.co.kr
homepage	www.pybook.co.kr
ISBN	979-11-303-0805-0 93350

copyright©정무권 외, 2019, Printed in Korea

정 가   22,000원

본 연구는 정부의 재원으로 한국연구재단의 지원을 받아 수행된 연구입니다
(NRF-2016S1A5B8925203).